書名：中國歷代卜人傳（三）
系列：心一堂術數古籍珍本叢刊　其他類
作者：〔民國〕袁樹珊撰
主編、責任編輯：陳劍聰
心一堂術數古籍珍本叢刊編校小組：陳劍聰　素聞　梁松盛　鄒偉才　虛白盧主

出版：心一堂有限公司
地址／門市：香港九龍尖沙咀東麼地道六十三號好時中心LG 六十一室
電話號碼：+852-6715-0840　+852-3466-1112
網址：publish.sunyata.cc
電郵：sunyatabook@gmail.com
網上書店：http://book.sunyata.cc
網上論壇：http://bbs.sunyata.cc/

版次：二零一四年五月初版
平裝：四冊不分售

定價：港幣　四百六十八元正
人民幣　四百六十八元正
新台幣　一千二百元正

國際書號：ISBN 978-988-8266-73-9

香港及海外發行：香港聯合書刊物流有限公司
地址：香港新界大埔汀麗路三十六號中華商務印刷大廈三樓
電話號碼：+852-2150-2100
傳真號碼：+852-2407-3062
電郵：info@suplogistics.com.hk

台灣發行：秀威資訊科技股份有限公司
地址：台灣台北市內湖區瑞光路七十六巷六十五號一樓
電話號碼：+886-2-2796-3638
傳真號碼：+886-2-2796-1377
網路書店：www.govbooks.com.tw
www.bodbooks.com.tw
經銷：易可數位行銷股份有限公司
地址：台灣新北市新店區寶橋路二三五巷六弄三號五樓
電話號碼：+886-2-8911-0825
傳真號碼：+886-2-8911-0801
email：book-info@ecorebooks.com
易可部落格：http://ecorebooks.pixnet.net/blog

中國大陸發行・零售：心一堂書店
深圳地址：中國深圳羅湖立新路六號東門博雅負一層零零八號
電話號碼：+86-755-8222-4934
北京地址：中國北京東城區雍和宮大街四十號
心一店淘寶網：http://sunyatacc.taobao.com

中國歷代卜人傳卷十七

潤德堂叢書之八

鎭江袁阜樹珊編次

湖北

湖北省

湖北省、在我國長江流域中部。以在洞庭湖之北得名。禹貢荊州之域。春秋時爲楚鄂王封地。故別稱曰鄂。漢置江夏、南郡二郡。自晉及隋、歷爲荊、襄、諸州。唐分屬淮安及山南道。尋又分屬江南、淮南、山南東、黔中諸道。宋置湖北及京西路。尋改荊湖北路。分置京西南路。元置湖廣等處行中書省。明時與今湖南省、同爲湖廣布政使司所轄。清初屬湖廣省。康熙三年、始分置湖北省。民國仍之。其地東界安徽。東南界江西。南界湖南。西界四川。西北界陝西。北界河南。省會曰武昌縣。

246 江夏縣 漢置沙羨縣。晉僑立汝南縣。隋改曰江夏。元爲武昌路。明爲武昌府治。清因之。湖北省亦治此。民國廢府。改江夏曰武昌。仍爲省治。地當江漢之交。與漢陽漢口成鼎足之勢。爲長江中部大都會。

兵爭之際，恆以此得失爲輕重，中華民國之興，亦首義於此，城中蛇山橫亙南北，交通頗感不便，清張之洞督鄂時，曾議鑿山通道，未成而止，民國成立，始實行溝通，名其隧道曰武昌路，行者便之，城北武勝門外，有自關商埠，清光緒二十六年所開鐵路，自此達於長沙，即粵漢之北線也。

周　鄭詹尹、爲楚太卜。屈原既放、三年不得復見。嘗往見決疑。詹尹曰、用君之心行君之意。蓋數有所不逮。神有所不通也。（藝術典卜筮部藝文）

宋　皇甫坦、道士。湖北人。善相術。李皇后乃慶遠軍節度使、贈太尉李道之中女。初后生。有黑鳳集道營前石上。道心異之。遂字后曰鳳娘。道帥湖北。聞道士名。使相之。乃出諸女拜坦。坦見后。驚不敢受拜。曰、此女當母天下。坦言於高宗。遂聘爲恭王妃。封榮國夫人。進定國夫人。乾道四年生嘉王。七年立爲皇太子妃。及太子即位。册爲皇后。慶元六年崩。年五十六。諡慈懿。（宋史光宗慈懿李皇后傳圖書集成藝術典相術部紀事）

清　傅之鉉、江夏人。精太素脈。大理寺李昌祚、召傳診之。曰、秋得春脈。弦且長。明年草青時。左脇痛而不可治也。布政使劉公、以事坐辟。傅診其脈曰、無恐。當輸鬼薪耳。皆奇驗。（湖北通志方技）

247

夏口廳今爲漢口市。舊爲漢陽縣地。淸置夏口廳分防同知。屬湖北武昌府。民國改縣治。治漢口鎮。繼又改爲漢口市。地當漢水入江之口。亦曰沔口魯口。爲中國四大鎮之首。與武昌隔江相對。人煙稠密。戶口殷繁。未開港以前。已成絕大市場。淸咸豐八年。與英訂天津條約。允各國通商建埠。爲長江三口之一。貿易之盛。冠於沿江各埠。洵全國商業中心點也。西人以其位置優良。常稱爲東洋芝克哥。由此溯長江支流。可遠達蜀滇黔諸省。溯漢水支流。可達秦汴二省。與湘贛皖蘇諸省。又均有汽船相通。故有九省通衢之稱。京漢鐵路以此爲終點。未成之川漢路。亦自四川而終於此。轉瞬粵漢路成。則縱橫全國之幹線。均可接軌。繁盛更非今日可比。

淸 程思樂、字前川。漢江諸生。授徒之暇。即喜觀山水。每遇吉壤。必留連不舍。一若山川之性情與己之性情有默契焉者。迨後宦游太湖。依然筆墨生涯。公餘即尋山問水。遂肆志堪輿之學。償所夙好。乾隆乙卯、著地理三字經二卷。巒頭理氣。莫不撮要言之。地理三字經序跋

淸 黃友石、字米公。江夏人。漢陽郡庠生。能文。善卜筮。同治夏口廳志方技

248

蒲圻縣漢沙羨地。三國吳置蒲圻縣。故城在今湖北嘉魚縣西南。隋移縣於鮑口。即今治。淸屬湖北武昌府。粵漢鐵路經之。

明 王進臣、字東洪。博極羣籍。尤精易理。以歲貢授桃源縣訓導。力行勸士。轉石門教諭。致仕歸。方正自持。家規嚴肅。子弟不衣冠不敢見。所著若干卷。同治蒲圻縣志儒林

清

249 崇陽縣（漢沙羨縣地。晉以後爲蒲圻縣地。唐置唐年縣。五代吳。改崇陽。唐復曰唐年。宋仍曰崇陽。淸屬湖北武昌府。）

葉峙山、居邑南善火珠林易、多靈驗、問者盈門。又邑東有沈叟、讀易但記爻辭。其談論類賣漿箍桶之流、善術數。或袖火紙令占。沈吟久之、曰、遇水而成、遇火而化。（同治崇陽縣志藝術）

清

250 大冶縣（漢爲鄂縣。及下雉二縣地。三國吳。爲陽新縣地。隋爲永興縣地。楊吳置大冶靑山場院。南唐升爲大冶縣。淸屬湖北武昌府。縣舊有鐵山鐵務二冶。故以大冶名縣。）

盧袒、號箸卿、長虹堡諸生。工草書、善畫蘭竹、精堪輿、詮註金玉圖地書二卷梓行。（光緒大冶縣志藝術）

清

251 興國州（宋置興國軍。治永興縣。元爲路。明改爲州。省永興縣入之。淸屬湖北武昌府。民國改爲陽新縣。）

石敬臺、字熙華、隱居讀易、諳星理、捐資修半壁山江隄。水鄉德之、官節相遣使辟。不就。晚年築受書齋於陽辛石角山、著有奇門化機、太乙天文行世。（同治興國州志隱逸）

清

252 漢陽縣（漢沙羨縣地。後漢末。嘗爲沙羨縣治。晉置石陽縣。後改名曲陽。南朝宋。又改名曲陵。齊爲沌陽。隋置漢津縣。改曰漢陽。淸爲湖北漢陽府治。漢陽鎭總兵駐此。民國廢府存縣。縣城當江漢合流處。隔江東望武昌。隔漢北望漢口。古今用兵必爭之地。城北龜山麓有煉鐵廠。兵工製造廠。均淸時張之洞所創設。鐵廠卽鐵政局。爲中國唯一之煉鐵廠。兵工廠卽槍礮局。規模較江南製造局尤勝。）

明

李國木、字喬伯。庠生。生而穎異。通經史。博涉九流。與弟國林。究心堪輿之學。相傳鄉里之卜葬者。經其指擇。無不昌吉繁衍。即達官廳事。經其移改。亦莫不遷擢以去。南都旱西門、在石頭之左。地有山脈。難築易圮。喬伯相視規畫。至今屹然。著有地理大全一書。雖薈萃郭楊曾賴之書。而國木所撰圖說居其大半。即所收疑龍撼龍諸經。亦與高文良所校不同。蓋國木多所刪改焉。四庫提要子部術數類存目二民國湖北通志方技同治漢陽縣志藝術以國木爲清人誤矣

清

金鵬、字選士。漢陽人。少倜儻。能文。精堪輿選擇風鑑諸術。金壇許振、布衣時。游楚。鵬見之、曰。鼎元也。越五年。果魁天下。周太史天佑、少時就之相。曰、起家翰苑。以郡守終。武昌太守章培基、敬禮之。一旦談次。問生平。對曰、且勿遠求。十日內、謹防火警。未幾廳事災。章以爲神。民國湖北通志方技

253 漢川縣唐析置漢陽縣。置汊川縣。宋初改義川。後避諱。改漢川。故城在今湖北漢川縣北。元徙今治。清屬湖北漢陽府。

明

尹賓商、字亦庚。漢川人。有雋才。喜談兵。以選貢授屯留知縣。調祁縣。忤上官。免

歸。杜門著書。其學長於術數。釋遁甲曰、遁者隱也。大衍虛一。太乙虛三之義也。甲爲十干之首。常隱於六儀之下。所以變化無窮。謂之遁甲。六儀、戊己庚辛壬癸也。甲爲天之貴神。雖不用。而潛伏於戊己庚辛壬癸之間。因名曰遁。或曰遁者循也。當云循甲。取六甲循環之義。非其本旨矣。他著述詩文甚夥。有小書麓集。艾衲阿藏稿。焦螟子兵靏記。（湖北通志文學）

清　丁鵬翥、大赤鄉人。少讀書、不遇。棄制藝。究心易數。決休咎不爽。遠邇爭延之。年七十五卒。

清　田學臣、字玉林。增生。家貧好善。潛心易學。善卜筮。咸豐辛亥、邑有案匪越獄逃。緝之不得。學臣卜之。斷以某月日時。後果獲。年九十卒。（以上同治漢川縣志藝術）

254　孝感縣（漢安陸縣地。南朝宋析置孝昌縣。以孝子董黯立名。後唐避諱。曰孝感。宋時移治縣北紫資寨。元復還舊治。清屬湖北漢陽府。京漢鐵路經之。）

明　王儻、字廷邸。涇諸生。以株累、謫戍贛州之興國。會唐希皋、宰是邑。詢其故。憫之。與語大奇之。引爲友。唐致仕。遂偕歸孝感終焉。儻邃於易。兼工青烏術。崇理而絀數言吉凶奇中。游覽邑山川殆徧。遇善地、輒識數語。後術家奉爲鴻寶、曰隴章。點者以贋作篡其中。熒富豪焉。儻著有地理書數十篇。中書屠喬建刊之。今頗有存者。（光緒孝感縣志流寓）

清　熊賜履、字靑岳。又字敬修。號素九。別號愚齋。孝感人。順治戊戌進士。選庶吉士。官至武英殿大學士。卒年七十五。謚文端。賜履年十五。學已有成。自經史、以及外氏六通、五覺、十祕、九府之書。罔不心摹手寫。穿穴貫串。故凡星經地志六甲五緯。測算鉤稽諸術。無不手繪爲圖。口勒成書。而後由博反約。歸源濂洛。如天地左海。百派統匯。是以學有本原。所著有學統閑道錄。下學堂劄記。經義齋諸集。（清史稿列傳錢儀吉碑傳集康熙朝宰輔上）

255 沔陽州（漢雲杜縣。南朝梁置沔陽郡。西魏改置建興縣。爲郡治。隋改縣爲沔陽。唐廢郡。宋省縣入玉沙。元徙玉沙爲沔陽府治。明降府爲州。省玉沙入之。清屬湖北漢陽府。民國改州爲縣。）

清　婁樵、（樵。音西。積火燎之也。）字英圃。剛方廉介。善詩文。工小楷。屢躓名場。（躓。音致。跲也。沔。音夾。顚蹶也。）因改。習堪輿。以尋龍點穴爲主。爲母卜葬華容縣、墨山前。數年始成。備嘗辛苦。其伯叔兄弟、多賴樵出資卜葬。屢以所買穴場贈送友人。嘗爲謝姓卜地荊州草山。係星斗靈脈。開穴見碗大白土七枚。如北斗狀。斗柄指案。皆極自然。同里庠生周琛鑑、贈詩、有倒杖獨尋金蓋地之句。著有四書補義六卷地理統宗四卷子聯奎、邑庠生。亦以地理世其家。

清　葉傳薪、字訓齋。少英俊。從其叔庠生觀海學。勤苦攻經。尤研易。遂精卜筮。無不驗者。時州牧姚震榮、有逸犯。請其占斷以某日某時、於某方可獲。後果然。由是名益噪。

清　騰雲龍、相士也。不詳其姓氏里居。工翰墨。善風鑑。語言嫻雅。有儒者風。壯年從粵寇洪秀全遊。才識邁衆。頗倚之。洪敗。家室遇害。遂隱於相以終老。浪跡江湖。自號曰騰雲龍。蓋自喩也。騰、初至沔溪。日賣技鄉村間。所言吉凶禍福。多不期而中。名噪。於時有富商某、就之相。或語之曰、某封翁也。性慳吝。非面諛不能獲厚報。相士笑頷之。及某入座。猝然曰、君壽不踰顏子。能捨家之半。行慈善事。或可中壽。某怏怏去。論者責其贛直。則曰相形不如論心。非古語乎。相惡而心術善。無害爲君子。相善而心術惡。終必爲小人。君子之謂吉。小人之謂凶。荀卿之至論也。吾嬌某之吝。而使之捨私濟公。相其心耳。流俗人烏足以語此。時知名士王鑑、林耳、其言不類江湖客。揖而叩其術。謙遜不答。問且造其室。訪問家事。則顧而之他。絕不一言。旋亦去沔溪而他適。越十載復來。已祝髮爲浮屠。駐錫於杜浦寺。未幾。遂雲遊、不知所終。（清稗類鈔方技）

清　蔣德高、朱家坊人。精談命理。多奇中。名噪江漢。

清　定永桂、字紹燕。監生。專習周易。精卜筮。每有占斷。出人意表。年七十終。

清　蕭功誨、字性菴。滄浪里儒士。篤實好學。老而不倦。喜吟咏。尤精地理。著有周易圖地理正宗。（以上光緒沔陽州志方技）

256　黃岡縣（戰國時楚遷邾國於此・漢置西陵西陽邾三縣・南齊置齊安縣・隋爲黃州治・改曰黃岡縣・故城在今湖北黃岡縣西北一百二十里・唐移今治・清屬湖北黃州府治・）

明　甘霖、字時望。少嗜河洛奇門禽星之學。遇奇人授以太乙六壬皇極範圍周易大定諸數。後謁武當宿紫霄宮。又得終南無礙師、元養接命之祕。形家之術。常聘贊幕府。平播酋平島夷。屢犯虎口。卒獲全。陳繼儒謂霖、忠孝塡胸。精神滿腹。關中張儀仲刻其所著五種祕數全書。謂根柢儒理。非楊曾廖賴所能頡頏云。皋按。甘霖。又著奇門一得二卷。崇禎癸亥刊行。時年已七旬有九矣。○光緒黃州府志藝術

明　玄谷子、垂簾賣卜黃岡王翰林廷陳、贈詩有云。日者在昔多隱賢。年來似子稱通玄。予今五十豈知命。汝困湖海空談天。閉肆潛窺斗宿外。被褐長揖公卿前。吾鄉名流頗氣岸。往往卷內留詩篇。夢澤集

清　高序奎、黃岡人。以占易自活。不多受人錢。手周易一卷。暇則偏書其上。凡數十易而不止。所居門側。一日晨起。自掘小渠容斗水。人問故。曰、偶作劇耳。數日鄰舍火。奎得無恙。乃知其神。又嘗入鄉人家曰、起起。衆方臥。驚出。梁崩而牀碎矣。晚年去其鄉。不知所終。

清　張鳳鳴、湖北黃岡人。爲邯鄲令。善筮。乾隆戊子。上以緬事未平。命阿公桂定邊。

昶得旨隨行。掌管書記。十月初十日啓程。十六日抵邯鄲。鳳鳴來見。爲阿公著之。遇離云。離爲南。於象爲文明。爲兵戈甲胄。今六爻不動。未必克也。後果歷久乃平。清王昶滇行日錄

清　朱心安、黃崗人。明季避亂揚州。求卜遇異人。曰、子以吾術終可得中富。然當病一足。心安師之五年。盡得其祕。歸以善卜名。占驗奇中。終身一如異人言。以上民國湖北通志

方技

清　徐習功、號敬夫。喜讀書。明易理。旁通風角壬遁諸術。語人禍福有先幾之哲。時粤賊竄黃。知縣翁汝瀛、葛致遠。先後練勇勦賊。聞習功名。聘襄軍務。出奇謀。占勝負。多奇中。人驚爲神。光緒黃岡縣志方技

清　張利川、號星槎。國子生。少秉異資。屢困場屋。遂棄舉子業。留心圖史。旁及雜流。善草書。得米南宮筆意。尤精卜筮。占驗多奇中。晚客吳下。求書者坌集。坌、笨去聲。聚也。並也。年九十餘。歸老於家。光緒黃州府志藝術

257 黃安縣漢西陽及𨛬縣地．唐以後爲黃岡黃陂麻城三縣地．明析置黃安縣．淸屬湖北黃州府治．

淸、周宗仁、黃安人。家貧而目瞽。賣卜肆中。言人休咎奇驗。自推命。嘆曰、天下洶洶。奈何余受其難乎。同治元年壬戌、賊警至。鄉里求卜周。驚曰、死期至矣。諸君無慮。咎獨在予。既而曰、人事不可不盡也。率妻子及兩弟避之鄉。道遇賊。縛之。周怒罵不屈。遇害。民國湖北通志方技

258 蘄州北周置．隋改爲蘄春郡．唐復置．尋仍爲蘄州治蘄春．在今湖北蘄春縣西北．宋曰蘄州蘄春郡．元爲蘄州路．省蘄春縣入之．明初爲府．旋降爲州．屬湖北黃州府．淸因之．民國改州爲蘄春縣．

明、浦心韋、蘄州人。爲荊藩醫官。精太素脈。能知人窮通壽夭。百不爽一。嘗謂顧黃公曰、吾意子少年科第。將有所託。今科第雖不可得。而心脈起一峯。將來必以文章名世。壽考亦不待言。惟蕭生脈七斷八截。恐不令終耳。蕭名霽。後果死賊難。心韋又通風角鳥占。有奇驗。民國湖北通志方技

淸、胡昌才、上庠生。號雲岩。爲人慤實端方。有治理才。性嗜山水。精地理。著有地理要言二卷。谷應草詩文集梓行。光緒蘄州志方技

259 蘄陽縣（漢蘄春縣。南朝宋改名蘄陽。故城在今湖北蘄春縣西北。後雖復舊。並得蘄陽之稱。）

明

李時珍、字東璧。蘄陽人。父言聞、業醫。時珍年十四。補諸生。幼多羸疾。長好讀書。凡子史經傳聲韻農圃醫卜星相樂府諸家。稍有得處。輒著數言。古有本草一書。品類既煩。名稱多雜。時珍病之。著本草綱目五十二卷。弇州王世貞、謂爲博而不繁。詳而有要。實性理之精微。格物之通典。故辨專車之骨。必竢魯儒。博支機之石。必訪賣卜。云云。時珍晚年自號瀕湖山人。又著醫案、瀕湖脈學、脈訣考正、奇經八脈考、各一卷。（明史方技湖北通志方技本草綱目王序）

260 蘄水縣（漢蘄春縣地。南朝析置希水縣。南齊曰希水左縣。梁曰浠水。唐改曰蘭溪。又改曰蘄水。清屬湖北黃州府。）

清

嚴楚璧、蘄水人。以星卜名。巡撫某夫人將產。卜其男女。楚璧布指而算曰、璋亦弄。瓦亦弄。既而產。果孿也。大奇之。（民國湖北通志方技）

清

周文煥、精易數卜筮。多奇中。晚年過英邑。遇異人。所言益不測。同治甲子。年七十三。函詩與諸子。有淸風明月任遨遊之句。遂長往。不知所終。（光緒黃州府志藝術）

261 **麻城縣** 漢西陵縣地．南朝梁置信安縣．隋改曰麻城．城爲後趙將麻秋所築．故名．故城在今湖北麻城縣東十五里．宋末徙什子山．元初還故治．元末又移今治．清屬湖北黃州府．

明

歐陽方旦、字旭之。生員。幼好學。遇高人授以太乙數。遂棄舉子業。精通數學。每課吉凶。無毫髮爽。不三年而名揚海內。赴南寧侯、左良玉幕。欲授以官。辭不就。後就武昌學官。國初執政亦迎置都中。欲薦之。仍堅辭。光緒麻城縣志方技

262 **羅田縣** 漢蘄春縣地．南朝宋蘄陽縣地．南朝梁置羅田．唐省．故城在今湖北羅田縣東六十里．宋於石橋鎮置縣．在今縣東二十里．宋末省．元復置．移置官渡河．即今治．清屬湖北黃州府．

明

萬玉山、初名福敦。羅田人。嘗棄儒出家。釋名道璣。邑令某器之。與爲方外交。且勸其蓄髮爲羽士。於是自號玉山。深味丹經。旁通風角堪輿奇門。而尤精於醫。繪竹蘭。清逸有韻。語人禍福多奇中。嘉靖中、贈號青微神霄演法眞人。湖廣通志參海隅集

清

尹自新、例捐縣丞。分發江西。素善星家言。談休咎悉中。僑居鄂渚數載。問字者日盈於門。一時有媲美君平之譽。

清

嚴寅賓、讀書。好施與。於陰陽卜筮之學。無不通。尤精盧扁術。活人無算。嘗鬻產以施藥餌。遠近德之。以上光緒羅田縣志方技

263 英山縣（宋立鷹山寨·尋更名英山·因立爲縣·尋廢·後重立爲縣·明移治縣西北章山·又移治縣北添樓鄉·清初始還舊治·屬安徽六安州·民國二十一年·劃屬湖北省·）

清 聞煥、字海峯。少工書。尤精畫理。喜堪輿。每恣覽形勝。臨水登山。徜徉忘返。歸則布紙作圖。效宗慤臥遊故事。歿年七十六。（民國英山縣志方技）

264 廣濟縣（漢蘄春尋陽二縣地·唐析置永寧縣·改曰廣濟·清屬湖北黃州府·）

明 朱顯綬、字熙菴。廣濟人。嘗學丹術於王雲鵠。登樓設榻。足不履地。精卜筮。解觀天象。避亂江濱。里人依之者多獲免。（民國湖北通志方技）

265 安陸縣（本春秋鄖國·漢置安陸縣·故城在今湖北安陸縣北·何時徙今治·舊志皆不詳·清爲湖北德安府治·）

清 沈文亨、字身元。舉人籌也之子。饑寒勤學。旁精六壬術數。乾隆壬申進士。河南浙縣知縣。潔已愛民。不事夤緣。以循卓遷雲南雲龍知州。善畫工詩。所著若干卷。（道光安陸縣志人物）

266 雲夢縣（漢安陸縣地·西魏置雲夢縣·宋省爲鎭·尋復置·清屬湖北德安府·）

清 衛明發、雲夢諸生。究心易數。能知未來事。巡撫某、延爲從子師。已而其人愚弱疾。展轉床蓐間。明發、就其側與之講易。久之愈。或問其故。曰、惟理可以克欲耳。閱二年。自知死期。遂辭出。且約巡撫於某日至寓宅一別。及期巡撫至。一笑而逝。雍正湖廣通志方技

267 應城縣 南朝宋置・隋改曰應陽・唐復曰應城・五代梁改曰應陽・唐復故・清屬湖北德安府・

明

陳士元、字心叔。應城人。嘉靖甲辰進士。官至灤州知州。撰易象鉤解四卷。是編專闡經文取象之義。其自序稱朱晦菴、張南軒、善談易者。皆謂互體五行。納甲飛伏之類。皆不可廢。蓋文周彖爻。雖非後世緯數瑣碎而道、則無不冒焉。傳注者、惟以虛玄之旨例之。有遺論矣。其履卦注、又曰、京房之學。授受有自。今之學士大夫。擯斥不取。使聖人不因卜筮而作易。惟欲立言垂訓。則畫卦揲蓍何爲哉。朱子曰、易之取象。固必有所自來。而其爲說必已具於太卜之官。今不可復考。亦不可謂象爲假設。然則京氏之學。安知非太卜所藏者耶。四庫提要經部易類五 士元又撰夢林元解三十四卷。何棟如重輯。士元初作夢書元解。棟如因而廣之。分夢占二十六卷。夢

禳二卷。夢原一卷。夢徵五卷。前有凡例。稱是書在宋景祐間。名圓夢祕策。爲晉葛洪原本而宋邵雍輯之者。四庫提要子部術數類存目二

268 襄陽縣漢置。歷代因之。清爲湖北襄陽府治。城當漢水之曲。與樊城隔漢相望。東出武漢。北通南陽。西控商洛。南制江陵。爲自古攻守必爭之地。商業甚盛。

漢 龐德公字山民。襄陽人。娶諸葛孔明小姊。爲魏黃門吏部郞。早卒。負令名。有知人鑒。謂諸葛孔明爲臥龍。龐士元爲鳳雛。司馬德操爲水鏡。皆德公語也。蜀志龐統傳注

宋 王鼎、襄陽人。初寄身醫卜。後遇鍾離、得仙術。自號王風子。不見其飲食。嘗行江干。人見水中有二鼎影。怪問其故。曰、若更欲見之乎。須臾見十影。衆皆驚異。眞宗召至禁中。長揖不拜。後辭去。不知所之。阜按。此乃宋之王鼎。與安徽鳳陽縣。清之王鼎有別。○明一統志。嘉慶湖北通志仙釋乾隆襄陽府志釋老

宋 楊懶散、祝髮爲僧。善風鑑。襄陽張待制嵲。詩以贈行。邂逅湖傍寺。翻然還語離。春風飛錫遠。暮雨渡杯遲。渺渺孤雲意。翩翩野鶴姿。百年堪幾別。何處重相期。紫微集

清 虞春潭、星士。爲人推算多奇中。偶薄游襄漢。與一士人同舟。論頗款洽。久而怪

其不眠不食。疑爲仙鬼。夜中密詰之。士人曰、我非仙非鬼。文昌司祿之神也。有事詣南岳。與君有緣。故得數日周旋耳。虞因問之曰、吾於命理。自謂頗深。嘗推某當大貴。而竟無驗。君司祿籍。當知其由。士人曰、是命本貴。以熱中削減。十之七矣。虞曰、仕宦熱中。是亦常情。何冥譴若是之重。士人曰、仕宦熱中。其强悍者必怙權。怙權者必狠而愎。其孱弱者必固位。固位者必險而深。且怙權固位。是必躁競。躁競相軋。是必排擠。至於排擠。則不問人之賢否。而問黨之異同。不計事之可否。而計己之勝負。流弊不可勝言矣。是其惡在貪酷上壽。且削減何止於祿乎。虞陰記其語。越兩歲餘。某果卒。清紀昀灤陽消夏錄

269 鍾祥縣 漢竟陵縣地。南朝宋置長壽縣。明初省。尋置鍾祥縣。爲承天府治。清爲湖北安陸府治。

明

王安所平生相人輒奇中。明末、有令遍相當事者。歎曰、何皆亡國之器也。人笑其狂。癸未城陷。果如所言。同治鍾祥縣志方技

270 京山縣 漢竟陵縣地。晉末析置新陽縣。西魏改爲角陵。隋改曰京山。清屬湖北安陸府。

明　馮大椿、刑部司務馮士祿裔孫。精數學。賣卜鄂垣黃鶴樓。多奇驗。道光年間、已伏法之教匪、默默居等。先問卜於椿。椿廉得其隱。即約同紳士出首。盡獲匪黨。按問如法子學恆、知醫。尤通地理。人頗樸素。光緒京山縣志方技

明　屈亨、京山人。解康節梅花數。爲諸生時。以此著名。正德中、山東大盜劉六劉七齊彥輩自北方來。已達應山。逼近縣境。有就亨叩者。詞畢倚柱而立。亨曰、無憂。以人倚木。休字也。後賊果敗去。他類此。圖書集成藝術典術數部名流列傳

271 潛江縣 漢竟陵江陵二縣地。唐置白洑巡院。宋置潛江縣。故城在今湖北潛江縣西北。元徙今治。清屬湖北安陸府。

清　謝天翱、潛江人。幼知孫吳兵法。旁通奇門。嘉慶戊午、邑人朱誠練勇堵教匪。翱爲之主。性深沈。與人言不及兵事。事定不言功。弟天翔、驍勇善戰。助誠勦匪有功。翔子心治、髮逆之亂。練勇捍禦。皆以奇門制勝。多天翱之教云。民國湖北通志方技

清　劉先甲、字殿三。邑庠生。植品端廉。喜周貧乏。丙子鄉試、房薦未售。博覽羣書。會通大義。精岐黃。尤精堪輿。有求卜地者。不之拒。但喻以不如心地之說。絕不染陰

陽家斷驗陋習。著有一罈詩草。（光緒潛江縣志人物）

272 竟陵縣（本楚地。秦置縣。南齊置竟陵郡於此。梁末廢。故城在今湖北天門縣西北。）

明 劉原善、號新亭。竟陵人。弘治壬戌進士、戶部郎中、邦直之父也。原善少穎敏。蚤讀書。既得大義。遂復究老佛陰陽星命之說。善卜筮。有奇驗。孝友勤儉。出於天性。性尤寡慾。年逾五十。即異寢處。其妻沒。遂不續弦。壽八十餘。（明魯文恪公集壽序）

273 荊門州（唐置。五代高氏於此置荊門軍。後移軍治當陽。元升為荊門府。還故治。降為州。明因之。清為直隸州。屬湖北省。民國改州為縣。）

明 朱風子、不知何許人。類顛者。問輒曰、我天滿也。因稱朱風子云。天啓間、居青谿。（青谿山。在湖北南漳縣南六十里。接當陽遠安二縣界。）言人禍福多奇中。時行乞。有餘。咸給衆乞。蓬首垢面。人亦以此忽之。或有飲酒者。風子至。命之坐。即坐。而談笑自若。或臥數日不食。亦無異也。一日酣臥灘上。俄而水漲。人以為隨陽侯去矣。水退。而風子起。衆益奇之。竟陵譚元春聞之。（竟陵。縣名。秦置。故城在今湖北天門縣西北。）不遠百里、來問前程。風子以兩手圍而示之。後譚中元。一日風子謂土人曰、吾且死。幸瘞吾。衆允之。居歲餘。復見風子荷擔而行。衆大

駭。共發塚。空穴而已。同治荊門州志仙釋

清 吳文懋、字申之。吳縣附貢生。精奇門數學。乾隆四十三年戊戌。任荊門吏目。以愛民爲心。深爲上官所倚重。歷護州同。篆均著循聲。同治荊門州志循良

清 余元吉、邑諸生。每試高等。善吟詠。留心山水天文形家諸書。皆博涉焉。同治荊門州志文學

274 宜城縣 本楚鄢地。秦置鄢縣。漢改宜城。南朝宋廢。故城在今湖北宜城縣。南漢時其地出酒。名宜城醪。曹植酒賦。宜城醴醪指此。

清 胡元靜、字子仁。宛平人。乾隆間、往來襄漢。愛其山水。因流寓焉。後至宜城。館李得中家。李於竹林中、起茅屋數椽居之。元靜嫻韜略。言事多奇中。當教匪未亂時。預知其兆。而決其必滅。著有林下星占四十餘卷。及奇門、六壬、戰略諸書。臨歿指以授李曰。幸善藏之。漢水溢。李氏遭漂沒。其書亦蕩然無存。民國湖北通志方技

275 南漳縣 漢晉爲中廬臨沮二縣地。北周置沮州。改縣曰思安。隋改縣曰南漳。唐宋移治中廬鎮。元還舊治。淸屬湖北襄陽府。

清 王夢麟、字玉書。南漳人。善易學。精六壬。幼習岐黃。脈理精通。醫之即效。乾隆間、授醫學訓科。邑之學醫者。頗宗其傳。惜壽不永。至今人多稱揚。嘉慶南漳縣志方技

後漢

276 棗陽縣（漢置蔡陽縣。光武帝爲南陽蔡陽人。後漢爲蔡陽侯國。分置襄鄉縣。晉省襄鄉。南朝宋仍置襄鄉。後省蔡陽。北周改襄鄉爲廣昌縣。隋改曰棗陽。宋升爲棗陽軍。元軍廢。仍爲縣。清屬湖北襄陽府。）

龍淵、善相。劉宏造淵。淵聞宏聲。乃起迎曰。公當極位也。宏曰、家貧負債。何得貴乎。淵曰、公相然也。張濟就相。淵曰、事劉宏可至三公。濟事宏。宏後爲解瀆亭侯。既去南陽。桓帝崩。迎解瀆亭侯爲天子。是爲靈帝。濟爲司空。（太平御覽方術相上　圖書集成相術部紀事）

明

277 鄖縣（漢長利縣地。晉置鄖鄉縣。元廢。尋復置。改曰勛縣。清爲湖北鄖陽府治。鄖陽鎭總兵駐此。）

傅良册、（册一作策。）貢生。官蘄州訓導。轉教諭。博學多識。兼通術數。每試決士子之名次。無不奇中。升永州教授。（嘉慶鄖陽府志人物）

明

李鳳林、鄖人。萬曆間、以星學名。嘗與人言帝座庶星多動。當有藩封。尋福瑞諸王出閣。又論五星與洪範合。五星之變、皆足致禍。人主視明聽聰。無失德失言。則能轉禍爲祥。熒惑太白爲執法之官。司天下過失。其應尤速。於占步中寓規箴意。與星家言迥別。（湖北通志方技）

278 東湖縣（漢置夷陵縣。三國吳。改曰西陵。晉以後。皆曰夷陵。清雍正十三年。改設東湖縣。爲湖北宜昌府治。民國廢府。改縣爲宜昌。）

清　何其昌、字鳳五。讀書爲文。不由師承。別有心悟。自經史外、岐黃青烏佛老雜家之學。靡不涉獵。而皆有所得。據其所見。窮年研鑽。至老不輟。官房縣教諭。老歸林下。卒年八十餘。（同治宜昌府志士女）

289 江陵縣（春秋楚郢地。漢置江陵縣。梁元帝平建康。定都於此。後梁蕭詧。亦都之。唐江陵府。宋江陵府皆治此。清爲湖北荊州府治。城在長江左岸。有新舊二城。東爲新城。清時爲駐防旗人所居。西爲舊城。漢人居之。）

秦　南公、楚人。善言陰陽。識興廢之數。楚雖三戶亡秦者。必楚也。漢藝文志載南宮十三篇。在陰陽家流。（雍正湖廣通志方技）

梁　王先生、江陵人。賣卜於市。蓮勺吉士瞻、（字梁容。）少有志氣。不事生業。年逾四十。忽忽不得志。乃就王先生計祿命。王曰、君擁旄杖節。非一州。當得戎馬大郡。及梁武帝起兵義陽。王撫之。天門王智遜等。並不從命。蕭穎胄、遣士瞻討平之。以功歷巴東相。後爲梁秦二州刺史。入爲太子衛率。遷南陽武昌太守。在郡清約。家無餘貲。一如王言。（南史吉士瞻傳）

唐

王棲巖、自湘川寓江陵白鷺湖。善治易。窮律侯陰陽之術。所居手植桃。行成數十列。四藩其宇。時比之董奉。棲巖笑曰、吾獨利其花核。袪風導氣耳。每淸旦筮蓍。爲人決事。取貲足一日生計。則閉齋治園。大曆中嘗有老父持百錢求筮卦。成棲巖驚曰、家去幾何。老父往矣。不然。將仆於道。老父出棲。顧百錢乃紙也。因悟其所驗之辰。係棲巖甲子。乃歎曰。吾雖少而治易。不意能幽入鬼鑒。死復何恨。至期卽沐浴更新衣而終。藝術典卜筮部名流列傳荊州府志藝術

唐

張猷、荊州筮人。薛季昶爲荊州長史。夢貓兒伏臥於堂限上。頭向外。以問猷。猷曰、貓者爪牙。伏門限者閫外之事。君必知軍馬之要。未旬月。除桂州都督、嶺南招討使。

後周

王處士、江陵人。通筮法。周世宗微時。與鄴商貿易。嘗至江陵詣處士筮之。方布卦。一蓍躍出。卓立不仆。處士起立曰、吾家筮法、十餘世相傳。筮而蓍躍者。其人大貴。今卓立不仆。足下豈非天下主乎。遂再拜稱賀。以上民國湖北通志方技

宋 郭銀河、妙於數。其談禍福多奇中。其言杉溪先生尚書劉公又其奇中之尤者也。乾道戊子十一月二十日來謁予。貌甚古。辭甚辯。如軒轅彌明之長頸楚語也。於十月十二子五運六氣言之。如漢廷諸老生之論治也。如秦醫和漢太倉公之知病也。予驚且奇之。與舊所聞無所不及。而有加焉。予問之曰、子之技前於人而子之貧亦前於人。獨何與。銀河仰而笑。俯而嘆曰、技不負予也。予惟恐負技也。惟恐負技、故以人徇技。而不以技徇人。其於人也、不有所迎。而有所攖。以至於斯也。然予之貧可守。而予之守不可悔。予益奇之。如銀河者其隱於技者歟。挾技者必有求。求不得。則罪其技。自技而之貧。自貧而悔。自悔而無所不之也。不爲此者希矣。如銀河者、其隱於技者與。楊誠齋集送郭銀河序

宋 劉童子、善相及命術。游荊南。荊南・今爲湖北舊荊州府之地・謂夏侯嘉正曰、君將來須及第。亦有官職。唯須淸貴。已俸外、有百金橫入不病則死。後嘉正、爲正言直館。充益王生辰使。稍有金帛方輦歸家。忽一縉自地起。立久方仆。遂感疾卒。

明

曹儀庭、江陵人。諸生。遯跡田間。究心術數。每讀書、徹夜不輟。語人曰、荊州空。陳執中人莫有喻者。及賊陷荊州。時知府乃陳執中也。事繼母王曲盡孝養。訓孤姪如子。鄉人有不義者。咸畏其知。以上民國湖北通州方技

清

勒豐額、滿洲鑲紅旗人。道光辛巳舉人。好讀書。精天文術。由大挑一等。洊升東陵員外郎。公餘手不釋卷。著有天文易解。荊州府志駐防文苑

清

280 公安縣 三國蜀置。晉改曰江安。陳復舊名。故城在今湖北公安縣東北油江口。明末遷今治。清屬湖北荊州府。

田國芳、字經畬。庠生。鄉闈不售。遂輟舉子業。務實行。於星象形家醫卜諸書。靡不通曉。年七十二卒。荊州府志文苑

清

281 石首縣 漢華容縣地。晉析置石首縣。南朝宋省。唐復置。清屬湖北荊州府。

傅文霆、歲貢生。究心醫卜。手輯醫方便覽。六壬占驗。分類字說。俱藏於家。荊州府志孝義

清

李芳春、諸生。質魯苦學。兼精風鑑。相人一一不爽。嘗云、同里某婦某日必遭雷殛。婦聞而銜之。未幾果驗。自悔不幸言中。後竟不復相人矣。石首縣志方技

清　鄭青元、字長人。性至孝。爲母卜兆域。精青烏術。著有地理正經四卷、待梓。（同治石首縣志）

282　監利縣（春秋楚華容地・漢置華容縣・三國吳・析置監利縣・尋省・復立・故城在今湖北監利縣北上坊東村・今日舊縣・南宋徙今治・淸屬湖北荆州府・）

明　黎福榮、監利人。洪武初、以善風角召見。卜事甚驗。上呼爲袁天綱。更賜名天綱。以其子爲鴻臚寺序班。（民國湖北通志方技）

清　鄒世英、監生。耑習周易。精於卜筮。每有占斷。出人意外。無不靈驗。（同治監利縣志方技）

283　長陽縣（漢置佷山縣・晉改曰興山・尋復曰佷山・隋改置長楊縣・唐曰長陽縣・宋復曰長楊・元又爲長陽・淸屬湖北宜昌府・）

清　馬文秀、寓邑之南鄉。善星命學。咸豐三年癸丑、學使者當按試宜郡。某生使占之。秀謂獲雋當在五年。衆以不合按試年分。弗之信。後因粵匪猖獗。果改試期五年。生售焉。其奇中多此類。（康熙長陽縣志方技）

284　長樂縣（元以前爲蠻地・明洪武・置五峯石寶長官司・尋廢・永樂復置・容美宣撫司・尋又廢・淸雍正十三年・改置長樂縣・屬湖北宜昌府・民國改爲五峯縣・）

明　張華清、菖蒲溪人。幼習詩書。老而不遇。曉堪輿。晚年惟以尋龍點穴爲業。樂陽二邑。卜葬甚多。子輝德、有足疾。早卒。媳李氏。守節撫其二孫。長祖升、捐輸得官。次祖文、邑庠生。

明　龔聯秀、邑庠生。幼敏慧。早年遊泮。家貧甚。晏如也。好讀書。目數行下。旁覽奇門遁甲及星醫卜筮之書。皆有奇悟。嘗效避穀法。輒數日不食。年七十卒。以上咸豐長樂縣志方技

清　陸其蒙、邑庠生。初攻舉子業。甚勤苦。家貧無以自贍。遂挾堪輿星學術遊澧沅間。決人生死言多奇中。或戲問、先生亦能自知。壽何日終乎。陸曰、某當於某年月日時自高墜下。歿不死於道路。幸耳。後養靜家中。一日忽下階一顚而隕。正其所言年月日時也。同治宜昌府志士女咸豐縣志方技誤載其蒙爲明人

清　霞峯道人、武昌人。善岐黃。尤善堪輿。因負債莫償。與其子慧庵。託姓孫。易裝爲道人。假作師徒。來樂。知卸甲寨山水佳甚。遂住持於廟間。及將卒。囑其子曰、死必葬我於殿中。葬後鐘鼓當不聲響。廟宇將爲火所焚。當速去。及卒。慧菴如其言。葬之於殿中。撞鐘擊鼓。果不響。遂去之巴東。後廟亦果焚。獨霞峯墳墓在耳。今之祖

師殿。爲邑人鍾姓所重修。咸豐長樂縣志方技

春秋

285 歸州唐置。治秭歸縣。尋改州曰巴東郡。復曰歸州。宋曰歸州巴東郡。元升爲歸州路。復降爲州。明州廢。尋復置。省秭歸縣入州。清屬湖北宜昌府。民國改州爲秭歸縣。令尹子上、善相人。初楚子將以商臣爲太子。訪諸令尹子上。子上曰、君之齒未也。而又多愛。黜乃亂也。楚國之舉。恆在少者。且是人也。蠭目而豺聲。忍人也。不可立也。弗聽。既又欲立王子職。而黜太子商臣。商臣聞之。以宮甲圍成王。王請食熊蹯而死。弗聽。丁未王縊。謚之曰靈。不瞑。曰成。乃瞑。左傳文公元年

春秋

伍員、字子胥。楚人。楚。戰國時初都丹陽。故城在今湖北秭歸縣東。○清一統志。伍員宅。在監利縣西北。奢子。尙弟。楚平王有太子。名曰建。使伍奢、爲太傅。費無忌、爲少傅。無忌不忠於太子建。平王使無忌爲太子、取婦於秦。秦女好。無忌馳歸報平王。曰、秦女絕美。王可自取。而更爲太子取婦。平王遂自取秦女。而絕愛幸之。生子軫、無忌因去太子。而事平王。恐一旦平王卒。而太子立。殺已。乃因讒太子建。平王乃召其太傅伍奢、問之。伍奢知無忌讒太子。因曰、王獨奈何以讒言而疏骨肉乎。於是平王怒。囚伍奢。而使司馬奮揚往殺太子。太

子建、亡奔宋。無忌言於平王曰、伍奢有二子賢。不誅且爲楚憂。王使伍奢、召二子。並遣使者駕駟馬。封函印綬往。許召子尚、子胥令曰、賀二子。父奢以忠信慈仁、去難就免。平王內慚囚繫忠臣。外愧諸侯之恥。反進奢爲國相。封二子爲侯。尚賜鴻都侯。胥賜蓋侯。相去不遠三百餘里。奢久囚繫。憂思二子。故遣臣來奏印綬。尚曰、父繫三年。中心忉怛。（忉、音刀。憂心貌。怛、音笪。悲慘也。）食不甘味。嘗苦饑渴。晝夜感思。憂父不活。惟父獲免。何敢貪印綬哉。使者曰、父囚三年。王今幸赦。無以賞賜。封二子爲侯。一言當至。何所陳哉。尚乃入報子胥曰、父幸免死。二子爲侯。使者在門。兼封印綬。汝可見使。子胥曰、尚且安坐。爲兄卦之。今日甲子。時加於巳。支傷日下。（當爲干字。）氣不相受。君欺其臣。父欺其子。今往方死。何侯之有。尚曰、豈貪於侯。思見父耳。一面而別。雖死猶生。子胥曰、尚且無往。父當我活。楚畏我勇。勢不敢殺。兄若誤往。必死不脫。尚曰、父子之愛。恩從中出。徼倖相見。以自濟達。於是子胥歎曰、與父俱誅。何明於世。冤讎不除。恥辱日大。尚從是往。我從是決。（史記列傳。吳越春秋。）昔者吳王闔閭始得子胥之時。甘心賢之。以爲上客。曰、聖人前知乎。千歲後。觀萬世。深問其國。世何昧昧。得毋衰極。子其精焉。寡人垂意。聽子之言。子胥唯唯不對。王曰、子其明之。子胥曰、對而不明。恐獲其咎。王曰、願一言之。以試直士。夫仁者好。知者樂。誠秉禮者。探幽索隱。明告寡人。子胥曰、難乎言哉。邦其不長。王其圖之。存無忘傾。安無忘亡。臣始入邦。伏見衰亡之證。當霸吳厄會之際。後王復空。王曰、何以言之。子胥曰、後必將失道。王食禽肉。坐而待死。佞諂之臣。將至不久。安危之兆。各有明紀。虹蜺牽牛其異。女黃氣在上。靑黑於下。太歲八會壬子。數九。王相之氣。自十一倍。死由無氣。如法而止。太子無氣。其異三世。日月光明。歷南斗、吳越爲鄰。同俗幷土。西州大江。東絕大海。兩邦同城。相亞門戶。憂在於斯。必將爲咎。越有神山。難與爲鄰。願王定之。無洩臣言。

圖書集成術數部紀事○明王肯堂筆塵・引吳越春秋云・子胥曰・今年三月甲戌・時加鷄鳴・甲戌歲位之會將也・靑龍在酉・德在土・刑在金・是日賊其德也・知父將有不順之子・君有逆節之臣・(按越王歸日・是三月甲辰・則此當是二月・乃傳寫訛耳・)

286 **咸豐縣** 本蠻地・宋爲羈縻柔遠州・元時名散毛岡・明置散毛千戶所・隸施州衛・淸雍正十三年・改設咸豐縣・屬湖北施南府・

清　周立璜、賣卜供母。母病。封股作羹以進。母病遂愈。同治咸豐縣志孝友

史記日者傳。自古受命而王。王者之興。何嘗不以卜筮法於天命哉。其於周尤甚。及秦可見。代王之入任於卜者。太卜之起。由漢興而有。

大全、朱子曰。五位相得而各有合。是兩箇意。一與二。三與四。五與六。七與八。九與十。是奇偶以類相得。一與六合。二與七合。三與八合。四與九合。五與十合。是各有合。在十干甲乙木。丙丁火。戊己土。庚辛金。壬癸水。便是相得。甲與己合。乙與庚合。丙與辛合。丁與壬合。戊與癸合。是各有合。所以成變化而行鬼神也。

易經圖說、文王八卦次序。乾父。坤母。震長男得乾初爻。坎中男得乾中爻。艮少男得乾上爻。巽長女得坤初爻。離中女得坤中爻。兌少女得坤上爻。

歷代卜人傳卷十七終

南匯呂維屏校

中國歷代卜人傳卷十八

潤德堂叢書之八

鎭江袁阜樹珊編次

湖南省

湖南省、在我國長江流域中部。以大部在洞庭湖南、故名。有湘水縱貫其境。故別稱湘省。禹貢荆州之域。春秋屬楚。秦漢歷置長沙、桂陽、武陵、零陵等郡。晉及南北朝、均置湘州。唐分屬江南西、山南東、黔中諸道。宋分置湖南路、改荆湖南路。元屬湖廣等處、行中書省。明時與今湖北省地、同爲湖廣布政使司所轄。清初屬湖廣省。康熙三年分置湖南省。民國仍之。其地東界江西。南界廣東、廣西。西界貴州。北界湖北。西北界四川。省會曰長沙縣。

287

長沙縣 漢臨湘縣地・爲長沙國都・後漢爲長沙郡治・隋初改曰長沙・仍爲長沙郡治・清時移偏沅巡撫於此・與善化縣並爲湖南省治・長沙府亦治此・民國廢府・并善化入長沙・仍爲湖南省治・城濱湘瀏二水交會地・形勢雄壯・北之岳陽・南之衡陽・視此爲中樞・隔江有嶽麓山・乃衡嶽之足・商埠在西門外・清光緒二十八年・中英續議通商行船條約・光緒二十九年・中日通商行船續約・尤許開放・商旅輻輳・貿

易之盛・爲全省冠・粵漢鐵路經之・

漢　何顒、妙有知人之鑒。初張仲景總角造顒、顒謂曰、君用思精密。而韻不能高。將爲良醫矣。仲景後果有奇術。王仲宣年十七。時過仲景。仲景謂之曰、君體有病、宜服五石湯。若不治。年及三十。當眉落。仲宣以其賒遠不治。後至三十。果覺眉落。其精如此。（廣博物志方技）

唐　袁隱居、家湘楚間。善陰陽占訣歌一百二十章。時故相國李公吉甫、自尚書郎謫官東南。一日隱居來謁公。公久聞其名。卽延與語。公命算已之祿仕。隱居曰、公之祿、眞將相也。公之壽、九十三矣。李公曰、吾之先、未嘗有及七十者。吾何敢望九十三乎。隱居曰、運算舉數。乃九十三耳。其後李公果相憲宗皇帝。節制淮南。再入相而薨。年五十六。時元和九年十月三日也。校其年月日、亦符九十三之數。豈非懸解之妙乎。隱居著陰陽占訣歌。李公序其首。（光緒湖南通志拔術唐張讀宣室記）

宋　譚章、字煥之。長沙人。隱居昭潭、六十餘年。專以求志爲事。孝於親。誠於物。視聽起居。必依於禮。平居讀書。自六經諸子百家。與夫天文地理星曆山經釋老之學。務求其義。不爲循誦習傳。故歷代治亂興衰之由。人才善惡忠邪之判。祖宗以來。因革罷行之政。悉貫穿商搉。亹亹牙頰間。稠人廣衆。縱談極辨。聽者忘倦。發爲詩文。高古精深。根於義理。無補於世者。未嘗落筆。壽八十六。無疾而終。（道光湖南通志人物）

宋 曹谷、善星歷數術。言事如神。爲王欽若、作知命書云。七十年中一一加。弄珠灘上貴堪誇。碧油幢下聞嘶鳥。千日徵還上漢槎。欽若果七十二歲、建節知襄州。正得一千日召還。又云、周帀將臨壬戌歲。（帀讀如札。通作匝。環繞一周曰一帀。）定鼎門前春色異。一千日上少三鐶。再入和羹宜盡瘁。其後欽若判西京。得七百日。再入卒於政府。盡瘁乃壬戌歲也。又云、臨去尙猶聞禁漏。異姓嘉名在史書。欽若死在京。是時夜漏將盡。無子。女壻張懷玉主後事。又與馮拯作書云。太常樂関都門遇雪。拯葬在劉太后喪中。不結鹵簿。是日大雪。（光緒湖南通志技術）

元 歐陽生、善相。戴帥初表元贈序云。壬戌歲。余始自杭歸鄞。識長沙歐陽生、於鄞候劉朝奉席中。歐陽生善相人。人之欲問歐陽生者。爭慕先得之。越疆而招。排闔而迎。幸且至。則修衣冠。振容顏。候其一言以爲窮達。當是時、歐陽生之裝未解。而他候其門者。已若干人矣。既而亦從劉侯來謁予。予驚而問焉。歐陽生曰、不然。吾技人也。吾之技以達許人。而心之所不賢。多於術之所取者。不可勝道也。以窮許人。而心之所賢。多於術之所黜者。亦不可勝道也。用此雖屢許人。人不以爲夸。而術常不敢。余深異之。以爲生非技人也。其言近於有道之言也。自是、相闊十五年。余以憂患困絕。傭書於鄞。而生適復來。當是時。鄞之人舊識生者皆無存。存者往往病廢。先業求昔之所依、以爲光華。如劉侯之徒。安可得哉。人皆爲生悲。而生夷然不傷於懷。不惟言談趣尚若有得。乃其旅力趣鏘。矍鑠比於劉侯之席。輕健似復過之。嗟夫。歐陽生眞非技人乎哉。吾所謂近於有道者乎哉。剡源集

清　柳爾煥、字子旦。長沙人。諸生。性骯髒。與人寡合。精太乙奇門六壬之術。言事多奇中。吳逆犯長沙。勢頗熾。爾煥曰、此浮雲過太虛爾。安親王招致幕中。旋辭歸川

滇官軍有、以重幣迓者、皆不赴。年七十餘、預書時日而卒。（耆獻類徵初編、道光湖南通志人物）

清　野鶴老人、垂簾賣卜四十餘年。康熙朝、著有卜易四卷。楚江李坦、字我平、為之鑒定。湖南李文輝、字覺子、又復增刪。至今猶盛傳也。（增刪卜易序）

附錄

嶺外代答云、南人茅卜法、卜人信手摘茅、取占者左手、自肘量至中指尖而斷之。以授占者、使禱所求。即中摺之、祝曰、奉請茅將軍、茅小娘、上知天綱、下知地理云云。遂禱所卜之事。口且禱、手且掐。自茅之中掐至尾、又自茅中掐自首、乃各以四數之。餘一為料、餘二為傷、餘三為疾、餘四為厚。料者雀也。謂如占行人、早占遇料、行人當在路。此時雀已出巢故也。日中占遇料、則行人當晚至。時雀至暮當歸爾。晚占遇料、則雀已入巢、不歸矣。傷者聲也。謂之笑面貓。其卦甚吉。百事歡欣和合。疾者黑面貓也。其卦不吉、所在不和合。厚者滯也。凡事遲滯。茅首餘二、名曰料貫。傷首餘三、名曰料貫疾。餘皆仿此。南人卜此最驗。精者能以時辰、與茅折之委曲。

分別五行而詳說之大。抵不越上四餘而四餘之中各有吉凶。又係乎所占之事。當卜之時或遇人、來則必別。卜曰外人踏斷卦。矣余以爲此法、即易卦之世應揲著也。嘗聞楚人篿卜、今見之、（篿：行專・楚人名結長沙府明曰篿：○以上光緒湖南通志技術）

288　湘陰縣（春秋楚・羅汭地・漢置羅縣・南朝宋・分置湘陰縣・故城在今湖南湘陰縣北五十里・梁分置岳陽縣・隋廢湘陰入岳陽・尋改岳陽曰湘陰・在今縣南二十五里白鳥澤・五代周・遷今治・宋遷治亦竹城・）

宋　彭宗、茂字尚英。隱居好學。讀易三十年。作易解敷文閣學士吳獵爲之序稱其始於屯。終於復。而其要簪於乾坤。趙汝讜提舉湖南常平。置之學宮。（光緒湘陰縣志人物）

清　蔣國字宗城。號雲庵。輯有地理正宗十二卷。論巒頭究理氣以及選時擇日法明。義實謂爲得地理辨正之旨爲眞。不合地理辨正之旨爲僞。（地理正宗序例）

清　左宗植、字仲基。湘陰人、道光乙酉拔貢。壬辰解元。選桂東縣教諭。候補內閣中書、宗植少以古文自豪。有湖南四傑之稱。尤精於天文。攷訂開元占經。行世。宗植任中書。時祁雋藻掌軍機。深信其言。大學士賽尚阿、視師廣西。宗植獨以爲非宜而言曾國藩足當大任。江忠源樸幹。任軍旅。可倚信。其後皆以功名顯。宗植實知之最先。

清 劉之鏞字櫰笙。嘉慶庚午舉人。官國子監典簿。年幾九十。神明聰強。精於京房易課。胡林翼圍武昌三年。日夜憂盼。聞之鏞名。召問之。之鏞視課賀曰。期不遠矣。問何時。曰不出此月。已而克復武漢。時日皆驗。以上光緒湖南通志人物

289 湘潭縣 漢置湘南縣。三國吳。分置湘西縣。南齊省湘南。隋改湘西曰衡山。唐又改曰湘潭。元升湘潭州。明復降爲縣。清屬湖南長沙府。地當湘水之曲。水量足而利於泊舟。爲水陸要衝。商業興盛。以米市著名。清光緒三十一年。自開爲商埠。湘水北岸之株州。爲粵漢株萍兩鐵路之交叉點。

宋 丁碧眼。湘潭人。工相術。文信國公贈詩有云。自詭衡山道士孫。至今句法有軒轅。世人未見題堯廟。竟把昌黎作寓言。收拾衡雲作羽衣。便如屈子遠遊歸。離騷忘却題天柱。爲立斜陽問翠微。又詩云。蒼蒼垂天雲。靈照行下土。秋江侵草木。魚蝦歷可數。眉山老麻衣。偷入此阿堵。色界只點頭。從人道吾瞽。文山全集湘潭道中贈丁碧眼相士衡山縣志方技載碧眼爲唐道士。軒轅彌明之後。

元

張康、字汝安。號明遠。湘潭人。康早孤。力學。旁通術數。宋呂文德、江萬里、留夢炎、皆推重之。辟置幕下。宋亡。隱衡山。至元十四年丁丑。世祖遣中丞崔彧祀南嶽。就訪隱逸。彧兒湖南行省參政崔斌。言康隱衡山。學通天文地理。彧還。具以聞。遣使召康與斌偕至京師。十五年戊寅夏四月。至上都。見帝。親試所學。大驗。授著作佐郎。乃以內嬪松夫人妻之。凡召對。禮遇殊厚。呼以明遠而不名。嘗面諭。凡有所問。使極言之。十八年辛巳。康上奏。歲壬午。太一理艮宮。主大將客參將囚。直符治事。正屬燕分。明年春。京城當有盜兵。事干將相。十九年三月。盜果起京師。殺阿哈馬特等。帝欲征日本。命康以太一推之。康奏曰、南國甫定。民力未蘇。且今年太乙無算。舉兵不利。從之。嘗賜太史院錢。分千貫以與康。不受。衆服其廉。久之。乞歸田里。優詔不許。遷奉直大夫、祕書監丞。年六十五卒。子天祐。元史方伎光緒湖南通志技術

清

尹金陽、字和白。湘潭人。喜談堪輿。謂古所傳疑龍撼龍之經。確有是理。每春秋佳節日。輒與友人徒步走數百里。不以爲勞。清稗類鈔方技

清 陳鵬年、字北溟。又字滄洲。湘潭人。康熙甲子領鄉薦。越七年、成進士。累擢江甯知府。以清廉著。有陳青天之稱。爲總督阿山誣劾下獄。江寧人痛哭罷市。事白。起爲蘇州知府。官至漕運總督。卒謚恪勤。鵬年至性孝友。於書無不窺。凡天官河渠兵農錢穀星相卜筮皆窮其原本。其在官輯宋金元明全詩。月令輯要。物類輯古略。自著有道榮堂文集等書。（錢儀吉碑傳集河臣上）

清 葉德輝、字奐份。號直山。一號郋園。（郋音奚）湘潭人。光緒乙酉舉於鄉。壬辰成進士。觀政吏部。年裁三十。謁歸里居奉親讀書。遺置榮利。生平邃於治經。尤精小學及目錄學。家富藏書。多海內善本。是以對於陰陽五行星命之學。亦復研究有素。獨標新異。嘗謂凡文章家命造。多金水相生。及木火通明之局。然金水氣柔而秀美。木火氣旺而雄奇。以此例之。百不失一云云。民國丁卯三月初十日加申在長沙遇難卒。春秋六十有四。著有六書古微。書林清話。觀古堂所著書等。（閔爾昌碑傳集補文學夏劍丞祿命篇）

290 **益陽縣** 漢置。故城在今湖南益陽縣西。後建安二十年。孫權與蜀爭荊州。遣魯肅將兵。拒關羽於益陽。卽此城也。唐移今治。元升益陽州。明復爲縣。清屬湖南長沙府。

清 劉雲峯、少時異人傳授精奇門六壬之術。嘗有改瘞先墓者扣之。具言家中形狀。啓壙果驗。又有人失馬已數月。一日問之。曰、當於某月某日向東方溪邊得之。果於是日獲馬。後更習導引。賣卜衡湘間。取供朝夕。稍得貲。垂簾靜坐。不妄與人一言。道光壬辰、忽隻身歸。體如少壯。所親問行囊。曰、無有。問何不以其餘哺子婦。曰、貧窮有命。與無益也。問何故歸。曰、死歸故土耳。問何不禳之。曰、苟往豫章某處、可延壽一紀。然水災兵戈相踵而至。死亦樂耳。同治益陽縣志方技

291 **湘鄉縣** 漢連道縣地。後漢分置湘鄉縣。南朝宋。省連道入湘鄉。隋并省湘鄉入衡山。唐復析衡山置湘鄉。元升爲州。明復爲縣。清屬湖南長沙府。

清 曾國藩、初名子城。字滌生。湘鄉人。道光進士、授檢討。累官禮部侍郎。丁憂歸。會洪楊事起。在籍督辦團練。遂編制湘勇。連復沿江各省。封毅勇侯。爲同治中興功臣第一。以大學士任兩江總督。卒於官。諡文正。國藩論學。謂義理、考據、詞章、三者闕一不可。所爲古文。爲世所宗。尤好相術。嘗謂昔年求觀人之法。作一口訣云。邪

止看眼鼻眞假看嘴唇功名看氣概富貴看精神主意看指爪風波看脚筋若要看條理全在語言中又云端莊厚重是貴相謙卑含容是貴相事有歸着是富相心存濟物是富相國藩官京師時、郭筠仙侍郎嵩燾主其家亦喜談相國藩詒之曰、君好談相相人乎自相乎捻寇初平淮軍駐徐州國藩往閱操諸將入謁中一人形貌魁梧衣冠整潔注視良久入謂幕客曰某弁體氣充實無夭折之理時方承平無戰事何其神氣若將死之人乎後不十日某弁果以墜馬殞命清史稿本傳清稗類鈔方技○

德清俞樾春在堂隨筆云・湘鄉出入將相・手定東南・勛業之盛・一時無兩・尤善相士・其所識拔者・名臣名將・指不勝屈・獨余無狀・累吾師知人之明○牛應之雨窗消意錄云・湘鄉相國・嘗謂吳南屏先生敏樹・郭筠仙先生嵩燾曰・我身後碑銘・當屬公等・掍飾銘辭・一任點綴・惟結句須用吾言・曰・不信書・信運氣・公之言・告萬世也・

清

潘掌綸、字龍田湘鄉人諸生幼孤事繼母孝讀書善悟兼通韜符壬遁諸術而尤精於醫嘗馬上見人臥道旁視之斃察其狀曰、尚可甦也為刺尾閭穴嗷然呼痛嗷・音叫・號呼聲也・目炯炯立起又諶姓子諶・甚平聲・信也・誠也・病垂絕掌綸過其門聞哭聲診之用灸三壯楔齒少注藥須臾呱呱泣索乳人驚為神著有龍田心方藏於家耆獻類徵初編

清　李光英、字俊齋。湘鄉人。勇毅公續宜之子也。候選直隸州知州。柔而能立。渾而有辨。精奇門之學。與丹徒李孝廉子薪頗爲契合。其金臺感舊詩、有句云。一篇遁甲圖。上參陰符旨。奇書幸韜祕。莫被俗人訾。(李愼傳植庵詩集)

292　攸縣（漢置。梁陳間。改曰攸水。隋省。唐復置攸縣。故城在今湖南攸縣東。五代梁時徙今治。元升爲攸州。明復降爲縣。清屬湖南長沙府。）

清　唐天本、字瓊石。攸縣人。善京房術。巧發奇中。好事者載酒叩之。無不驗。(乾隆長沙府志方技)

293　茶陵州（古茶王城。漢茶陵候所築。漢置縣。隋省入湘潭。故城在今湖南茶陵縣東五十里。唐復置。卽今治。宋升爲茶陵軍。元復爲縣。尋升爲州。清屬湖南長沙府。民國復改爲縣。）

明　彭臨川、茶陵人。精推步術。言多奇中。有人以生命支干試之者。川曰、三十年前有一殃。雙雙燕子入池塘。慌忙走出門前看。回首家人在畫樑。蓋其人二子曾被溺、而妻回自縊也。(乾隆長沙府志方技)

清　譚多濟、字仁菴。茶陵人。淹貫經史。殫心皇極經世。闡發天人理數。著大易文約。易簀前一日。猶坐樂山書屋。授諸孫中庸自署曰、弟友子臣多憾事。詩書易禮待傳人。就榻少頃卒。年八十四。(湖南通志人物)

邵陽縣（漢置昭陵縣。晉改曰邵陵。隋又改邵陽。唐爲邵州治。宋至清。爲寶慶府治。清屬湖南省。）

明　劉興漢、字思吾。邵陽人。工日者術。士大夫多喜與之遊。然其言必本於修德造命。嘗識某於貧賤時。後某官淸要。未嘗有所干請。及敗。依附者多株累。而興漢獨脫然。惟雅好讀書。督課二子不少姑息。後先俱游泮。壽八十餘。考終。（圖書集成星命部名流列傳光緒湖南通志技術）

清　徐文源、字仁山。家貧好學。凡經史六藝。靡不淹通。自名其居爲黃金齋。日以醫卜自贍。襟懷高曠。與物無忤。有嚴君平風度。少年遊歷滇蜀名山大川。老而歸隱。作昇平樂塡詞以紀其生平。卒年七十有八。

清　王績宏、江西人。順治年間來邵陽。以靑烏術遊紳庶家。凡營葬經其阡擇者。屢有奇驗。嘗擇吉穴以葬其先人。預課至某年子當領解。已而果然。今土人呼其地爲解元洲。性坦率。不喜強聒。人以是多忽之。其學別有傳授。大抵於奇門獨參奧竅。今術無傳之者。（以上嘉慶邵陽縣志方技）

295 新化縣 漢谿陽縣地。三國吳。分置高平縣。晉改曰南高平。後復故。南朝梁以後省。隋唐爲蠻地。宋收復。置新化縣。紹聖初。遷治今縣北八十里白溪白石坪。尋還今治。清屬湖南寶慶府。

清 羅金鑑、字玉田。讀書喜博覽。尤好治葬經。與邵陽魏源爲戚好。嘗爲源擇地於西洞庭、鄧尉山及棲霞龍潭諸名勝地。葬其先人。著支隴承氣論四卷。地理綱目六卷。源俱爲之序。行金鑑嘗以道光改元。應孝廉方正舉。未就。家小裕。好義舉。與同縣鄧顯鶴、亦戚好也。聞顯鶴言、將糾邑人舉行賓興。會以資士子鄉會試。費金鑑亟從臾之。屢以書促顯鶴。議未即行。而金鑑病臨革。以私租七十担捐入其境文昌社。爲賓興費。凡其境之赴鄉會試者皆得與焉。其仗義樂善如此。子承志、雲南試用從九。元達、邑廩生。

清 熊丙、新化人。治形家言最驗。嘗爲安化陶文毅澍、擇地。葬其祖母。時澍方數齡。丙指而語其父必銓曰。後三十年。必有興者。當以戊年入翰林。其應在此子乎。澍果以嘉慶壬戌館選。其奇驗如此。文毅貴後。訪得其孫某。厚資之。且求其書傳世。而其家無以應也。

清　曾天極、字懋建。性恬靜。精奇門術。嘗應童子試。已被黜。其友促之歸。不應。曰、此科予當爲弟子員。姑俟之。咸笑其癡。已而有以府試卷不符除名者。以天極補之。然或從之學。天極曰、此河洛自然之理。恬靜則知。非可傳授得也。家居不言休咎。然每遇未來事。無不驗者。將死。預知其時日。以上同治新化縣志隱逸

清　鄧林材、字卉生。新化人。明季諸生。精天文步算。善占候。喜言休咎。輒奇中。從弟文材、每戒之使自晦。癸未之變。兄弟露坐庭中。林材仰視。絕叫曰。長沙城陷矣。將奈何。已而果然。乃相約行遁。鼎革後。隱於農。吳逆踞衡州。林材爲僞將軍某所跡。脅以官。以計免歸。終於家。文材、字聖楚。入國朝。年六十。始生子。卒時近百歲。及見曾孫。時同縣有艾友南者。亦諸生也。居縣東小溪山水最深僻處。通百家言。夜觀星象。知世將亂。不復應試。薙髮令下。逃入萬山中。家人跡得之。勸歸。不從。乃結茅棚。蓋覆之。而自種薯蕷。拾橡栗野蔬爲食。終身不出山。湖南通志人物

清　鄧顯⿰昌鳥、⿰昌鳥・音昌・鳳凰屬・字子振。號雲渠。新化人。嘉慶時諸生。於書無不窺。博洽能文。旁

及陰陽卜筮之學。亦罔不研究。終身不仕。著書自娛。有春秋目論。說詩讖語。聽雨山房文鈔。（續碑傳集文學）

296 武岡州（漢都梁侯國．後漢爲都梁縣．晉分置武岡縣．南朝梁改武岡爲武强．隋省．唐復置武岡縣．宋升爲武岡軍．元升武岡路．明初曰武岡府．降爲州．以州治武岡縣．省入．淸屬湖南寶慶府．民國改縣．）

清

黃大猷、武岡人。習卜筮占候之術。父早卒。三兄皆客滇。大猷獨留養母。一日以卜推測。知其兄當死。乃賫卜往省。既至。伯叔兩兄果沒。因留滇。易仲兄歸居。無何。感異夢。晨起卜之、驚曰。吾母當病。卽日促裝歸。母果患癰。治之而愈。大猷事母孝。凡爲人占。每以仁孝相感動。所言亦多徵驗。

清

劉詵迪、武岡人。少習天文。於遁甲風角諸術。多所宣究。嘗以其學謁陳文恭宏謀。宏謀深信之。凡蒞官處。必與俱。在湖北時。漢上多火災。詵迪敎於離位、別開一閧制之。（閧．音巷．重中道也．）火患遂息。最後宏謀家居。詵迪已老。猶遣人舁至桂林。（舁．音余．又去聲．義同．共舉也．今謂扛抬曰舁．）爲營生壙。著有地理辨疑諸書。（以上光緒湖南通志技術）

297 新寧縣（漢置．夫彝侯國．東晉改曰扶縣．南朝梁．改爲扶陽．後仍曰扶彝．隋省入邵陽．唐爲武岡縣地．宋復分置新寧縣．故城在今湖南新寧縣東二里．明遷今治．淸屬湖南寶慶府．）

清　向君試、字伯恭。新寧人。少爲諸生。貌奇古。性敏而樸。通術數。於天文壬遁諸書。皆有心得。年七十九卒。道光寶慶府志隱逸

298　武陵縣　漢臨沅縣·隋改爲武陵·清爲湖南長德府治·民國廢府·改縣爲長德·

清　武纂、武陵人。精易理。卜休咎如響。求卜者無虛日。皆依卦義爻辭決之。非有祕術也。提督黃士簡署、失金二百。延使卜曰、金未出署。明午必見。翌日果得於書室。東北隅。提督欲令物色其人。曰、法不可也。兼通醫術。年九十二。元孫永清傳其術。占事亦多中。嘉慶常德府志方技

清　胡統虞、字孝緒。號此菴。武陵人。甫成童。下筆萬言。潛心理學。通兵法。旁及神仙方技。莫不貫穿精微。薈撮成書。年十八。父應斗卒。統虞欒毀柴立。杖而後起。以形家言人人殊。取其書讀之。鉤深抉隱。至捐寢食。則又躡屩走數千里。遇公卿貴人冢墓。攷其吉凶興廢之由。無不驗。曰、吾知所以葬吾親矣。今城北石公橋。有阜巍然。佳哉。氣鬱葱葱。郭璞書所謂金星貫珠者。統虞所自卜地也。統虞明崇禎癸未

登進士第。踰年甲申京師失守。被執不屈。順治初起用。官至內祕書院大學士。著有此菴語錄。明善堂集行世。錢儀吉碑傳集翰詹上之上

明

299 臨湘縣古如城。漢下雋縣地。晉以後爲巴陵縣地。五代唐置王朝場。宋陞爲王朝縣。改臨湘縣。清屬湖南岳州府。地濱大江。隔江卽湖北監利縣治。

李少泉精星家言。談休咎如響。晚客京師。名公鉅卿輿馬塡門。爭乞一言以決行止。得以李少泉星理。徐元吉地理。僧寶方醫理。爲臨湘三絕。

明

徐元吉、精堪輿術。決墓宅吉凶。驗如神。著有鉗記地理扼要等書。

清

方同岑。字蔚林。博通天官家書。推衍星命。亦多奇中。邑人舉以爲陰陽訓術。以上同治臨湘縣志方技

明

300 華容縣春秋許容城地。漢志華容縣。南齊廢。故治在今湖南監利縣西北。曹操赤壁兵敗走此。又古雲夢地。三國吳。置南安縣。南朝宋。曰安南。隋改曰華容。唐更名容城。尋復曰華容。清屬湖南岳州府。

王起巖、華容人。少博學。善占步。得石首王司寇所藏六壬書。遂精其術。比爲許州丞。有穎橋人亡其子三年。徧求不得。泣訴起巖。起巖乃爲占云。子在某縣某村某家。如言跡之。不謬。老人夫婦哭謝庭下。刻像祀焉。光緒湖南通志技術

明　朱生、善星家言。石首袁宗皋、初以進士授興王府長史。朱獨以入相奇之。已而果然。比以書抵朱生。生笑曰、吾言偶驗耳。豈望報乎。竟不爲動。皋尋卒。朱曰、吾已知之矣。其奇中有如此者。

清　張心恆、號庭槐。其母夜夢庭生大槐。旁有女、授槐實一粒吞之。遂誕。恆因號焉。有夙慧。年甫七歲。遇一道服人。授以書。遂精六壬遁甲之術。談休咎奇中。人叩之。曰、吾不過稍明易理耳。游京師。王公爭禮焉。子孫皆列仕籍。

清　劉學藝、字九疑。精先後天易學。得邵康節、劉文成之傳。著有元元合璧。梅花數序。以上光緒華容縣志方技

301 龍陽縣 三國吳置。宋改名辰陽。尋復故。元升爲州。明復爲縣。屬湖南常德府。民國改爲漢壽。按龍陽宋紹興五年。嘗移置黃城砦。在今漢壽縣西。後復還故治。

清　李楚源、軍山人。業星卜。卜尤精。事無鉅細。所言輒驗。晚益強健。壽九十有七。

清　李本善、字人初。邑孫洙總人。善風鑑。一日倚門獨立。有丐來索米。本善大異。其相當極富貴。乃以手抵其鼻。曰、呼吸無俗氣。眞上界仙也。丐急去。以手。摹本鬚。鬢

頓有五色波紋。自是人皆號爲花翳子。又相傳康熙初、遊武陵鄭公廟。見死囚三。本善謂因皆生氣滿面。斷不致死。過二日因果逃於窩鄉道中。本善被牽至院。撫部令之相因言其生子、陞遷及其子已中會試。三事俱驗。院乃厚賞得歸沒於康熙末年。壽九十餘。死後其鬚香竟三晝夜。（同治龍陽縣志方技）

302 澧州（漢孱陵縣地。東晉置義陽郡。隋廢郡。置松州。兼置澧陽縣爲治。尋改州爲澧州。又曰澧陽郡。唐復爲澧州。宋曰澧州澧陽郡。元立澧州路。至正中。嘗移治新城。在今湖南澧縣東南三十里。明初還舊治。改曰澧州府。又改作岳州府。清改爲直隸州。屬湖南省。民國改爲澧州。○孱。音棧。澧。音禮。）

宋 李文和、澧州人。能診太素脈。知人吉凶。雖心性隱微。皆可推測。嘗診司法孫評云。據脈當作僧道。然細審之。却有名無實。幼年須曾出家。不爾、亦見於小字也。問之果爾。以多病嘗捨於釋氏。小名行者。人頗疑其別有他術云、法中脈出寸口者。當爲僧道。今所出不多。又或見或隱。故以有名無實斷之。後得其書。以十二經配十二辰。如五行家分宮之法。身命運限。亦各有術。逐日隨支輪脈直事。故目下災福。纖悉皆可具。其書序云、本唐隱者董威輩。以授張太素。太素始行其術。故以爲

名。宋莊綽裕鷄肋編

明　李自雯、字齊嶺。諸生。工文善書。尤通天官家言吉凶禍福奇中。同治澧州志隱逸

303 衡陽縣 漢置酃縣・三國吳・析置臨蒸縣・晉省酃縣入臨蒸・隋改曰衡陽・唐復曰臨蒸・尋復曰衡陽・清與清泉縣並爲湖南衡州府治・民國廢府・幷清泉入衡陽・城當湘蒸合流之地・由粵入湘・此爲衡道・亦歷史兵事上之要區也・

清　宋蒯齡、字席雲。衡陽舉人。初學於父之素。父歿。師其伯兄羲齡。於天文地理諸子百家無不究其底蘊。窮年著述。有四書諸儒會纂詩經尋源耕心堂等集。居常敦篤孝友。訓飭子孫。皆可師法。乾隆衡州府志方技

清　朱冠臣、字益垣。衡陽人。精研堪輿。著有地理眞詮地理八竅善化瞿鴻機爲之序。曰、就八法論曩眞詮、譬金錢散地。此則牟尼一串珠也。就八法之竅論曩眞詮、譬瀛海搜珍。此則壺天一粒粟也。地理八竅序

清　高人鑑、官衡州知府。衡州府・故治卽今湖南衡陽縣・善相士。得彭剛直公玉麟。避禍入城。投協標充書識。支月餉。視馬兵。人鑑見公奇之。使入署讀書。衡陽一邑應童試者千人。入

學不易。是歲縣試。羣擬公必第一。案發乃第三。越數日。召入見。曰、以文學汝宜第一。今乃太守意也。太守曰、彭某異日名位未可量。然在吾署中讀書。若縣試第一。人必謂明府推屋烏之愛。是其終身之玷矣。公聞而感之。是歲竟不入學。又二年始隸諸生之籍云。續碑傳集光緒朝部院大臣彭剛直公神道碑文

清

304 清泉縣 元分衡陽之東鄉。置新城縣。明省入衡陽。清又析置清泉縣。與衡陽並爲湖南衡州府治。民國幷入衡陽。

譚學元、字少微。清泉人。幼有異稟。讀書目數行下。通羣籍。不喜舉業家言。善書畫。皆能以指頭爲之。尤工琴。不拘守舊譜。而指法獨絕。偶得諸葛武侯遺書。用木牛流馬法。而變通之。所製渾天儀。窺遠鏡。及木雞木犬之類。見者詫爲天授。晚年。益殫心於步算占驗六壬奇遁諸數。箸述甚富。光緒湖南通志技術

清

劉瓊彩、字拙夫。習醫。並善堪輿星卜諸術。談休咎多中。然不肯因以爲利。有權貴啗以重資。啗、音淡。感餌誑誘也。峻卻弗往。士論高之。同治清泉縣志方技

305 衡山縣 三國吳置衡陽縣。晉改曰衡山。故城在今湖南衡山縣東北。隋廢。別改湘西曰衡山。在今湖南湘潭縣南。唐移湘潭之名於隋衡山縣。因又移衡山之名於晉故縣。以水患。又移治白茅鎮。即今治。清

唐

衡相（屬湖南，衡州府。）開元中、有相者不知姓名。自言衡山來。人謂之衡相。在京、舍宣平里。時李林甫爲太子諭德。往見之。入門則鄭少微、嚴杲、已在中庭。（杲．音縞．明也．杲杲出日．）相者引坐。謂李公曰、自僕至此。見人衆矣。未有如公也。且國家以刑法爲重。則公典司寇之職。朝廷以銓管爲先。則公居冢宰之任。然又秉丹青之筆。當節制之選。加以列茅分土。窮榮極盛。主恩綢繆。人望浹洽。兼南省之官。秩增數四。握中樞之務。載盈二九。縉紳仰威。黎庶瞻惠。將古所未有也。顧嚴鄭曰、預聞此者。非不幸也。公二人宜加禮奉。否則悔吝生矣。時、嚴鄭各負才名。李猶聲譽未達。二公有轥轢之心。（轥：音吝．轢：音歷．轥轢．車所踐也．）及聞相者言。以爲甚不然。唯唯而起。更不復問。李公辭去。後李公拜中書。鄭時已爲刑部侍郎。因述往事。謂鄭曰、曩者宣平相人。咸以荒唐之說。乃微有中者。無何。鄭出爲歧州刺史。與所親話其事。未期。又貶爲萬州司馬。嚴自郎中。亦牧遠郡。（光緒湖南通志技術）

清 王國憲、爲臺灣參將。遊竹溪寺。遇異人與談易。因得卜筮之祕。試之神驗。以授其孫盛怡。時稱管郭。曾孫義宗、玄孫給麟、人杰、世精其技。以上光緒衡山縣志方技

清 歐陽振、字文裔。衡山人。性直樸。擺脫塵俗。嘗於南嶽遇一人。著赤衣縛袴。負巨石。累嶽廟基。異之。與語頗洽。因自號話仙。善卜易占人休咎。多奇中。喜畫山水。出入米黃之間。年八十三。燈下猶能作蠅頭楷。巡撫范時綬見之。諮以養生之訣。振曰、山人無他祕術。但不作機械事耳。時綬善之。光緒湖南通志技術

清 羅登選、衡山人。字升之。號謙齋。乾隆時諸生。少溺苦於學。閉戶讀書者、五十餘年。自經史百家律算醫卜老釋之書。無所不通。卒年八十五。有京房易傳解。律呂新書箋義。敦本堂詩文集。衡山縣志方技

清 戴日煥、字晉元。衡山人。將冠。乃就學。時避兵嶽寺。貧不能具膏火。夜執書就佛前燈讀之。翌早寺僧執書試之。朗誦不遺一字。其學尤精於易。兼通理數。至子史諸書。靡不涉獵。後游王夫之之門。益有所得。其著述發先賢祕奧。年三十始補諸

生初乏嗣。八十舉一子。垂九十乃卒。湖南通志人物

清 文之理、字一殊。衡山人。家貧力學。五經性理。及律呂皇極諸書。莫不潛心。備覽生平道氣迎人。遇人有過。援義理開陳。靡不感悟。湖南通志人物

耒陽縣 漢置。隋改曰耒陰。唐復曰耒陽。元升爲耒陽州。明復爲縣。清屬湖南衡州府。○梁陳間移治於鶩山口。在今縣東北四十五里。唐復還漢晉故治。即今治也。

明 周誥、字仰廉。隆慶年間貢生。精於地理。往來京都。見知於王錫爵、申時行、兩相國。

清 蔣良佐、字元輔。跛一足。賣卜營生。一日閒行。遇一老人。授以冊。囑耑習之。開冊乃關西夫子馬前課。展玩得其意。術遂神。言無不應。由是見知於當事楊中丞、董觀察、咸推許之。以上光緒耒陽縣志方技

清 謝允恭、字靜山。耒陽人。諸生。家貧嗜學。手抄周易解數十卷。附自辨論數卷。著河圖觀化說一卷。得心錄三卷。兼明堪輿。著有地理統宗一卷。通徹本原。非術家可及。湖南通志人物

307 常寧縣（漢耒陽縣地。三國吳析置新寧縣。唐改曰常寧。元升爲常寧州。明復爲縣。淸屬湖南衡州府。）

淸 蕭三式、本名洪治。字自本。郴州宜章人。祖由盧陵徙郴。（郴。音深。）至洪治再徙常寧。身通天地人三式。因以號焉。年十六。爲諸生。晲章句末學。（晲。音詣。霽韻。邪視也。）不足以濟亂。於是越九嶷。（嶷。音宜。九嶷山名。在湖南省。）涉五湖。攀峨嵋之巓。破滄海之浪。遨歷名區。拓其經濟。侃侃有大志。亟欲試之。及鼎革。三式聞知。喜曰、天下太平矣。今而後我可無事。更號傘屐主人。（屐。音劇。木屐也。）隱於形家。方是時、三式之聲。藉藉於江淮湖川閩粵間。（藉。集夜切。禡韻。漢書。國中口語。藉藉。謂言語雜亂也。亦作籍。）先是闖寇擄掠粵東。粵人攜妻兒保山谷。倚險爲寨。有涼傘、金髻、斗蓬、三寨。寨可容數十萬人。戒非粵產者毋得入。闖驍將一隻虎。帥衆攻涼傘寨。寨人大怖。三式出於儔伍中曰、我在此。人無怖也。賊百道俱攻。應機設械。技窮。乃大呼我知有天上人在此。棄之去。攻金髻、斗蓬。三式爲書紙鳶。移二寨。寨人得其法。賊不能攻。全活百萬粵人。勒石紀德。吳逆三桂之叛也。遣其黨范、造廬相訪。三式深夜出指乾象以示之曰、天意有主。若等徒自辱耳。其友人有欲應聘者。怒曰、爾見范某有頭顱耶。晚年著周易復古明易圖學易圖。衡郴二州之士。從之遊。皆得嫻於易。又著有金玉圖傳字字金略解。羅針解。凡七十餘種。乾隆癸酉、有安南貢使過衡。至書肆。求三式所著書。其名動外夷如此。子致良。字法和。文學。亦善形家。爲人卜遷。言休咎。無不驗。（湖南通志人物嘉慶常甯縣志方技）

清

段巘生。字相山。常甯人。康熙乙酉丙戌聯捷進士。官福建上杭、廣東新安知縣。坐條陳言事。削籍歸里。十餘年卒。巘生負經濟略。雅欲以經術經世務。如天文星歷之書。地理堪輿之術。與夫本草醫藥句股算法。靡不原原本本。坐而言起而可行。古稱通儒。惟其有之。顧不肯以身之察察。受物之汶汶。秋戒白露。冬申嚴霜。坎壈纏身。終憂讒畏譏以死。將所謂鸞翮可鎩。（鎩音殺。殘也。鎩翮。不能飛。）龍性難馴者非耶。（錢儀吉碑傳集）

康熙朝守令中之下

清

王萬澍、字霍霖。常甯人。諸生。少時喜讀湯盤周誥。愛其聱牙佶倔。遂棄舉子業。肆意經史百家。恆歎湖以南文獻湮沒。乃假形家言遍遊列郡故蹟。孜孜講求。爰自炎農迄周昭。著衡湘稽古。繼採正史自秦以來。有涉湖南沿革者。綱舉目張。編年紀之。爲湖南春秋十六卷子國牧、續成之。湖南通志人物

308 酃縣漢置。晉省。故城在今湖南衡陽縣東十二里。○漢茶陵縣地。宋析置酃縣。清屬湖南衡州府。

清 朱廷鉉、字黃耳世居常平鄉。善卜筮。順治年間。寇未至。占有變兆。先攜家避耒陽。後邑果爲紅賊所擾。及平乃歸。篤宗戚。有族弟某及妻弟謝某。家貧。鉉爲出金娶妻。割田安之。人稱其厚。同治酃縣志方技

309 東安縣漢零陵郡地。晉置應陽縣。隋省。五代時馬殷置東安場。宋置東安縣。清屬湖南永州府。

明 雷起四、字九華。得異書。解風角占驗。天啓初、泝湘至桂林。泝。與溯同。逆流而上曰泝。途中與舟人夜坐。指西南問曰。貴州亂至矣。鄰船有總督某公方從雲貴來。異其言。召問其期。對在此月。未機安邦彥圍貴陽。總督遂留起四幕府。廣西鎮道有兵事。輒請至軍中。廣西總兵官黎國柄、天啓七年丁卯。楊德、崇禎七年甲戌。守道史啓元、崇禎六年。桂平守道朱朋時、崇禎七年。檢討桂林王啓元、皆以管葛夷吾擬之。蓋起四不專以術數。其謀軍有才

略。故爲時所推尙如此。光緒湖南通志技術

清 謝獻廷、字致菴東安人。幼慧。家貧其塾師自以爲不如獻廷。然貧困不能竟其業。於是獻廷日出耕田。夜入塾讀數年。入縣學。補增生。然於進取泊如也。父病侍湯藥謹。母晚年目眚。又患噎病。飯必粥、則粥以進。梨必汁、則汁以進。臥不可、而坐。坐又不可、則負之出入寢榻以爲恆。生平於技藝星命相墓之術無不能。將卒。告家人曰。某山形勢雄壯下可坐千人。以葬我。必有大吾門者。後三十年。某子蘭階、從征洪逵。平黔苗有功。以己官贈獻廷一品階。湖南通志人物

清 姚華瓚、字瑟賚東安人。世居浦市。性爽直。好讀書。尤邃於易著有六壬續集。卜易正斷諸書。言休咎無不驗。亦一時奇人也。光緒湖南通志技術

310 道州 唐置營州。尋曰南營州。改曰道州。又曰江華郡。尋復爲道州。宋曰道州江華郡。元爲道州路。明爲道州府。尋復爲道州。清屬湖南永州府。民國改爲道縣。

宋 周敦頤、字茂叔道州營道人。博學力行。聞道甚早。歷官廣東轉運判官、提典刑獄。以疾求知南康軍。因家廬山蓮花峯下。取營道所居濂溪以名之。熙寧六年癸

丑卒年五十七。謚元公。封汝南伯。從祀孔子廟庭。嘗作太極圖通書。易通數十篇。其太極圖說有云。無極而太極。太極動而生陽。動極而靜。靜而生陰。靜極復動。一動一靜。互爲其根。分陰分陽。兩儀立焉。陽變陰合。而生水火木金土。五氣順布。四時行焉。五行、一陰陽也。陰陽、一太極也。太極本無極也。五行之生也。各一其性。無極之眞。二五之精。妙合而凝。乾道成男。坤道成女。二氣交感。化生萬物。萬物生生。而變化無窮焉。惟人也得其秀而最靈。形既生矣。神發知矣。五性感動。而善惡分。萬事出矣。聖人定之以中正仁義而主靜。立人極焉。故聖人與天地合其德。日月合其明。四時合其序。鬼神合其吉凶。君子修之吉。小人悖之凶。故曰立天之道。曰陰與陽。立地之道。曰柔與剛。立人之道。曰仁與義。又曰原始反終。故知死生之說。大哉易也。斯其至矣。（宋史道學　周廉溪集）

元

周雲峯、精星命。金別駕德原涓、贈詩有云。元是濂溪別一峯。蒼寒高卓五雲中。中藏月窟無人到。試躡天根有路通。絕頂陰晴分上下。半空星斗繞西東。我來欲

問玄玄理。吹起浮搖九萬風。青村遺稿

311 甯遠縣漢置冷道營道二縣・晉改舂陵・隋省冷道入營道・唐改置唐興縣・改曰武盛・尋復故・又改曰延唐・五代時屬楚・改曰延昌・後唐復故・晉改曰延喜・宋始曰寧遠・清屬湖南永州府・

清 樂治賢、幼積學淹貫經史尤精於易年二十自筮得遯慨然曰肥遯無不利。聖人教我矣。乃絕意進取隱居鵝漊拜依山爲屋朝夕誦易自題其室曰寡過未能懷伯玉養生有主學莊周。中年習導引八十餘卒顏色如少年。湖南通志人物康熙寧遠縣志隱逸載樂治賢爲明人與通志不同

312 郴州南朝梁・於桂陽郡置・尋廢・隋復置・尋亦廢・唐復置・改曰桂陽郡・尋復曰郴州宋曰郴桂陽郡・治郴縣・元爲郴州路改郴縣曰郴陽縣・明省郴陽縣入州・清直隸湖南省・民國改郴州爲郴縣・〇郴・敕音切・音琛・侵韻・楚項羽徙義帝都此・見史記・

清 廖奇珍、字庸之晚號含虛。郴州人。力學篤行。不由師傅。自靈樞遁甲形家言至於丹青琴弈詩古文詞靡不通。課子若孫以忠孝。蓋隱君子也。卒年七十有五。邵陽魏源爲作墓誌。耆獻類徵初編

313 永興縣漢置便縣・南朝宋省・陳復置・隋又省・唐置安陵縣・改曰高亭・宋改曰永興・清屬湖南郴州・

清　熊六夔、專卜筮。判斷不爽。問卜者輻輳其門。

清　馬廣諫、善楷書。尤精卜筮。晚年憚於酬應。常託疾閉門。意致亦殊高雅。

清　李友龍、舉人。夢蘭父。精堪輿。談休咎多驗。道光初、邑建南塔。力爭不利文風。當事者疑之。後數十年。循其說拆毀。而科名仍盛。（以上光緒永興縣志方技）

314　汝城縣、（東晉置。陳改爲盧陽。故城在今湖南汝城縣西南。唐改曰義昌。五代後唐。改曰郴義。宋又改曰桂陽。清屬湖南郴州。民國改爲汝城。）

清　朱祖纓、字騰芳。恩貢生。性穎悟。貌修偉。少家貧。苦學。喜博覽。兼通奇門。清咸豐五年乙卯。紅寇入縣。家居聞鴉鳴。卜之。語人曰。定損大將。已而果於是日趙啓玉陣亡。邑侯黃知祖纓有奇略。委辦鄉團。訓練有紀。寇不敢犯。以功由恩貢保授訓導。壽八十餘。子二。邑廩生。（民國汝城縣志方技）

民國　朱福全、字弼丞。清翰林。總統府祕書。左紹佐爲之傳曰、公體貌魁頎。丰神俊爽。（頎音祈。長貌。丰音馮。容色美好貌。）善陰陽星卜之術。負經濟特達之才。往往拊掌軒眉喜談天下事。聞者爭相結納。官粵十餘年。安民靖匪。虞韶人士。爲立長生祿位牌於九成臺。崇

功也。庚申夏。以疾終滬濱寓次。年五十八。（民國汝城縣志武略）

明

315 桂陽縣（宋置。清屬湖南郴州。民國改爲汝城縣。）

曹平、讀書好古長律詩精星卜。有問皆應。行事淳樸。鄉人稱之。遇恩詔。授冠帶。年八十三而終。（光緒郴州志隱逸　民國汝城縣志方技）

清

316 桂東縣（宋初桂陽縣地。尋析置桂東縣。清屬湖南郴州。）

郭存昌、字君盛。善靑烏術。斷吉凶驗如神。嘗築室堡下。藏石庭中。盛夏無蚊。環門有塘。存昌置石水間。爲禁制法。小兒嬉戲在側。將失溺。輒有覺者。歷久不爽。子孫甚盛。初有相者遇存昌於途。驚指曰、子左目仙眼也。（同治桂東縣志方技）

清

317 桂陽州（東晉置平陽縣。唐於縣置桂陽監。宋升爲桂陽軍。元升桂陽路。明降爲桂陽州。省平陽縣入州。清升爲直隸州。屬湖南省。民國改縣。地當贛粵之交。地勢積高。山水之秀。甲於全省。）

劉鳴玉、桂陽州人。精六壬遁甲之學。與人言未來事輒驗。性廉潔不苟取。嘗晚舖之蔬。取旁舍豇豆充羹。曰如數買。繫諸籬。偶暑行。渴取道旁王瓜啖之。亦繫錢竿上。其耿介率類此。（光緒湖南通志技術）

清

318 臨武縣（戰國楚臨武邑・漢置臨武縣・唐改曰隆武・尋復曰臨武・五代晉省・宋復置・清屬湖南桂陽州）

王上亨、臨武人。號長松。不事詩書。好占墓之術。臆卜休咎。奇中。人神之。爭問以事。則默不復言。與劉堯誨友善。堯誨在官。輒招上亨。既爲尙書、總督閩廣。上亨於廣坐、呼凝齋云云。堯誨稍不樂。笑曰、君不當爲他稱邪。上亨卽起辭去。堯誨媿謝乃已。從征洞獠。望氣占雨霽勝負多驗。頗與兵謀。入都。公卿聞王長松名。爭延致之。吏部尙書尹臺負重望。歸講學永新。上亨爲相墓。居數月。臺贈之文曰。臨武人。王長松頃訪余於山中。怪其古貌樸狀。睢睢然。如見葛天無懷之民。年垂四十。尙未娶。事繼母至孝。出必告。告必約以還期。期至輒趨行。人或留之。則淚潸然下。曰、母約顧可違乎。其至性類此。素不知書。與之談理道。則井井有條。若嘗從事於學者。然問或望氣占墓相人禍福。往往奇中。其殆古之所謂畸人者與。久之。堯誨責以無後不孝。彊上亨娶。娶二歲。告妻曰。吾行矣。遂死。傳以爲尸解云。（同治桂陽州志方技）

319 芷江縣（漢置無陽縣・後漢省・晉復置舞陽縣・梁爲龍標縣地・唐爲龍標夜郎縣地・五代時・沒於蠻・楚置潭陽縣・明省入沅州・清置縣曰芷江・爲湖南沅州府治・）

清　魏鑑、字明遠。潭陽人。博學弘文。於舉業外。若星命堪輿卜醫風鑑。皆所洞悉。康熙辛丑、著有象吉備要通書二十九卷、行世。象吉書序

320 沅陵縣 漢置。故城在今湖南沅陵縣西南。陳徙今治。清爲湖南辰州府治。地當酉沅之會。山多水清。鑛產甚饒。硃砂尤著。

明　沈溥、字大霖。性剛直。博學善談。凡天文地理陰陽醫術歷律刑名。罔弗窮究。景泰丙子領鄉薦。授廣西靈川知縣。在任十一年。致仕。壽九十終。

清　李六名、邑二都人。善風鑑。以氣色卜人吉凶。每談言微中。以上同治沅陵縣志方技

清　曾道魯、沅州人。沅州。今沅陵縣治。性孝友。生子相。妻亡不再娶。好爲義舉。不事家人產。知音樂。彈箏入妙。通易數。善卜筮。演策如神。年至七十五。示其子曰。某月日吾卒。至期沐浴更衣。焚香而逝。耆獻類徵初編

321 瀘溪縣 漢沅陵縣地。南朝梁置盧州。尋廢。隋末蕭銑析置盧溪縣。故城在今湖南瀘溪縣西南。宋徙今治。清改盧爲瀘。屬湖南辰州府。

宋　徐次賓、盧溪人。著有六壬一字玉連環一卷。至今學六壬者。每視爲枕祕云。六壬玉連環序

清 楊自修、瀘溪人。精於推算。康熙己丑。藩司董昭祚、被劾去官。延自修問禍福。自修曰、月內即當膺顯擢。勿慮其黜也。既而果驗。名遂著。（乾隆辰州府志方技）

322 辰谿縣（漢置辰陽縣。隋改曰辰谿。清屬湖南辰州府。）

明 余仲宇、不知何許人。萬歷初、至辰谿。精風鑑。善鍼灸。能起人危證。性嗜酒。談未來事。多奇中。後坐化。具棺葬之數日後。有人見於他所賣藥。（光緒湖南通志技術）

323 漵浦縣（漢置義陵縣。後漢省。唐置漵浦縣。清屬湖南辰州府。）

清 諶會銜、邑庠生。通星卜。並風角鳥占之術。年七十。病痱。不出戶庭。能推知門外事。一日告家人曰。某君將死矣。閱日又曰。寺僧某死。家人詢之。皆如其言。臨終。徧召戚屬與訣。更衣端坐而逝。莫不嘆為有道。（漵浦縣志技術）

清 戴尚文、漵浦人。諸生。從鴻臚卿羅典學。凡天官星卜諸書。無不究覽。嘗曰、吾治經。師羅先生。吾術數。未知孰可吾師者。聞江南某僧精六壬奇門。往師焉。盡得其祕。歸應鄉試。長沙同舍生失金。尚文為占曰、君金若干。盜者青衣。手魚肉前行。後一白衣隨之肩荷重物。君以某時候驛步門外。可獲也。如其言往。果驗。嘉慶初、三廳苗變。福康安公督師剿辦。招致奇才異能之士。羅典薦溆浦兩生。一嚴如熤一郎尙文。謂曰、嚴生負經濟才。固應祿仕。汝性疏散。爲幕客。則進退自如。愼勿官職自羈也。戴唯唯。往見福。長揖不拜。福待以軍師之禮。凡事必諮。時苗甚猖獗。恆夜撲營。尙文輒預卜知之。有備無患。嘗五月進攻旗鼓寨。占有大冰雹。賊伏林莽甚夥。師出不利。福公偶惑人言。弗聽。及日午。師將抵寨。忽陰雲四合。大風雷雨。冰雹交下。如拳、如卵、如磚、擊傷士卒。伏苗乘之四起。兵力莫支。方悔不從尙文言。軍中呼曰神仙。又大軍在乾州。偶營龍頭。爲兵家所忌。苗圍之、斷水。軍不得食。危甚。尙文請設壇鑿池。以劍劚地。淸泉滃出。軍心遂安。嘉慶四年己未。駐師天心寨。尙文。夜觀天象。知將星有咎。乃作書暗置幕府。辭歸。不數日。福公方坐帳中。忽爲苗寨礮子所中。薨。衆乃悟其歸意。尙文歸未幾。亦病。自知死日。卒。後其母傷之。焚所傳書。清史稿藝術光緒湖南通志技術

324 黔陽縣漢鐔成縣。晉省。移舞陽縣治此。南齊改曰潕陽。梁改爲龍摽。隋廢。唐復置龍摽縣。五代沒於蠻。宋置黔江城。尋併鎮江砦入爲黔陽縣。清屬湖南沅州府。

晉　羅翁、黔陽人。隱居洪山中。有道術。能知人吉凶休咎。歷歷不爽。後人因名其山曰羅翁。乾隆沅州府志仙釋

清　潘士權、號龍菴。黔陽人。官太常博士。有洪範補註五卷。是編增補蔡沈之書。而於原書之外。復多附益。其大旨合蓍龜卜筮五行卦氣聲音律呂交互言之。四庫提要子部術數類存目一

325 麻陽縣漢沅陵辰陽二縣地。陳置麻陽戍。唐置麻陽縣。故城在今湖南麻陽縣東。宋移今治。清屬湖南沅州府。

明　李時復、麻陽人。萬歷間、讀書西郊。有異人乞新製衣。時復慨然與之。異人曰、子有誠心。當以星學授子。遂竟夜與談。盡其術。言命多中。後以歲薦、授紫陽令。致仕歸。光緒湖南通志技術

326 永順縣漢酉陽縣地。南朝梁以後爲大鄉縣。五代時蠻置永順州。宋爲羈縻州。元爲永順安撫司治。明爲永順宣慰司治。清改置永順縣。移治於舊司治。西北二十里。爲湖南永順府治。民國廢府存縣。

清　彭太甲、內塔臥保人。得異人傳授。占卜如神。太守張曾斆、常留之署中。以質休

咎。繼任徐培元、丁憂去。次朱世傑將至。太甲曰、不能越貓子坪、必死。第三呂近陽、由古丈同知署府事。太甲曰、此雖能視事。然不半年、亦必死也。後皆驗。同治永順縣志技藝

明

327 靖州 唐敍州朗溪解南獠地。五代時爲蠻地。稱誠徽二州。宋初爲羈縻州。後收復。復置誠州。改靖州。元改靖州路。明升靖州府。復降爲州。以州治永平縣。省入。清因之。直隸湖南省。民國改爲靖縣。

葉庭芝、字無心。號竹莊。靖州人。少業儒。未就。遂有志術數之學。凡先天後天之圖。岐黃孫盧之書。不待探索而得其奧。所著有索性旨要。金絲鐙籠。神鍼簡要賦。士君子多重之。年八十餘卒。光緒湖南通志技術

清

328 綏寧縣 唐武岡縣西境。五代時蠻置徽州。宋改置蒔竹縣。尋廢。又置綏寧縣。清屬湖南靖州。

楊茂崙、生平積德。精心堪輿。著有地理會元篇傳世。同治綏寧縣志方技

329 永綏廳 漢五溪蠻地。唐錦州地。後爲六里生苗地。宋以後不通聲教。清雍正八年。招徠生苗。建吉多營。設永綏協副將都司同知等。轄紅苗二百二十八寨。故治在今湖南永綏縣東南吉多坪。後升爲廳。直隸湖南省。移治花園砦。即今治。民國改廳爲縣。

清

李芳、廳諸生。熟精易理。爲人卜。多中。有問卜者。則借卜與言孝友睦姻任卹事。而猶拳拳於息訟消爭。芳嘗言人之偶有爭訟者。心有所不平也。因其問而導之

使平。平則爭訟化矣。若芳者其殆嚴君平之流亞歟。乾隆永綏廳志方技

330 石門縣漢零陽縣地。晉置澧陽縣。南朝陳改曰石門。清屬湖南澧州。

清 袁承裕、號儒門。誠靜寡言。客遊寶慶。遇人傳授。善醫卜之術。縣獄中、有要犯在逃。邑侯某、延請卜課。遣人往偵。即獲。侯深爲詫異。款洽有加禮。名譽由是大噪。造門請問者。四方踵至。所言無不奇中。子德彰、號半霞。增生。同治石門縣志方技

清 申之交、字肇修。石門人。精易林諸書。占問輒有驗。然與人言皆導以忠信守己。不涉玄妙。年九十四。預示家人死期。誦金剛經而逝。

清 黃配乾、家貧。屢躓童子試。遂攻地理星卜諸書。尤精醫。遠近延請無虛日。族人某贈之有詩。博兼衆技。書千卷。救活羣生。紙半張之句。

清 甲中望、字念太。石門人。性沈靜。強記多聞。精奇門。嘗於館後置坐凳數枚。盜陷其中。詰朝。爨夫往就。盜迷不出。主人繼往亦然。中望導之始出。閒於案上列豆。置蟲蟻於中爲戲。人來輒亂其局。問之不言。臨終取所抄胡麻細字書半篋焚之。子

請留示後人。不許。詔之曰、但讀聖賢書。此不足學。學亦難精。不愼且買禍。卒焚之。以上光緒湖南通志技術

太平淸話云。張南軒知星命。乃判朱晦翁官多祿少四字。晦翁點首云。老漢生平辭官文字甚多。

淸程樹勳壬學瑣記云。讀楊忠愍公年譜。知公通三式之學。可見此學爲君子所不棄。晉之戴洋。唐之李靖。元之劉秉忠、耶律楚材。明之劉青田。亦皆精於此。諸公豪傑之資。小道不遺。固非渺見寡聞之輩。所能窺測者也。

魏志方技傳朱建平之相術。管輅之筮術。誠皆玄妙之殊巧。非常之絕技矣。

遼史方技傳。孔子稱小道必有可觀。醫卜是已。醫以濟夭札。卜以決猶豫。皆有補於國。有惠於民。前史錄而不遺。故傳。

金史方技傳。太史公序九流。述日者、龜策、扁鵲、倉公列傳。劉歆校中祕書。以術數方技載之七略。後世史官作方技傳。蓋祖其意焉。金世如武禎、武亢、之信而不誣。劉元素、張元素、之治療通變。學其術者、皆師尊之。不可不記云。

明史方技傳。明初周顚、張三豐、之屬。蹤跡祕幻。莫可測識。而震動天子。要非妄誕取寵者所可幾。張中、袁珙、占驗奇中。夫事有非常理所能拘者。淺見尠聞。不足道也。

宋王應麟困學紀聞云。定之方中。公劉之詩。擇地法也。我辰安在論命之說也。傳云。不利子商。則見姓有五音。詩、吉日維戊庚午。則見支干之有吉凶。

歷代卜人傳卷十八終

南匯呂維藩校

中國歷代卜人傳卷十九

潤德堂叢書之八

鎮江袁阜樹珊編次

四川省一

四川省、在我國長江流域西部。境內有岷、雒、瀘、巴四大川、故名。禹貢梁州之域。周為巴蜀諸國地。秦為巴蜀二郡。故別稱蜀省。又稱巴蜀。漢為益州部。晉為梁益二州。唐置劍南、山南、黔中、諸道。宋置四川路。元置四川等處、行中書省。明置四川布政使司。清置四川省。民國仍之。其地東界湖北。南界貴州、雲南。西界西康。北界陝西、甘肅。省會曰成都縣。

331

成都縣古蜀山氏國。戰國張儀與張若城成都。即此。秦置縣。三國蜀漢都之。唐玄宗幸蜀。建為南京。五代王氏孟氏。皆為國都。明清皆為四川省治。四川提督駐之。成都府亦治此。民國廢府。仍為四川省治。城分二部。東為太城。西為少城。太城之西偏。有皇城。明蜀藩故宮也。境內土地平曠。溝渠四達。五穀繁殖。兼治蠶桑。商業亦發達。未成之川漢路。及擬築之川藏成嘉成灌等路。均發軔於此。擬築之同成路。亦以此為終點。城內東隅局廠林立。城西南之簇橋。為近城一帶貿易之所。每屆場期。摩肩轂擊。行人塞途。

漢

嚴遵、字君平。蜀人。卜筮於成都市。以爲卜筮者。賤業。而可以惠衆人。有邪惡非正之問。則依蓍龜爲言利害。與人子言依於孝。與人弟言依於順。與人臣言依於忠。各因勢導之以善。從吾言者已過半矣。裁日閱數人。（師古曰・裁與才同・閱歷也・）得百錢。足自養。則閉肆下簾。而授老子。（師古曰・肆者・市列所坐之處也・）博覽無不通。依老子嚴周之旨。著書十萬餘言。（師古曰・嚴周・卽莊周・）揚雄少時從游學。已而仕京師顯名。數爲朝廷在位賢者。稱君平德。杜陵李彊、素善雄。（杜陵・在長安南五十里・）久之。爲益州牧。喜謂雄曰、吾眞得嚴君平矣。雄曰、君備禮以待之。彼人可見而不可得詘也。彊心以爲不然。及至蜀。致禮與相見。卒不敢言以爲從事。乃歎曰、揚子雲、誠知人也。蜀有富人羅冲者。問君平曰、君何以不仕。君平曰、無以自發。冲爲君平具車馬衣糧。君平曰、吾病耳。非不足也。我有餘而子不足。奈何以不足奉有餘。冲曰、吾有萬金。子無儋石。（儋・擔平聲・覃韻・負荷也・通作擔・）乃云有餘。不亦謬乎。君平曰、不然。吾前宿君家。人定而役未息。晝夜汲汲。未嘗有足。今我以卜爲業。不下牀而錢自至。猶餘數百。塵埃厚寸。不知所用。此非我有餘。而子不足。

耶。冲大慚。君平嘆曰。益我貨者損我神。加我名者殺我身。故不仕。遂以其業終。享年九十餘。蜀人愛敬至今稱焉。

前漢書王貢兩龔鮑傳序嘉慶四川通志類說○漢嚴遵座右銘云．夫疾形不能遁影．大音不能掩響．默然託蔭．則影響無因．常體卑弱則禍患無萌．口舌者禍患之門．滅身之斧．言語者天命之屬．形骸之部．出失則患入．言失則亡身．是以聖人當言而懼．發言而憂．如赴水火．履危臨深．有不得已．當而後言．嗜慾者潰腹之矛．貨利者喪身之讎．嫉妒者亡軀之害．讒佞者割頸之兵．殘酷者絕世之殃．陷害者滅嗣之場．淫戲者殫家之塹．嗜酒者窮餧之藪．忠孝者富貴之階．節儉者不竭之源．吾人之傳告後嗣．萬世無遺．○祝穆方輿勝覽云．龜城水中出金雁．因謂之雁橋也．錦里耆舊傳曰．嚴君平宅．卜肆之井猶存．今爲嚴眞觀．中有支機石．道教靈驗記云．成都卜肆支機石．卽海客攜來．自天河所得．織女令問嚴君平者也．太尉燉煌公好奇尙異．命工人鐫取支機石一片．欲爲器用．椎琢之際．忽若風瞀．墜於石側．如此者三．公知其靈物．乃已之．至今所刻之跡在焉．復令穿掘其下．則風雷震驚．咫尺昏曀．遂不敢犯．○水經註云．李固與弟圄書曰．昔嚴夫子嘗言經有五．涉其四．州有九．游其八．○華陽國志云．漢林閭．字翁孺．臨邛人．善古學．古者天子有輶車之使．自漢興以來．劉向之徒．但聞其官．不詳其職．惟閭與君平知之．使考八方之風雅．通九州之異同．主海內之音韻．使人主居高堂知天下風俗也．揚雄聞而師之．因作方言．閭隱遁．世莫聞也．○廣博物志引湖廣志云．鴻安丘．成都人．與嚴君平友善．君平卒．安誄之曰．無營無欲．淡然淵淸．○茶香室續鈔云．莊君平宋時尙在．蜀八仙中君平列焉．○明楊愼升庵集有蜀八仙云．譙秀蜀記載蜀之八仙．首容成公．云卽鬼容區．隱於鴻冢．今靑城山也．次李耳．生於蜀．今之靑羊宮也．三曰董仲舒．亦靑城山隱士．非三策之仲舒也．四曰張道陵．今大邑鶴鳴觀．五曰莊君平．卜肆在成都．六曰李八百．龍門洞在新都．七曰范長生．在靑城山．八曰爾朱先生．在雅州．有手書石刻五經在洞中．○宋洪邁夷堅乙志云．福州有道人．嘗於市中見老叟鬚髮如雪．而兩臉紅潤．瞳子深碧．迹其所往．執弟子禮甚謹．凡歲餘．邈然無所契．一夕寒甚．叟起將便．旋爲捧溺器以進．叟訝其喚．答曰．懼冷氣傷先生．賓諸被中耳．叟大感異．曰．吾乃漢莊君平也．行天下千歲矣．未見有如子者．取一書授之．曰．讀此可得道．天明叟出．遂不歸．其書乃五言詩百篇．皆修身度世之說．李季言．綸．頗能誦之．今但記其語云．事業與功名．不值一杯水．又云．獨立秋江水．三句而已．按莊君平漢人．避明帝諱．故改莊爲嚴耳．使此人自稱嚴君平則僞矣．今自稱莊君平．疑其不妄．○淸張潮幽夢隱云．嚴君平以卜講學者也．孫思邈以醫講學者也．諸葛武侯以出師講學者也．○成都府漢州志古蹟．載君平卜臺．在州東一里．一名卜卦臺．宋郭印卦臺記云．按益州記云．漢州雁橋東．有眞君卜臺．高丈餘．又故老相傳．州治形勢南高而北下．多火災．眞君鑿井壥間．上憲七星．杓指南方．以厭勝之．則眞君之德．陰被廣漢尤厚．自昔至今．越千百年．卜臺既已隳落．井之應輔星者．堙塞久矣．比歲郡人往往逢災應．或疑焉．今太守王公．憂民之憂．迺如其說．汰故堙井．于是災熚不作．民皆安堵．一日過卜臺下．顧其陋甚．尋加修築．繪眞君像其上．前臨通道．蔽以短垣．蓋使邦人無忘眞君之德也．既成．囑某記之．○成都縣志古蹟．益州西一里．嚴君平宅．卜肆之井猶存．今爲嚴眞觀．喩汝礪游嚴眞觀詩云．古木共幽意．長廊亦蕭如．於焉步逍遙．亦復散衣裾．塵慮俗已空．道心頗闓舒．不知度世人．去此歲幾徂．云何有丹砂．尚爾留庭隅．支機亦悠哉．誰後計有無．我知此公意．慨然元鼎初．纖之五鳳間．斯民甕刀鋸．聊欲謝塵網．歛以道自娛．抱獨理自會．曠懷遺所居．初非逃世人．而世自我疎．含默念斯理．起我憂患餘．○邛州志古蹟．嚴君平故里．在州東十五里．地名萬石壩．名勝云．萬戶壩．○成都府崇寧縣陵墓．載漢嚴君平墓．在縣西南二十里．元和志云．在唐昌縣西南十里．○廣與記云．嚴君平墓在成都西北八十里之崇寧縣．○清郫縣孫鎮藩石文鈔．平樂山館義學記云．平樂在崇寧西南一隅．灌木平林．高臺佛刹．山田秀錯．農屋雲連．嚴君平遺墓在焉．由君平墓道而南五里．爲瀧口堋．堋東迤．羣障交送．有山巃嵸．如天馬卓立．曰崇岡．則予家入蜀三世祖崇公之墓田也．○阜按．孫鎮文鈔．刊於道光乙未．距今纔百餘年．其敍述君平遺墓云云．較他書爲詳．堪爲景賢謁墓者之指南．故特記之．○蜀雅載費錫璜贈嚴子詩云．欲就嚴遵話．閒中負酒過．梅花君自種．春早意如何．卷幔青山見．梳頭白髮多．已忘掛瓢累．時詠采芝歌．○晉王右軍十七帖云．嚴君平．司馬相如．揚子雲．皆有後否．○晉左思蜀都賦有云．近則江漢炳靈．世載其英．蔚若相如．嚼若君平．王襃韡韡而發秀．揚雄含章而挺生．○晉皇甫謐高士傳嚴遵贊云．君平賣卜．子雲所師．聃文是闡．迺作指歸．牧不可屈．錢嘗有餘．眞人淡泊．亶哉匪虛．○晉張俞蜀三賢畫像贊云．益州中興寺．有墨池院．院有前漢揚子雲．莊君平．李仲元三賢畫像．因各贊之．來者觀像讀贊．則知三賢之道至焉．子雲潛眞．與聖合神．龍隱其德．鳳耀其文．譔法著玄．統貫天人．道德之首．譚稱絕論．淵淵蜀莊．至人之貌．心通蓍龜．言必慈孝．推道衍德．窮神入廟．子雲之師．孰洞其妙．仲元何如．貌人心天．出方其隱．默喩於言．道兼夷惠．質妙雲淵．屈伸猶龍．物無累焉．○劉宋鮑照參軍詠嚴君平詩云．君平因世閒．得還守寂寞．閉簾著道德．開卦說天爵．○唐李華贊嚴君平云．先生冥冥．隱於卜肆．宗師老氏．精究易義．爰衣爰食．止足非利．垂簾燕居．默養眞氣．誨人不倦．人悅其風．皦昧柔剛．在我域中．心與世遠．事與人同．不臣大君·不友上公·在貴友賤·齊明若蒙·遼哉遠哉·微妙玄通·弋者何爲·仰慕飛鴻·○唐張九齡送姚評事入蜀·賦得卜肆詩云·蜀嚴化已久·沈冥空所思·嘗聞賣卜處·猶憶下簾時·驅傳應經此·懷賢儻問之·歸來說往事·歷歷偶心期·○岑參卜肆詩云·君平曾賣卜·卜肆蕪已久·至今杖頭錢·時時地上有·不知支機石·還在人間否·○鄭世翼君平古井詩云·嚴平本高尙·遠蹈古人風·賣卜成都市·流名大漢中·舊井改人事·寒泉久不通、年多旣罷汲·無禽乃遂空·如何屬秋氣·惟見落雙桐·○宋呂光弼詩云·卜簽垂簾地·依然門徑開·沈冥時已往·思慕客猶來·鳥啄虛簷壞·狐穿古井摧·空餘支機石·歲歲長春苔·○宋鄭所南君平像贊云·多是垂簾自養神·僅能了日卽安貧·不離忠孝談玄妙·豈是尋常賣卜人·○淸長洲褚人穫學稼·堅瓠補集·載呂洞賓詩云·時當海晏河淸日·白鹿閒騎下翠臺·本爲君平川裏去·不妨却到錦屛來·○淸南皮張文襄公詩集云·西蜀嚴君平·下簾玩道德·襄陽司馬徽·善鑑仍守默·褐衣賣畚人·治亂若黑白·抒之不可旣·閟之亦自得·士不羞貧賤·有道處巖穴·○阜景仰君平·拙句有云·揚雄師事蜀君平·教孝勸忠各盡情·眞覿卜臺千古在·羅沖尙義也成名·阜於丙子春·曾函託成都友人·諏査君平遺蹟·據覆·今猶有街名君平云。○淸鄞縣全祖望鮚埼亭集外編·讀道德指歸云·張南漪語予曰·道德指歸·前有谷神子序·其云嚴君平·姓莊氏·故稱莊子·班史避明帝諱·更之爲嚴·然則篇中所稱莊子者·皆君平自稱也·故卷首卽稱莊子曰·老子之作·上經象天·下經象地·其發明宗旨·幾二百言·此後每設爲問答·必曰何以言之·何以言之·何以效之·或曰敢問·而後以莊子曰答之·蓋皆君平自稱之言無疑也·閻潛邱乃以爲莊周逸篇之文·以補王厚齋之漏·何其犆也·其所引亦不完·南漪之言·覈而篤矣·

漢

揚雄、字子雲。成都人。（一云郫縣人·郫縣秦置·明淸皆屬四川成都府·縣北五十里·有故郫城）世以農桑爲業。好學博覽。無所不見。口吃不能劇談。不汲汲於富貴。不戚戚於貧賤。不修廉隅以徼名當世。家產不過十金。乏無儋石之儲。晏如也。年四十餘。自蜀來游京師。大司馬王音、奇其文雅。召爲門下史。薦雄待詔。歲餘奏羽獵賦。除爲郎。給事黃門。卒年七十一。雄少時嘗從嚴君平游學。得其奧旨。是以恬於勢利。非其意。雖富貴不事。非聖哲之書不好。以爲經莫大於易。故作太玄。攡之以三策。攡·食列切·同揲·開之以休咎。絣之以象類。絣·雜也·併也·播之以人事。文之以五行。擢之以道德仁義禮知。傳莫大於論語。故又作法言。觀其解謿有炎炎者滅。隆隆者絕。位極者宗危。自守者身全。知玄知默。守道之極。爰清爰靜。游神之廷。及高明之家。鬼瞰其室云云。誠與君平所謂益我貨者損我神。生我名者殺我身。如出一轍。前漢書本傳 皇甫謐高士傳○唐陸龜蒙笠澤叢書云·龜蒙讀揚雄所謂書·知太玄準易·法言準論語·子雲事于西漢末·屬莽賢用事·時皆進符命取寵·雄獨默默·以貧愁著書·病不得免·人希至其門·止一侯巴從之受太玄法言而已·○明張燧千百年眼云·揚子雲古以比孟荀·紫陽氏著通鑑綱目·直書之曰·莽大夫揚雄死·蓋舉市國之褚淵·脁姓之馮道·所未嘗加者而加之·不知雄至京·見成帝·年四十餘矣·自成帝建始改元·至天鳳五年·計五十有二歲·以五十二·合四十餘·已近百年·則與所謂年七十一者·又相牴牾矣·又考雄至京·大司馬王音奇其文·而音薨永始初年·則雄來必在永始之前無疑·然則謂雄延於莽年者妄也·其云媚莽·妄可知矣·按雄·郫縣人·郫人簡公紹常·辨證尤悉·簡引桓譚新語曰·雄作甘泉賦一首·夢腸出·收而內之·明日遂卒·而祠甘泉·在永始四年·雄卒永始四年·去莽簒尚遠·而劇秦美新·或出於谷子雲·然考之法言云·漢興二百一十載·爰自高帝至平帝末·蓋其數矣·而謂雄卒永始·亦未必然·計雄之終·或在平帝末·則其年正七十餘矣·因雄歷成哀平·故稱三世不徙官·若復仕莽·詎止三世哉·由是知雄·決無仕莽投閣美新之事·紫陽亦未可爲實錄也·○清陳宗起丁戊筆記云·漢書揚雄傳·據雄自序·謂其先出自周·伯僑者·以支庶食采於楊·因氏焉·楊在河汾之間、周衰而楊氏或稱侯·曰楊侯·又楊修答臨淄侯牋·稱修家子雲·又云·述襃宗之過言·或以楊與楊兩字·疑是文人牽合之過·今按班書於雄傳稱楊雄·楊子·楊子雲·及其祖楊季·字皆作木旁昜·惟篇首作手旁昜·蓋形近通寫之字·左氏襄二十九年·霍揚韓魏．其字正作手旁昜．應劭杜預．皆以爲卽平陽楊縣．卽所謂楊在河汾之間者是也．應氏注雄傳．引左傳卽作木旁易．則揚爲楊之通用字．明矣．漢隸字源載熊君碑．稱治歐羊尙書．陽羊尙可假借．亦何疑於楊之於揚乎．」

後漢

趙典、字仲經。成都人。少篤行隱約。學孔子七經。河圖洛書。內外藝術。靡不貫綜。受業者百有餘人。桓帝時爲大鴻臚、遷太常。以諫爭違旨免官。再遷衞尉。公卿表典、篤學博聞。宜備國師。會病卒。諡獻。後漢書本傳

後漢

楊由、字哀侯。蜀郡成都人。少習易。幷七政。元氣。風雲占候。爲郡文學掾。時有大雀夜集於庫樓上。太守廉范、以問由。由對曰、此占郡內當有小兵。然不爲害。後二十餘日。廣柔縣蠻夷反。殺傷長吏。郡發庫兵擊之。又有風吹削哺。太守以問由。由對曰、方當有薦木實者。其色黃赤。頃之。五官掾獻橘數包。大將軍竇憲從太守索雲氣圖。由諫莫與。竇憲受誅。由嘗從人飲。敕御者曰、酒若三行。便宜嚴駕。既而趣去。後主人舍有鬭相殺者。人請問、何以知之。由曰、向社中木上有鳩鬭。此兵賊之象也。其言多驗。著書十餘篇。名曰其平。終於家。後漢書方術嘉慶四川通志藝術

蜀漢

張裕、字南和。蜀郡人。明州後部司馬。曉占候。具天才。先主欲與曹公爭漢中。裕

諫曰、得地而不得民。軍必不利。先主不用裕言。竟遣將吳蘭雷銅等、入武都。皆沒不還。裕又私語人曰、歲在庚子。天下當易代。劉氏祚盡矣。主公得益州。九年之後。寅卯之間。當失之。人密白其言。初先主與劉璋會涪時。（涪音浮。水名。今曰涪江。）裕爲璋從事。侍坐。其人饒鬚。先主嘲之曰、昔吾居涿縣。特多毛姓。東西南北。皆諸毛也。涿令稱曰、諸毛繞涿居乎。裕卽答曰、昔有作上黨潞長。遷爲涿令者。去官還家。時人與書。欲署潞則失涿。欲署涿則失潞。乃署曰潞涿君。先主無鬚。故裕以此及之。先主常銜其不遜。加忿其漏言。乃顯裕諫爭漢中不驗。下獄將誅之。諸葛亮表請其罪。先主答曰、芳蘭生門。不得不鉏。裕遂棄市。後魏氏之立。先主之薨。皆如裕所刻。又曉相術。每舉鏡視面。自知刑死。未嘗不撲之於地也。漢末鄧芝入蜀。未見知。益州從事張裕善相。往從之。裕謂芝曰、君年過七十。位至大將軍。封侯。芝後封陽武亭侯。爲大將軍二十餘年。（三國蜀志附周羣傳　嘉慶四川通志藝術）

蜀漢

趙直、善占夢。何祇嘗夢井中生桒。以問趙直。直曰、桒非井中之物。會當移植。然

蜀漢

桀字四十下八。君壽恐不過此。祇笑言得此足矣。祇爲犍爲太守。年四十八卒。如道所言。建興十二年甲寅。丞相出北谷口。延爲前鋒。夢頭上生角。以問直。直詐延曰、麒麟有角而不用。此不戰而賊自破之象也。退而告人曰。角之爲字。刀下用也。頭上用刀。其凶甚矣。秋亮卒。延叛。馬岱斬之。三國蜀志楊洪傳注及魏延傳參嘉慶四川通志藝術

趙正、精易筮。官都尉。建興十二年甲寅。楊儀字威公。襄陽人。隨諸葛亮出屯谷口。亮卒於敵場。儀既領軍還。又誅討魏延。自以爲功勳至大。宜當代亮秉政。呼都尉正。以周易筮之。卦得家人。默然不悅。而亮平生密指。以儀性狷狹。意在蔣琬。琬遂爲尙書令、益州刺史。儀至拜爲中軍師。無所統領。從容而已。初儀爲先主尙書。琬爲尙書郎。後雖俱爲丞相參軍長史。儀每從行。當其勞劇。自爲年官先琬。才能踰之。於是怨憤形於聲色。歎咤之音。發於五內。時人畏其言語不節。莫敢從也。爲後軍師、費禕往慰省之。儀對禕、恨望前後云云。又語禕曰、往者丞相亡沒之際。吾若舉軍以就魏氏。處世寧當落度如此耶。令人追悔不可復及。禕密表其言。十三年乙卯。

廢儀爲民。徙漢嘉郡。漢嘉•故城在今四川安雅縣北• 儀至徙所。復上書誹謗。辭旨急切。遂下郡收儀。儀自殺。其妻子還蜀。三國蜀志楊儀傳圖書集成藝術典卜筮部紀事

晉

星人、乃蜀人知天文者。時習鑿齒爲荊州刺史。桓溫辟爲從事。溫有大志。特延星人觀之。至夜。執其手問曰、國家祚運修短何如。答云、世祀方永。溫疑其難言。乃飾辭云。如君言。豈獨吾福。乃蒼生之幸。然今日之語。自可令盡。必有小小厄運。亦宜說之。星人曰、太微紫微文昌三宮。氣候如此。決無憂虞。至五十年外不論耳。溫不悅。乃止。異日送絹一疋、錢五千文以與之。星人乃馳詣鑿齒曰、家在益州。被命遠下。今受旨自裁。無由致其骸骨。緣君仁厚。乞爲標碣棺木耳。鑿齒問其故。星人曰、賜絹一疋。令僕自裁。惠錢五千。以買棺耳。鑿齒曰、君幾誤死。君嘗聞前知星宿、有不覆之義乎。此以絹戲君。以錢供道中資。是聽君去耳。星人大喜。明便詣溫別。溫問去意。以鑿齒言答。溫笑曰、鑿齒憂君誤死。君定是誤活。然徒三十年看儒書。不如一詣習主簿。晉書習鑿齒傳嘉慶四川通志藝術

唐　袁天綱、益州成都人、父璣、梁州司倉、祖嵩、周朝歷犍爲蒲陽蒲江二郡守、車騎將軍。曾祖達、梁朝江黃二州刺史、周朝歷天水懷仁二郡守、天綱少孤貧、好道藝、精相術、仕隋爲資官令、（唐書資官作鹽官）武德初戊寅、蜀道使詹俊赤牒授火井令、初天綱以大業元年乙丑至洛陽、與杜淹王珪韋挺游、天綱謂淹曰、公蘭臺成就、學堂寬博、將以文章顯、必得糾察之官、謂珪曰、公三停合度、天地相臨、不十年官五品、謂挺曰、公面如虎形、交友極誠、必得知己接攜、當以武處官、然三君久皆得譴、暫去卽還、吾且見之、淹以侍御史爲天策府兵曹文學館學士、珪爲太子中允、挺隋末與隱太子友善、薦爲左衞率、武德六年癸未、俱以事流嶲州、（嶲音髓、今四川寧遠府境、本作雟）淹等至益州見天綱曰、袁公洛邑之言則信矣、未知今後何如、天綱曰、公等骨法大勝往時、終當俱受榮貴、杜位三品、難與言壽、王韋亦三品、後於杜、而壽過之、但晚節困、韋尤甚、杜淹至京、拜御史大夫、檢校吏部尚書、王珪尋授侍中、出爲同知刺史、韋挺歷御史大夫太常職卿、貶象州刺史、皆如天綱之言、大業末丙子、竇軌客遊德陽。嘗問天綱。天綱曰、君額上伏犀貫玉枕。輔骨完成。十年且顯。其在梁益間耶。軌後爲益州行臺僕射。引天綱深禮之。天綱又謂軌曰、赤脈干瞳。語浮面赤。公爲將。必多殺。願深自誡愼。武德九年丙戌、軌果坐事見召。天綱曰、公毋憂。輔角右畔光澤可喜。不久必還。其年果重授益州都督。貞觀初丁亥、太宗召見曰、古有君平。朕今得爾何如。對曰、彼不逢時。臣固勝之。武后之幼。天綱見其母曰、夫人法生貴子。及見二子元慶、元爽。曰、官三品。保家主也。見韓國夫人曰、此女亦大貴。然不利其夫。后最幼。姆抱以見。紿以男。天綱視其步與目。驚曰、龍瞳鳳頸。極貴驗也。若爲女。當作天子。（皐撫句有云、天綱遠祖勝君平、鳳頸龍瞳到眼明、赤脈貫睛誠妄殺、引人入勝化羣英。）貞觀八年甲午、帝在九成宮召見天綱。令視岑文本曰、學堂瑩夷。眉復過目。故文章振天下。首生骨未成。自前而視法三品。惜肉不稱骨。非壽兆也。文本官至中書令。尋卒。其年侍御史張行成、馬周同問天綱。天綱曰、馬君伏犀貫腦。兼有玉枕。背如負物。富貴驗也。近古君臣相遇未有及公者。然面色澤赤。命門晦暗。而耳無根。後骨不隆。壽恐不長。周後位至中書令兼吏部尚書、年四十八卒、謂張君曰、公五嶽四瀆成就、下停豐滿、得官雖晚、終居宰輔之地、行成後至尚書、右僕射、其術精類如此、中國公高士廉嘗謂曰、君終作何官、天綱謝曰、僕自知相命、今年夏四月數將盡矣、如期果以火山令卒、著有太乙命訣、相笏經、射覆詩、元成子等書、新舊唐書方技唐呂道生定命錄天綱外傳嘉慶四川通志藝術〇宋吳曾能改齋漫錄云、袁天綱本蜀郡人、隋末于閬州蟠龍山前築宅居、（蟠龍山在縣東北三里、以形得名）岐陽李淳風、事以師禮、二人郊行、見一牛迹、袁曰、牝而有孕、又左目必傷、當產一犢、尋問之皆然、未幾果產一犢、李曰、從學久矣、未聞此術、袁曰、非術也、牛之有孕、左重牡也、右重牝也、吾視牛迹左足深、必產牡也、惟食右邊草、必左目傷也、李歎曰、師之術可及、其智不可及也、孟子謂大匠能誨人以規矩、不能使人巧、以袁之于李、孟言益可信矣、〇四川通志順慶府仙釋、唐袁天綱、居鳳凰山修煉、丹井猶存、清一統志、鳳凰山、作大鳳山、〇光緒浙江通志仙釋、天綱之師、乃浙江雲溪道士也、〇清一統志陵墓、載袁天綱墓、在直隸省順天府涿州東北浮落岡、〇夷堅續志云、袁氏以天綱爲祖、唐書曰、天綱益州成都人也、溫江縣西二十里、曰淘霸鎮、有井號天綱井、其裔環居井側、有名芝者、於鎮建寺、有異應、費元量楊徽、胡叔豹、皆蜀賢大夫、爲之記載、芝子孫蕃衍、鎮莫能容、四世子昌年、遂徙溫江、鴻爲廣文館生、試中上游縣、爲立擢秀坊、子孫遂連取名第、自省、大才、大明、大聲、伸、午、桂、凡七人、鄉舉中選者又過倍之、

唐　袁客師、天綱子、亦傳其術、爲廩犧令、順慶中、與賈文通同供奉、客師嘗度江、叩舟而還、左右請故、曰、舟中人鼻下氣皆墨、不可以濟、俄有一男子、跛而負直就舟、客師曰、貴人在吾、可以濟、江中風忽起、幾覆而免、跛男子、乃婁師德也、後位至納

言焉。新舊唐書方技唐呂道生定命錄天綱外傳嘉慶四川通志藝術

唐 日者、房元齡來買卜成都日者、笑而掩鼻曰、公知名當世、爲時賢相、奈無繼嗣何。時遺直已三歲在側。日者顧指曰、此兒此兒是絕房氏者也。公悵然而退。後皆信然。皐按、玄齡歿有二子、遺直、遺愛、永徽中、遺愛誣告遺直、高宗令長孫無忌鞫其事、因得遺愛謀反之狀、遺愛伏誅、遺直除名爲庶人、諸子配流嶺表、停玄齡配享。○舊唐書房玄齡傳嘉慶四川通志藝術

唐 李生者、杜悰門下術士也。悰待之甚厚。杜悰、祖祐、父式方、悰後爲相、未嘗薦士、不如祐之素風。悰任西川節度使。時馬植罷黔南赴闕、道出成都、李見之、謂悰曰、受恩久、思有以效答、今得之矣。黔南馬中丞非常人也。且公將有大禍、非馬丞不得救、宜厚遇而結之。悰驚信其言。植將發、悰以厚幣贈之、仍令邸吏、爲植於闕下買宅、所用之費無闕焉。植至闕、但知感悰、而不知其旨。尋除光祿卿、報狀至蜀、悰謂李生曰、貴人至闕也。作光祿勳而已。生曰、姑待之、俄進大理卿、又遷刑部侍郎、充鹽鐵使、悰始驚憂、俄而作相。懿安皇后、宣宗幽崩、懿安皇后郭氏、乃憲宗東宮元妃、事順宗爲婦、歷五朝、母天下、宣宗立、而母鄭氏、故侍兒、有曩怨、帝奉養禮稍薄、后鬱鬱不聊、與一二侍人登勤政樓、將自隕、左右共持之、帝聞不喜、是夕后暴崩、悰、懿安子壻也。忽一日、內榜子索檢責宰臣元載故事、植諭旨、翌日

延英上前。萬端營救。植素辯博。能迴上意。事遂寢。悰乃安。其事與竇廷芝、桑道茂差類。故備錄之。以見禍福前定。惟深於數者得而知之。（唐書列傳后妃下杜悰本傳古今類事卜兆門）

唐 彭克明、號彭釘筋。精相術。言事多驗。人以其必中。是以有釘筋之名。九隴村民唐氏子、家富。彭謂曰、唐郎即世不挂一縷。唐曰、我家粗有田隴。衣食且豐。可能裸露而終哉。一日江漲。有一兔在水中央。唐謂必致之。乃脫衣泅水。爲波漂沒而卒。其他皆類此。（嘉慶四川通志藝術）

唐 張野人、在蜀見貴妃楊氏云。當大富貴。何以在此。或問至三品夫人否。張云不是一品否。曰、不是。然則皇后耶。曰、亦不是。然貴盛與皇后同。見楊國忠云、公亦富貴。位當秉天下權勢。惟望小心翼翼。數年後、皆如其言。（太平廣記相類）

前蜀 趙溫珪、秦州人。曾祖省躬、通數術。避亂於蜀。溫珪善相人。兼精三式。成都謂之趙聖人。官司天少監。水平元年辛未。蜀主與岐交惡。王宗侃請統師前進。溫珪諫曰、李茂貞未犯邊。諸將貪功深入。糧道阻遠。恐非國家之利。蜀主不聽。果有青泥嶺之敗。武人王暉者、一日遇溫珪於朝門。溫珪屏人語之曰。君面有殺氣。得毋懷兵刃以圖人邪。然君自是晚達。三爲郡守。一爲節制。不宜害人以取殃禍。暉大駭。探懷出七首擲地。泣曰、暉爲此子所擠。今日不勝其憤。欲刺殺之。便爾引決。不期逢公爲開釋。請從此止。拜謝而退。暉尋爲刺史。遷秦州節度。一如溫珪之言。

後蜀

周仲明、居成都。以術數擅名。明德元年甲午。孟蜀先主病且危。司空趙季良、召仲明。問蜀主壽幾何。對曰、合爲眞主。食蜀中二十年。既登九五。於壽無益。季良曰、可爲金縢乎。（縢、音騰、緘也、金縢謂緘之以金也、）曰、此天數也。非人力可爲。季良又問、國祚修短。仲明曰、二紀外、有眞人出。天下一統。其言後皆驗。

宋

費孝先、蜀人。善軌革。（取年月日時成卦、謂之軌、）世皆知名。有賈人王旻、因殖貨之成都。（旻、閔平聲、秋爲天、）求爲卜筮。孝先曰、敎住莫住。敎洗莫洗。一石穀。擣得三斗米。遇明卽活。遇暗卽死。再三戒之。令誦此數言。足矣。旻誌之。及行。塗中遇大雨。憩一屋下。路人盈塞。乃思曰、敎住莫住。得非此耶。遂冒雨行。未幾屋圮。獨得免焉。旻之妻、已私鄰。比欲講終身之好。俟旋歸。將致毒謀。既至。妻約其私人曰、今夕新沐者乃夫也。日欲晡。呼旻洗沐。重易巾櫛。旻悟曰、教洗莫洗。得非此耶。堅不從。婦怒。自沐。昏夜反被害。既覺驚。隣里共視。皆罔測其由。遂被囚繫拷訊。獄就。不能置辯。郡守錄狀。旻泣言、死卽死耳。但孝先所言、終無驗。左右以是語達郡守。守呼旻。問曰。汝比隣、何人也。曰、康七。遂遣人捕至。一訊而服。旻得脫囹圄。僚佐問故。守曰、一石穀擣得三斗米。非康七乎。由是辯雪。所謂遇明卽活也。以上嘉慶四川通志藝術○宋高文虎蓼花洲閒錄云・四川費孝先・善軌革・世皆知名・然軌革之術・初非始於費氏・宋史藝文志五行類・有軌革祕寶一卷・軌革指迷照膽訣一卷・又著龜類・有易通子周易菥蓂・璇璣軌革一卷・軌革金庭玉鑑七卷・軌革傳道錄一卷・則知軌革之術・由來久矣・以上高氏說・淸德淸俞樾茶香室三鈔・按・余嘗謂軌革之術・卽易緯稽覽圖・推軌推析之遺・觀易通子周易菥蓂・璇璣軌革・益信矣・菥・卽析也・

宋

崔尊師、名無斁。斁・音亦・敗壞也・王氏據蜀。由江夏而來。託以聾瞶。誠有道之士也。每觀人書字而知其休咎。能察隱伏逃亡。山藏地祕。生期死限。千重之外。骨肉安否。未嘗遺策。時朝賢士庶奉之如神明。龍興觀道士唐洞卿、令童子以器藏蘿蔔、送杜天師光庭。値崔、在院門坐。遂乞射覆。崔令童子於地上劃一箇字。童子劃一此字。

崔曰、蘿蔔耳。童子送回。拾一片損梳。置於器中。再乞射覆。崔曰、劃字於地。童子指前來此字。崔曰、梳爾。洞卿怪童子來遲。童子具以崔射覆爲對。洞卿久知崔有道。令童子握空拳。再指此字。崔曰、空拳耳。洞卿親詣崔云、一字而射覆者三。皆不同。非有道詎能及此。崔曰、皆是童子先言。非老夫能知爾。此字象蘿蔔。亦象梳。亦象空拳。何有道耶。崔相字、託意指事。皆如此類。宋江夏黃休復茅亭客話

宋

謝石、字潤夫。成都人。宣和間、至京師。以相字言人禍福。求相者但隨意書一字。卽就其字離拆而言。無不奇中。名聞九重。上皇因書一朝字。令中貴人持往試之。石見字、卽端視中貴人曰、此非觀察所書也。石據字而言。今日遭遇。卽因此字。黥配遠行。亦此字也。但未敢遽言之耳。中貴人愕然。且謂之曰、但有所據。盡言無懼也。石以手加額曰、朝字離之爲十月十日字。非此月此日所生之天人。當誰書也。一座盡驚。中貴馳奏。翌日召至後苑。令左右及宮嬪書字示之。皆據字論說禍福。俱有精理。錫賚甚厚。并補授承信郎。緣此四方求相者。其門如市。有朝士其室懷

姙過月。手書一也字。令其夫持問於石。是日座客甚衆。石詳視之。謂朝士曰、此閤中所書否。曰、何以言之。曰、也語助辭。因知是公內助所書。尊閤盛年三十一否。曰、是也。以也字上爲三十。下爲一字也。然君官於此。當力謀遷動。而不可得否。曰、正以此撓耳。蓋也著水則爲池。有馬則爲馳。今池邊無水。陸馳無馬。安可動也。又尊閤父母兄弟親人。當無一存者。以也字著人則是他字。今獨見也字而不見人、故也。又尊閤其家物產、亦蕩盡否。以也著土則爲地字。今又不見土也。朝士曰、誠如所言。但此皆非所問者。今賤室以懷姙過月。方竊憂之。所以問耳。石曰、是必十三個月也。以也字中有十字。並兩旁二豎、下一畫、爲十三也。石熟視朝士曰、有一事似涉奇怪。因欲不言。則君所問正決此事。可盡言否。朝士因請其說。石曰、也字著虫則爲虵字。（虵・蛇俗字・見廣韻・）今尊閤所姙。殆虵妖也。石亦有薄術可爲。以藥驗之無苦也。朝士大異其說。因請至家。以藥投之。果下虵百數而體平。都人益神之。而不知其究挾何術也。秦檜當國時、高宗書一春字命測之。其上半體墨重。石奏曰、秦頭太重。壓日無光。檜聞而銜之。中以危法。編管遠州。道遇一老人於山下。亦善測字。石就之書一謝字求測。老人曰、子於寸言之中立身。術士也。舉掌令更書以卜所終。石書一石字。老人曰、凶哉。石遇皮必破。遇卒必碎矣。時押石之卒在傍。而書字在掌中、故云。石大歎服。請老人作字。測爲何如人。老人曰、即以我爲字可也。石曰、夫人而立山傍。子殆仙哉。乃下拜。願執弟子禮。請益。曰、吾術似無減先生。乃先生褎然仙矣。而茲吾不免塵網。何也。老人曰、子以字爲字。吾以身爲字也。嘉慶四川通志藝術

宋

楊艮、蜀人。善議命。游東南。公卿間言頗不碌碌。其得失。多以五行爲主。不深信珞琭諸書。時韓平原侂胄得君權。震天下。艮曰、是不能令終。夫年壬申金也。且曰劍鋒。不復畏他火。惟丙寅能制之。蓋干支納音俱爲火。而履於木。木實生火。凡人生時主末。今乃遇之。兆已成矣。且其月辛亥。其日己巳。四孟全備。二氣交戰。雖以致大受之福。亦以擬衝擊之災。年運於卯。火爲沐浴。氣微而敗。灰燼鎔竭。不能支矣。然受物也大。非盡其用弗可。一陽將萌。亶其時乎。亶、且上聲、信也、既而艮言大驗。乃歎

其神。宋岳珂桯史嘉慶四川通志藝術

宋　郭從周、西川人。精於卜筮。何龍圖中立、初登第。特備縑素求之。從周詩以贈之云。三字從來月正圓。一麾從此出秦關。錢塘春色濃如酒。貪醉花間臥不還。公後八月十五日。改知制誥。以言邊事。出知秦州。移之杭。乃捐館。何郭君卜筮之明若此。抑亦以前定而知之也。古今類事卜兆門同治成都縣志藝術

宋　郭長孺、成都人。風致閒逸。遇人無貴賤。悉禮下之。然挺拔不倚。終日劇談無戲語。惟好書。丹鉛點勘不去手。自經史諸子。浮屠黃老陰陽醫卜之術。皆究其妙。有易解。書解。道德經解。蔬食諸歌詩雜文等書。又作孝行圖。高逸圖。陰陽雜證圖。各爲論述焉。同治成都縣志高士

宋　張巖電、施藥說相。不受人一錢。乃自稱姓錢。以滑稽玩世。忽來告放翁。言將西入蜀。乃書以遺之。他日到青城、大峨、霧中、鵠鳴諸名山。見孫思邈、朱桃椎、張四郎、爾朱先生、姚小太尉、譙天授、尹先覺輩。有問放翁安否者。可出此卷相與一笑。宋陸

游渭南文集

宋　胡廣、蜀中士人也。善相術。韓魏公琦父、諫議大夫國華。嘗仕於蜀。廣見國華而奇之曰、是必生貴子。請納女焉。後國華出守泉州。祥符元年戊申歲七月二日。生魏公于泉州州宅。僕、與韓氏交游。嘗見諫議胡夫人畫像皆奇偉。宜其生貴子也。世言魏公世居河朔。故其狀貌奇偉而有厚重之德。然生於泉州。故爲人亦微任術數。深不可測。有閩之風。皆其土風然也。聞者以爲然。宋馬永卿嬾眞子

宋　范思齊、成都人。精相人術。將有全州之行。楊文節公萬里、以詩贈之云。兩脚那解上金鑾。兩手只合把釣竿。比身管樂兒時態。已翻九河洗我肝。范生來自浣花里。眼中之人定誰貴。百鍊未必賢繞指。貴人正要老於事。斜風細雨又春休。落花啼鳥總春愁。試問談間立封侯。何如百錢挂杖頭。宋楊誠齋集贈蜀中相士范思齋

宋　杜需、別號簑衣道人。善風鑑。判吉凶。如響斯應。楊誠齋萬里、贈以詩云。與子生疎有底仇。談間容易說封侯。病身更遣冰山倚。野鶴孤雲也替愁。坐來小歇過眉

拄客裏那能滿眼酟。肯脫簑衣借儂作。鷗邊雨外且江湖。（誠齋集贈相士簑衣道人）

宋　吳山人、談星辰。決人禍福。楊文節公、送其詩云。牙籌入手風前快。玉李行天鏡裏看。紫闥青規吾不夢。子言欲試故應難。然楊公後以寶文閣待制致仕、進寶謨閣學士、終應吳山人之言。（誠齋集送談星辰吳山人）

宋　瀛洲先生、談命郡城。士大夫多信仰之。元舉叔、亦往就教。贈詩有云。誰遣談天太逼眞。取憎造物得辭貧。不妨小隱君平肆。戲與人間閱貴人。（誠齋集送瀛洲先生談命）

宋　陳純、成都人。明太素脈。知人吉凶。魏了翁贈序有云。察脈以知吉凶。則於人之血氣經絡。往來消息之度而得之。較諸他術。最爲切近。如醫緩、識二豎子、猶是易事。至醫和、遂能以君之疾。知而覘其臣若社稷。況一生之近者乎。陳生挾此以遊諸公間。數有奇中。其術不爲不精矣。今自遂（遂・即今四川遂寧縣・）而歸成都也。書此以勉之。（鶴山全集贈太素陳純序）

元　易鏡、西蜀人。撰寸金易鑑。後有洪武十七年甲子跋語。稱其書爲日者松山。得巽人所授世傳類多舛訛。此本乃楊謙德補註。發明不少。書中以月令爲提綱。案其四柱之五行。配其陰陽。取爲用神。分官財印殺食神傷官六格。察其生旺死絕。定其強弱貴賤。說理頗明。在術家爲平正通達之本也。（四庫子部術數類存目二）

明　張漢卿、四川人。精於紫微數。游京師。推人休咎。輒奇中。夏閣老尤重之。時禮部侍郎缺。吏部推翰林餘姚謝公丕。石首張公璧。夏問二公誰有點。對曰、皆有點。五日後旨下、當自見。夏公笑曰、焉有是事。果如期得旨。謝陞禮部侍郎。張陞太常卿。仍兼學士。各轉一官。若皆有點云。遂寧席公春、以禮侍轉少宰。漢卿謂人曰、不出兩旬。席必去位。既而與汪冢宰鋐有隙。爲其劾奏免歸。纔十八日也。費鉛山赴召。復登首揆。李任邱位其次。從張叩之。云、三月閣老。豈久壓公者耶。費一夕暴卒。計入閣至死。九十有一日耳。夏每問徵蘭之期。漢卿依違而已。私語人曰、身且不保。奚啻無兒。後果遭戮。（明陸延枝說聽）

清　劉天文、應都人。字全眞。精於堪輿。爲人覓地。價逾五十金。即不買。安葬後。不計

謝賞。家極貧。然不趨勢利。不爲誇大之語以驚人。而所葬之地。卒無有議其非者。同治成都縣志藝術

清 王華國、字珍羽。灌邑人。性至孝。有遠識。雖貧不廢學。兼習陰陽家言。從不以風水之說惑人。且隱助其貧不能葬者。嘗拾遺金。仍返其人。曾有貧窘欲輕生者。勸解而周卹之。晚年篤於行誼。爲善益力。年三十喪偶。即不娶。子藎臣、前瀘州訓導候選知縣。人籍成都。孫乃斌、安徽同知。曾孫求炘、候選教諭。同治成都縣志流寓

332 雒縣 漢置。明省。即今四川廣漢縣治。

漢 翟酺、字子超。四世傳詩。好老子。尤善圖緯天文曆算。以報舅讎。當徒日南。亡於兩安。爲卜相工。後牧羊涼州。遇赦還。徵拜議郎。遷侍中。試策第一。拜尚書。時安帝任用列戚。酺上疏諫。寵臣戚畏惡之。出爲酒泉太守。擊斬叛羌。威名大震。遷京兆尹。順帝即位。遷將作大匠。損省經用。歲息四五千萬。屢因災異。多所匡正。又因酺言。更起太學。開拓房室。學者爲酺立碑。著援神鉤命解詁十二篇。後漢書列傳

漢 折像、字伯式。廣漢雒人也。其先張江者、封折侯。曾孫國、爲鬱林太守。徙廣漢。因封氏焉。國生像。國有貲財二億。家僮八百人。像幼有仁心。不殺昆蟲。不折萌芽。能通京氏易。好黃老言。及國卒。感多藏厚亡之義。乃散金帛資產。周施親疏。或諫像曰、君三男兩女。孫息盈前。當增益產業。何爲坐致殫竭乎。像曰、昔鬬子文有言、我乃逃禍。非避富也。吾門戶殖財日久。盈滿之咎。道家所忌。今世將衰。子又不才。不仁而富。謂之不幸。牆隙而高。其崩必疾也。智者聞之咸服焉。自知亡日。召賓客九族飲食辭訣。忽然而終。時年八十四。家無餘資。諸子衰劣如其言云。後書書方術傳

333 崇慶州 漢置江原縣。晉於縣置晉原郡。南朝梁改江原郡。北周廢郡。改縣曰晉原。唐於縣置蜀州。改唐安郡。宋曰蜀州唐安郡。元曰崇慶州。明初省晉原縣入州。屬四川成都府。清因之。民國改縣。

清 汪文經、字建封。灌縣庠生。徙居縣北味江。棄舉子業。專攻天文地輿數學。頗嫻推步。知州柴作舟重之。丁艱回黔江。約文經往遊。相度山川形勢。往返數千里。民國崇慶縣志流寓

334 什邡縣 漢置。高帝封雍齒爲什防侯。（什晉十）即此。故城在今四川什邡縣南。俗呼雍齒城。周改曰方亭。尋省。唐復置。移今治。明清皆屬四川成都府。

清 陶世熙、明末入貢、熟於春秋、好日者家言。崇禎甲申、獻忠寇蜀。逃遵義。後遇一海兵。授以星盤圖。遂精奇門。多奇中。居十二年。歸李廉、楊藩、會執經受春秋業。嘗語人曰、陶先生學問宏博。尅應奇門。特土苴耳。先生沒。術亦無傳。嘉慶什邡縣志方技

335 雙流縣 漢廣都縣地。隋改置雙流縣。唐復分置廣都縣。元省廣都入雙流。明因之。清併入新津。尋復置。屬四川成都府。左思蜀都賦。帶二川之雙流。縣名以此。

宋 章登、清一統志登作譽。字隱之。雙流人。博通經學。尤長易太玄。著發隱三篇。明用著索易之法。知以數寓道之用。三摹九據。始終之變。蜀守以逸民薦。命爲州助教。不就。嘉祐中、賜號沖退居士。後益以道自裕。尊生養氣。憂喜是非。一不以撓其心。年七十六卒。王素爲州、更其所居曰、處士里。曰通儒坊。子禩、亦好古學。世有隱德。清一統志四川省成都府人物逸民傳

336 新都縣 漢置。隋改曰興樂。尋省。唐復置新都縣。明清皆屬四川成都府。縣東有故城。蓋漢時舊治。

後漢 楊統、字仲統。廣漢新都人。父春卿。善圖讖學。臨命戒子統曰、吾綈袠中、有先祖所傳祕記。袠。音秩。與帙同。書函也。爲漢家用。爾其修之。統感父遺言。服闋、辭家。從犍爲周循。學

習先法。又就同郡鄭伯山、受河洛及天文推步之術。建初中、為彭城令。一州大旱。統推陰陽消伏。縣界蒙澤。太守宗湛、使統為郡求雨。亦即降澍。自是朝廷災異多以訪之。統作家法章句及內讖解說。位至光祿大夫。為國三老。年九十卒。（後漢書附楊厚傳嘉慶四川通志藝術）

後漢

楊厚。字仲桓。統子。厚母、與前妻子、不相安。厚年九歲、託疾不言不食。母知其旨。瞿然改意。恩養加篤。厚少學統業。精力思述。安帝永初二年戊申、厚隨統、在京師。鄧太后、使中常侍承制。問以時政。除為中郎。尋免歸。順帝時、特詔徵厚。因陳蠲法改憲之道。及消伏災異凡五事。制書褒美。拜議郎。三遷為侍中。時大將軍梁冀、威權傾朝。以車馬珍玩遺厚。欲與相見。厚不答。稱病歸家。屢徵不就。修黃老。教授門生。上名錄者三千。年八十二卒。（後漢書本傳清一統志四川省成都府人物）

清

楊鳳庭、字瑞虞。號西山。幼負奇姿。讀書過目不忘。六歲就塾。端謹如成人。愛玩周子太極圖說。於陰陽化生萬物之旨。一一皆如夙悟。乾隆丙辰舉於鄉。丁巳會試不第。奮志研經。並究天文地理醫卜星象奇門遁甲諸書。爲之窮源溯委。以斵其閫奥。精岐黃術。與人治病。應手輒愈。黃廷桂任川督時。極爲推重。始列薦剡。（剡·炎上聲·銳利也·）力辭乃止。晚年習靜。喜談玄。著有易經解、道德經註、醫學諸書。卜地靑城山中。年七十餘卒。學者稱西山先生。（民國新都縣志人物）

337 溫江縣（漢郫縣與江原縣地·西魏分置溫江縣·隋省·改置萬春縣·尋又省·唐復置萬春縣·改曰溫江·明清皆屬四川成都府·）

唐

張道古、臨淄人。（臨淄縣·明清皆屬山東青州府·膠濟鉄路經之·）少有文詞。慕朱雲、梅福之節。景福中、舉進士。釋褐爲著作郎。進右拾遺。上疏言五危二亂七事。責授施州司戶參軍。未幾。以補闕徵。由蜀赴闕。陳田之變。乃變姓名。賣卜於溫江。王建聞其名。奏爲節度判官。又上建詩、序二亂五危七事。爲同寮所嫉。送茂州安置。開國召爲武部郎中。至玉壘關、謂所親曰。吾唐室諫臣。終不能拳跽與雞犬同食。今雖召還。必須再貶於此。死之日。葬吾於關東不毛之地。題曰唐左補闕張道古墓。至蜀、果不爲時所容。復貶茂州。卒於路。有易題數卷行世。（嘉慶四川通志流寓○阜按·張道古既於景福中舉進士·其爲唐人可知·通志載作宋人非是·何光遠鑑戒錄云·及太祖登極·後梁朱晃·每思其賢。(賢謂道古也。)遣使召之。屢徵不起。復上疏。詞旨是非。帝遂誅之。瘞於五墓之地。鄭雲叟在華山聞之。吟詩哭曰。會陳章疏忤昭皇。撲落西南事可傷。豈使諫臣終屈辱。直疑天道惡忠良。生前賣卜居三蜀。死後馳名遍大唐。誰是亂來修史者。說君須到筆頭忙。又西岳僧貫休哭之曰。清河遊水太恩恩。東觀無人失至公。天上君恩三載隔。鏡中鸞影一時空。(妻亦尋卒。)塵生苦霧蒼茫外。門掩諸孤寂寞中。惆悵斯人又如此。一聲羌笛滿江風。

338 新繁縣 漢置繁縣。北周改新繁。隋省。唐復置。明清皆屬四川成都府。

清　吳繼先、新繁人。通陰陽占驗之學。年七十餘。容色不衰。鬚長五尺許。都統永公傳見。嗟異。給履襪歸。同治新繁縣志方技

339 郫縣 秦置。明清皆屬四川成都府。縣北有故郫城。華陽國志云。秦張儀與張若城郫城。

清　郭卜、郫東里檬子園人。五世以筮傳卜。與兄綸尤神異。綸曰、異人豈可共處一隅。迺徙守重慶。鄉鄰童子有病者。無他苦。惟時狂發。則馮水、就其深不濡。緣木、淩其杪不墜。入戲園則陟而趾人肩。博之轉踵他肩。觀場者哄而駭。益躍然轉不已。百治不效。一日往問卜。卜曰、是腰有骨如璧。迺上世墟墓間神物。去當無恙。執而索之。有佩如象環焉。自是愈。卜名噪甚。會邑有重囚逸。捕弗能得。限逾。令當免。邀

卜人問。卜灼龜訖。曰、某術淺、不足以知之。官遣幹役至渝問、卜兄綸。且有驗。令以其謬遣出。然無可謀者。不得已如所戒。及役至渝日已暝。趨往問綸。綸曰、若以吾弟之命來問卜乎。卜不宜夕。詰朝其可耳。役宿寓展轉不能寐。黎明卽往候綸。綸出、曰予尙未沐也。若可暫至朝天門外。渝城南門。路南酒家。有少女當鑪者。酒甘美。卯飲來。予爲汝卜。役再問綸色然怒。迺之酒家。果有少女方滌器。男子熵煤於煁。役入。男子揚目視。駭而起。役遽前搏執之。蓋囚前逸至渝。變姓易名。娶人婺婦。並有其女。列肆行沽。已三年矣。遂以囚歸。卜神異類如此。蜀郫孫錤廖石文鈔郭卜與其兄綸傳

340 彭縣 漢晉繁縣地。南朝宋置南晉壽郡。及晉壽縣。梁置東益州。北周廢州改郡縣。俱曰九隴。隋廢郡。唐置彭州。改濛陽郡。尋復曰彭州。元省九隴縣入州。明初降州爲縣。屬四川成都府。清幷入新繁縣。尋復置。

安法尙道士。善相。時有彭門范禹偁少不檢。以飛走爲事。法尙訪之。曰、子國家名器也。何不讀書以取祿位。須是改易姓名。必及第焉。候至戍年。後歸本姓。善自保愛。范感其言。因入丹景山讀書。乃改姓張。舊名鍔。改禹偁。是時蜀無科場。遂吏書入洛。長興二年辛卯。於考功盧華下及第。歸蜀。授監察御史。果於戍年復歸舊

姓。上蜀丞相狀云、昔遇至人。令易本姓。往年金榜。徒誤張祿之名。今日玉除。元是范增之裔。禹偁後終於翰林學士。（古今類事相兆門引該聞錄）

宋　丁文泰、彭門人。（在四川彭縣西北。）司天春官正。精陶隱居三命。言災福多驗。李虞部畋、（畋音田。治田也。）景祐二年乙亥、赴南省試。訪詢之。丁曰、子之命金水正在高強。金水必主文學。然凡五星雖得位。以時占之。則有順有伏有逆。子之命、水在日前爲伏。但有聲無實。若順則有科名也。畋問、逆又何如。曰、雖在宮分得力。而多患難。又謂畋曰、子雖無科名。而官至五品。壽僅百年。畋後南省試。天得一以清賦。破題云、沖者道之用也。氣者一之本焉。一既生於無體。清亦出於先天。是年過省。至御前試。後切聞復考官、將畋家狀。與彼親之家狀。互黏於卷上。（其年未有彌封之制。）彼親尋及第。一命授職官卒。畋今員外郎致仕。爵上護軍。年已耄期矣。丁生之言。何神驗如是。（古今類事卜兆門）

清　趙廷棟、字玉材。直隸磁州人。精堪輿之術。乾隆四十二年丁酉。官四川天全州州判。會丁母憂。養痾避喧於彭邑。令謝生晉、延請詳閱縣治。改修衙署。移南城門。

開小北門。先是彭邑數科無中式者。迨改造畢。頓見科第聯翩。翩・音篇・翩翩・鳥飛輕疾之貌・豈風水之說信歟。乾隆丙午、著有陽宅三要、地理五訣二書。嘉慶彭縣志藝術光緒河北廣平府志藝術

341 緜州 西魏置潼州巴西郡・隋初廢郡・改潼州曰緜州・後為金山郡・唐復曰緜州・改為巴西郡・後復為緜州・宋元明仍之・清乾隆三十五年・移州治於羅江縣・尋復舊・直隸四川省・民國又改緜州為緜陽縣・城濱涪江西岸・為水陸之衝・自劍閣而南至此・地勢始平

清 馬茂才乾。譔子。譔・音損・阮韻・孝泉人。庠生。精京房易占卜奇驗。人以半仙稱之。同治緜州志方技

清 何馥堂、清儒士。隱於卜。居緜彰接壤之蘇溪溝。人莫能知。光緒中、彰明獄繫一囚。法當斬。典守者不慎。其囚越獄潛逃。縣令張協曾延何於署。使卜之。何曰、使君勿憂。七日內其囚必獲。後果驗。

清 姜高、教諭新伯子。庠生。習堪輿。精選擇。嘉慶五年庚申。修復州城。度基址。定方位。悉以委生。旁及廟壇衙署諸興作。相宅稽疑。始終其事。刺史劉慕陔、甚禮敬之。

清 譚德政、字子惠。三台人。善風鑑。尤善書法。性恬淡。不慕榮利。酷嗜酒。醉後輒肆

識彈。不爲里鄙所容。遂遷於縣。頓改前轍。性復和藹。里鄙之卜宅兆求文聯者。日踵其門。所獲潤貲毫不存儲。居數十年。家徒四壁。卒後、里人助貲厚葬之。（以上民國緜陽縣志）

方技

342 德陽縣（漢置緜竹縣。北周廢。唐改置德陽縣。元升爲德州。復爲縣。淸屬四川緜州。）

清

馬元榜、德陽諸生。精京房易。有奇驗。乾隆戊寅三月朔。張沛霖家失一牛。卜曰、牛乃走失。非被竊也。越五日。向東行於板橋頭。候之。見有持傘婦、與其夫同行。後隨一犬。由板橋渡河而北者。汝急詢其婦。有內戚王監生者。至其家問之。牛可得也。張如其說。往候之。果有持傘夫婦。犬隨之而來。遂躡之。問內戚王監生。婦答曰、沿河行、約二里。卽是也。張往謁。備述所以。王詫曰、牛未見也。何前驗而後不驗也。憮然而返。數日。王使人來曰、吾有田疇在中江。今佃人來告。隴畔得一牛。試往視之。果已所失牛也。佃遂歸之。（嘉慶四川通志藝術）

343 綿竹縣（漢置。北周廢。故城在今四川德陽縣北。淸一統志云。自古爲由涪入成都。必經之要道。又爲涪江所經。當在今緜州德陽之間。隋改雒縣爲緜竹。後又改晉熙爲緜竹。皆非故地也。淸屬四川緜州。）

董扶、字茂安、綿竹人、少游太學、與任安齊名。俱事同郡楊厚學圖讖。前後宰府十辟。公車三徵。再舉賢良方正。博士有道。皆稱疾不就。靈帝時、大將軍何進、薦扶。徵拜侍中。甚見器重。扶私謂太常劉焉曰、京師將亂。益州分野。有天子氣。焉信之。遂求爲益州牧。扶亦爲蜀郡屬國都尉。相與入蜀。後一歲。帝崩。天下大亂。乃去官還家。年八十二卒。後劉備稱天子於蜀。皆如扶言。蜀丞相諸葛亮、問廣漢秦宓、董扶及任安所長。宓曰、董扶褒秋毫之善。貶纖介之惡。任安記人之善。忘人之過云。後漢書方術嘉慶四川通志藝術

任安、字定祖。綿竹人。少遊太學。受孟氏易。兼通數經。又從同郡楊厚學圖緯。究極其術。時人稱曰、欲知仲桓問任安。又曰、居今行古任定祖。學終還家敎授。諸生自遠而至。初仕州郡。後太尉再辟。除博士。公車徵。皆稱疾不就。年七十九。建安七年壬午卒於家。後漢書儒林

宋

甘節、綿竹縣人。精於數。言無不中。常恐薦入於臺。每見人輒以鄉音接之。賊亂。

雷太尉召使隨軍。一日忽言曰、太尉少避。有賊出。雷走避良久。賊果自地道出。徼節言幾不免。（嘉慶四川通志藝術）

宋　張煦、字輔暘。開封人。能明術數。善相宅。時稱其精妙。天禧三年己未拜西上閤門使。徙并代黔轄。以老疾求近郡。得知磁州。四年卒。年七十三。（宋史列傳嘉慶四川通志藝術）

宋　張栻、字敬夫。一字樂齋。綿竹人。遷居衡陽。丞相浚子也。穎悟夙成。浚愛之。自幼學所教。莫非仁義忠孝之實。長師胡宏。宏一見。卽以孔門論仁愛親切之旨告之。栻退而思。若有得焉。宏稱之曰、聖門有人矣。栻益自奮厲。以古聖賢自期。累官吏部侍郎。右文殿修撰。卒時、年四十有八。謚宣公。學者稱南軒先生。著有南軒易說等書。（宋史道學○太平清話云・張南軒知星命・乃判朱晦翁官多祿少四字・晦翁點首云・老漢生平辭官文字甚多・）

清　張易徵、字潤生。幼貧孤。爲寺僧寫經。恆終夜讀。潛心易學。後棄書。傭賣卜東郊。多奇驗。然頗借卜筮、警勸人善惡。羅江計恬、嘗稱之。著有卜餘偶鈔。

清　王大鵬、邑北筲箕灘人。業星命。堪輿。咸豐庚申、李逆跡得之。問有帝王命否。鵬

曰、帝王自有眞賊胡可望。又囑與死者求葬地。䴏曰、賊也何葬爲。遂遇害。（以上民國綿竹縣志）

人物

後漢

344 梓潼縣（漢置．以縣東倚梓林．西枕潼水．爲名．西魏移縣於梓潼郡南三十里．改爲安壽縣．隋移縣復舊治．猶以安壽爲名．尋還名梓潼．淸屬四川綿州．）

景鸞、字漢伯、梓潼人。少隨師學。涉七州之地。能理齊詩施氏易。兼受河洛圖緯。作易說及詩解文句。兼取河洛以類相從。名爲交集。又撰禮內外記。號曰禮略。又抄風角雜書。列其占驗。作興道一篇。及作月令章句。所著述五十餘萬言。數上書陳救災變之術。州郡辟命不就。以壽終。（後漢書儒林）

345 江津縣（漢江州縣地．西魏分置江陽縣．隋改曰江津．以江之津爲名．故治在今江津縣西南．宋徙今治．明淸皆屬四川重慶府．嘉）

元

鄒公敢、江津人。博學。通天文。元末、與趙天澤、劉伯溫、友善。每觀天象。三人共長歎。及伯溫佐命。公敢南歸。易名公瑾。居眞州。號保全居士。晚號知命翁。有保全知命二集。（嘉慶四川通志隱逸）

346 永川縣（本唐璧山縣地．唐分置永川縣．元省入大足．明復置．屬四川重慶府．淸因之．）

清 周景衡、宿儒。精青烏術。相地吉凶不爽。耄年撰地理集成三卷。以授生徒。今多傳其術者。

清 李瓊芳、增生。精習堪輿。通天星六壬奇門遁甲諸書。多著奇驗。

清 周鳳儀、幼業儒。厄於進取。遂篤志堪輿。匯諸家說。折衷一是。足跡所至。即一邱一壑。靡不得其眞趣。遠近求卜地者。日應接不暇。年八十。猶能健步窮幽。

清 李繼香、積學未遇。精堪輿。同治初。元邑修衙署。定方位。及選年月日時。悉出其手。輿論翕然。蓋天文歷象諸書。獨得祕旨故也。以上光緒永川縣志技藝

347 南川縣 周隋巴縣地。唐分置隆化縣。改曰賓化。宋初復曰隆化。元改置南川縣。明清皆屬四川重慶府。

清 金大煜、綦江人。嘗在萬盛場演禽課法。以竹籤二十八根。書二十八宿名。以一籤書甲子。又以多數紙捲各書一字。令人各拈其一。以占所欲問之事。無不應驗。其術傳自石蘊齋。蘊齋得自某。其人先在石達開軍中。卜石當敗逃出。民國南川縣志占驗

348 璧山縣 漢江州縣地。隋爲江津巴二縣。唐分置璧山縣。宋因之。元省入巴縣。明復置。清屬四川重慶府。

明　金道人、字鳳彩。號陽純。楚黃人。本姓張。名經一。乾隆間、來游於蜀。寓璧邑依里李姓家、遂館焉。形質古樸。淹通經史。學者多從之遊。尤精於數。人有以吉凶禍福詢者。悉驗。年九十六卒。同治璧山縣志流寓

太平御覽、卷十八、帝系譜載。伏犧人頭蛇身。以十月四日。人定時生。宋吳僧能改齋漫錄。五行無絕之之理。蓋本於京房易傳寫之誤耳。京氏曰四絕。已爲水土絕。申爲木絕。亥爲火絕。寅爲金絕。絕乃系包字。兩字合爲一耳。唐左拾遺李鼎祚、所修梁元帝陳樂產、唐呂才六壬書、名連珠集其論五行之所始終。水系包在巳。火系包在亥。木系包在申。金系包在寅。凡巳申亥寅。各稱系包。蓋五行既墓。其生也必有萌芽以先之。故始有所系。而繼之以胎。以明無絕之之理。淸德淸俞樾茶香室續鈔按、此說可信。願與精斯術者參之。

文獻通考、宗廟考。太昊、葬宛丘。在陳州。

又祭法。夫聖王之制祭祀也。法施於民則祀之。以死勤事則祀之。以勞定國則祀之。能禦大菑則祀之。能捍大患則祀之。

杭辛齋學易筆談。西教士易說篇云。西教士花之安氏。頗注意於中國之經籍。曾著自西徂東一書。謂畫卦之伏犧。乃巴比倫人。巴比倫高原爲西洋文化策源地。伏犧八卦。以乾爲天。以坤爲地。至今巴比倫人猶稱天爲乾。稱坤爲地。此一證也。又巴比倫亦有十二屬相。與中國之十二辰大略相同。此二證也。

晉、摯虞太常集。庖犧贊曰。昔在上古。惟德居位。庖犧作王。世尙醇懿。設卦分象。開物紀類。施罟設網。人用不匱。

歷代卜人傳卷十九終

小門生江都袁遐達校

中國歷代卜人傳卷二十

潤德堂叢書之八

鎭江袁阜樹珊編次

四川省二

349 涪州（戰國楚枳邑。漢置枳縣。隋改曰涪陵縣。唐於縣置涪州。尋曰涪陵郡。宋曰涪州涪陵郡。元以州治涪陵縣。省入。明屬四川重慶府。淸因之。民國改州爲涪陵縣。○涪。音浮。）

宋 譙定、字天授。涪陵人。學易於郭曩氏。郭曩氏世家南平。（即今四川巴縣治。）始祖在漢。爲君平。師世傳易學。蓋象數之學也。定聞程頤、講易於洛。往學焉。遂得聞精義而歸。初頤與兄顥、依父坰、（坰。音扃。靑韻。郊野也。）宦游成都。見治篾箍桶者挾册。視之易也。欲致詰篾者先曰、若嘗學此乎。因指未濟男之窮發問。二程遜而問之。則曰、三陽皆失位。兄弟渙然有省。其後閬人袁滋、問易頤。曰、易學在蜀。滋入蜀、見賣醬薛翁於眉邛間。（邛。音蛩。冬韻。眉州。今爲眉山縣。邛州。今爲邛崍縣。）與語大有所得。郭曩氏、篾叟醬翁、皆蜀之隱君子也。（宋史隱逸 ○明西村晦人敬虛子小隱書曰。甚矣。易道之大也。雖聖人亦有所不知焉。仲尼所以五十而學易。玆何歷取易於蜀之隱人也。豈以學易者。往往而不得其門。尙訓詁則穿鑿其意。好文章則支離其詞。致使天地之義不立。作者之心俱晦而然耶．傳曰．禮失求諸野．蓋言世之行禮者太文而失眞．反不若野雖質樸．而古意猶存也．然則歷取易於蜀之隱人者．無乃求禮於野之謂歟．

清　周儼、舉人。入祀忠義孝友祠。本不以方技之學重。然於堪輿家言。實有神悟。應驗如響。至今崇拜不衰。

清　施晟、晟．音盛．敬韻．音成．庚韻．明也．日光充盛也．字克昌。博通星象堪輿之學。尤邃於醫理。以施診濟人。不受貲。知州李炘、有老親病殆。聞其名。延治得愈。自書神乎其技匾額以贈。以上民國涪陵縣志方技

350　合州漢置墊江縣．西魏改曰石鏡．於縣置合州．隋改合州曰涪州．唐復曰合州．宋改曰石照．元復爲合州．明初以州治石照縣．省入．屬四川重慶府．清因之．民國改州爲合川縣．

清　唐文錦、字純齋。州東里獅灘場人。幼讀書。能屬文。弱冠應童子試。垂老不售。一夕夢入場題爲君子之道者三。揭曉獲儁。報至而醒。自是屢試不輟。光緒六年庚辰、陳懋侯督川學。文錦入試。坐號爲道三。心竊自喜。榜出見取入州庠、爲附生。年六十矣。家無儋石儲。而精通星卜之術。尤長于堪輿學。嘗賣卜州城城隍廟。百無一爽。聞者帖然。北城陳永耀、舊家也。其妻周死、葬某所。既窆而永耀病風。行止語

言。俱狂妄不可思議。其家爲謁醫巫。十數易人訖無效。或以文錦薦。旣至其地、相之。曰、是有殺而受風。宜及此也。爲改卜地葬之。卽日永耀病愈。旋親賫重金花紅扁聯以謝、（賫。音躋。持以與人也。）一時轟傳文錦爲地仙矣。後卒窮悴以死。年七十餘。

清

周禮。字制宜。原名定禮。州城內青竹灣人。幼慧能讀。年十八。父故。廢學理家政。特留心堪輿。得吳雲亭授以形家學。後又得涪州舒紫垣法。於是博稽往籍。覆驗名墳。足跡所至。上而廣岳順慶。下而重慶酆涪。旁及銅安定遠。參訪實證。一旦豁然。乃知尋龍點穴。當以撼龍疑龍山水性情形勢爲主。而喝形象辨星體五行生剋。在所不取也。有生成之山。自有生成之向。羅經爲定方位。便選擇。就地剪裁之用。而理氣卦氣談玄說空。在所必斥也。造命補龍。扶山相主。一遵前淸協紀辨方。扶擇精審。而七政斗首烏兎太陽。亦所不用也。崇正闢謬、久而愈精。著仁知格言。稿多散失。今存首卷。有自敍及涪州賀守典序言在焉。後坿格物說二篇。亦見其學有本源也。

清　曠超凡、字相山。州永里南津街人。本貫湖南衡山縣。以性愛山水之故。聞勝蹟名區。必往從尋覽。因究心堪輿學。別有冥契。嘉慶間、遷川之大足縣、未久。來州卜居。遂定家焉。超凡學術雜博。不名一家。凡醫卜星相。幽經怪牒之屬。靡不閱覽而擊究之。往往得其菁華。貫串成書。自祕爲枕中鴻寶。不輕以示人。惟堪輿之學。請業者衆。僅有傳抄之本。不足供授受。特就平生足跡所到。心目所明。撰爲相山撮要二卷。尋龍點穴。圖繪燦然。講堪輿者、多南針奉之。大足舉人梁慶遠、尤相欽重。贈以詩云。踏破芒鞵老眼穿。飽看山水足前緣。目光到處靈光露。不是天仙是地仙。爲訪眞源萬里遊。東南佳氣一囊收。金丹若遂初來意。知住三山知十州。其傾倒可想也。超凡年七十四。終于家。子安一、字吉堂。孫鼎元、字良村。武生。並以地理名其家。

清　熊德謙、字自牧。一字吉士。幼警敏。有大志。讀經史。識機要。不屑屑于詞章訓詁。視科第蔑如也。然卒困于童子軍。乃絕志名場。專肆力于天文地理兵學禽遁諸書。聞有奇人可師友者。雖千里必造訪之。不十年。洞識源委。談古今得失成敗。如數家珍。頗思得一當以顯其用。而時方承平。無所事事。遂以課蒙自晦。無何粵逆煽亂。蹂躪遍海內。蔓及川中。德謙曰、吾志可展矣。遂投筆從戎去。以白衣參水師某軍。無所知名。後還辦渝防。有以髮逆竄亂爲慮者。德謙卜曰、無慮。不久當自敗。果驗。南漕地鄰銅壁兩界。土匪張五痲子。擾八塘。漕人大恐。謀遷徙。德謙曰、卦吉。勿恐。賊果不及漕境。同治辛未春。有戚某來賀歲。德謙曰、汝居濱水。乎曰然。曰謹備之。今歲有大水。麥禾皆宜早收穫蓋藏。勿近水。家輜重亦稍稍遂遠之。（遂與移同。）否則損失矣。某戚信之。得無害。亦有妄其言者。晚禾無收。物畜存不及半焉。德謙嘗謂數者天定。勝人者也。而人定亦可勝天。聖賢學問。舉不外此。泥數違理。事反無成。唯以理消息之而已。（以上民國合川縣志方術）

351 奉節縣（春秋時。庸國之魚邑。漢置魚復縣。三國蜀。改曰永安。晉復曰魚復。西魏改曰人復。唐改曰奉節。故城在今四川奉節縣東北。宋徙今治。明清皆爲四川夔州府治。地當川鄂交通要衝。扼三峽之西口。爲全蜀第一重門戶。城依山建築。登岸者歷二百餘級。始達城門。街衢洞達。繁富稍遜於巴縣。）

宋　王立政、爲夔州太守。善風鑑。楊旬（眉州人。）僅作夔州推官。心慈好善。處事正直。立政見其五岳朝拱。四水深秀。鬚長及腹。毫光露彩。兩眉過眼。照映地閣。陰隲紋現於子宮。主子貴孫榮。詢以何修得此。旬曰、予奉公守法、四十餘年。不積貲產。惟積陰德。遂出示三箇錦囊。第一錦囊、積得九十九文大錢。第二錦囊、積得百餘文中錢。第三錦囊、積得萬餘文小錢。立政問故。旬曰、每訊罪囚案件。或被誣枉。或吏役受贓、以輕作重。故入人罪。必小心平反。斟酌盡善。無罪者卽行開釋。或至死罪、情有可矜者。改爲遠流。投一大錢。或致流罪、情有可原者。改爲徒杖。投一中錢、或罪至徒杖、情少可恕者。卽薄責示儆。投一小錢。如情眞罪確。按律辦詳。總以不使枉死鬼含寃爲主。其他濟人利物之事。量力爲之。別無他善。立政聞之、肅然起敬。後其子楊椿、大魁天下。（楊椿。累官憲節。後以不附秦檜。罷政家居。紹興末。始自兵部尙書。兼權翰林學士。除參知政事。卒謚文安。）生孫三人。兩入詞林。一作縣令。（相法證驗）

開縣（後漢置漢豐縣。晉廢。後復置。西魏改曰永寧。隋改曰盛山。於縣置萬州。唐改曰開州。明改州爲縣。屬四川夔州府。淸因之。）

明

徐鸞、開縣人。幼業儒。深明易理。居茆村。善卜。林大中丞徵、入幕府。占休咎。無不應驗。每出師、因以制勝。治家有禮。餘財濟貧。鄉人德之。（咸豐開縣志隱逸）

353 大甯縣（宋置大甯監。元爲州。明改縣。屬四川夔州府。民國改爲巫溪縣。）

清

尹克海、居邑之青莊坪。苦心學易。遂通醫卜。爲人治疾決疑。常有奇驗。其婦尤賢而好善。嘗手製襖衣履、以遺貧乏。後夫婦偕臻上壽。父子相承。專以醫學世其家。（光緒大甯縣志隱逸）

354 新寧縣（西魏置。故城在今四川開江縣西北。隋廢。唐復置。移今開江縣東三十里。宋徙新安市。即今開江縣治。清屬四川綏定府。民國改爲開江縣。）

明

熊士傑、新寧人。幼嗜學。通曉經史及百家醫卜諸書。隱居高尚。著有吟稿。（嘉慶四川通志）

隱逸

355 大竹縣（漢宕渠縣地。南朝梁置鄰山縣。隋廢。唐置瀙山縣。元并入大竹。移大竹縣來治。即今縣也。）

清

傅良辰、字潛齋。楚漢陽人。少從關中李二曲先生遊。得性中之學。喜讀易。善卜筮推步之術。所著有困學錄大學解。遊至竹。庠生朱經、徐開來、延之講學數年而

返。民國大竹縣志流寓

356 忠州漢置臨江縣・南朝梁置臨江郡・西魏置臨州・隋州郡並廢・尋復置臨州・唐改曰忠州・以地邊巴徼・意懷忠信爲名・宋曰忠州南賓郡・升爲咸淳府・元明復曰忠州・直隸四川省・民國改爲忠縣・

明　任昇、號長祥居士。咸淳府尹任忠言、遠孫。好學。精於星術。不求仕進。

清　熊應雄、字際可。郡諸生。幼精袁天綱李虛中術。康熙初年、佐杭中丞平定吳逆餘燼。議敍功貢任靑田縣知縣。遷西隆州知州。以上同治忠州志方技

357 酆都縣後漢置平都縣・三國蜀省・隋置豐都縣・明初改豐曰酆・淸屬四川忠州・

清　曾神仙、酆都農家子。逸其名。以其善卜。人稱爲神仙。自言四十歲後、遊峨眉。病臥山麓。有道人視之曰、汝有道根。可敎也。出丸藥療之。口授以醫卜術。醫不盡效。獨神於卜。必引周易爲斷。能解卦德、卦體、卦義。口舉其詞、而字不甚識也。又能以卦配人生命。決其富貴壽夭。高家鎭有女子遺其簪。母撻之。將投江。曾卜之云、簪在陶人家。索之弗得。咸咎曾。曾徑往陶人家、指一甕曰、簪在是耳。探之果得。甲與乙共貿易。失錢八千。甲詣曾卜之。曾曰、吾言之、則恐妨人命。甲固請。更曰、能救盜。

吾乃言甲諸之。且矢誓。曾曰、盜錢者乙之第三子也。錢在某廟空棺中。僅去四百枚耳。跡之果得七千六百枚。乙怒其子。縶諸室。夜將殺之。甲賂鄰媼。穴壁使遁。其占驗多類此。年八十餘。步履如飛。祕其術。不傳於人。至九十餘歲而卒。嘉慶四川通志藝術

358 清 秀山縣 三國蜀爲酉陽縣地・後沒於蠻・元爲酉陽州地・明酉陽宣慰司地・清置秀山縣・屬四川酉陽州・西有高秀山・縣因以名・

雲鼎。秀山崇林寺僧。嘗以藥濟人。通知數術。凡乞藥者。能知其病之吉凶。其予藥者服之無不效。或不起。即不予藥。孩提有疾者。遇之以手摩其項。輒愈。後集衆說偈而逝。嘉慶四川通志藝術

359 會理州 漢置會無縣・蕭齊時・沒於獠蠻・唐改置會川縣・後沒於南詔・置會川都督府・又號淸寧郡・宋時屬大理・仍曰會川府・元內附・置會川路・又置會理州屬之・尋於路治置武安州・明仍曰會川府・後廢會理州・改置會川衛・清復分衛地・置會理州・尋省衛・改會理州來治・屬四川寧遠府・民國改爲縣・

清 褚秉中、號春山。直隸人。雲南鹽井渡巡檢。精堪輿之學。凡選擇修造。如其言。輒奇驗。滇人有褚半仙之目。

清 晏寅清、號東臣。雲南昆明布衣。能詩古文。工草書。作尺幅大字。善畫菊竹梅蘭

石。雪竹、雪梅、更增精妙。其餘天文地理卜蓍卦命靡不通曉。家貧耳聾。性落落寡交。惟以書畫自娛。年七十餘。性如野鶴。貌若寒松。簞瓢屢空。晏如也。臨終自題輓聯云。這回來的忙。今日去的好。生既無所樂。死亦何所憂。惜無子。一女絕慧。女工精巧絕倫。適同鄉燕氏子。（以上同治會理縣志流寓）

360　樂山縣（北周置平羌縣。隋改曰峨眉。又改名青衣。又改曰龍游。宋改曰嘉祥。後復爲龍游。明省。淸雍正十二年。復置樂山縣。爲四川嘉定府治。地當青衣江大渡河與岷江合流處。水路交通。至爲便利。由青衣江握雅安一帶之貿易。自岷江呑吐上下流之貨物。商業之盛。居岷江流域第一位。白蠟及絲紬爲輸出貨之大宗。淸光緒二十九年。英法淺水兵艦。曾由岷江口上駛。直抵城下。）

宋

史延壽、嘉州人。（卽今樂山縣）以善相遊京師。貴人爭延之。視貴賤如一。坐輒箕踞爾我。人號曰史不拘。又曰史我。呂文靖公嘗邀之。延壽至。怒閽者不開門。批之。閽者曰、此相公宅。雖侍臣亦就客次。延壽曰、彼來者皆有求於相公。我無求於相公。相公自欲見我耳。不開門。我竟還矣。閽者走白公。開門迎之。延壽挾術以遊。無心於用舍。故能自重如此。（嘉慶四川通志藝術）

民國

沈鏡堂、峨眉龍池人。前淸千總。曉數術。能識晴雨及未來事之吉凶。惜其術不

傳。年五十一卒。葬於洛都山西坡。（民國樂山縣志技術）

漢

361 峨眉縣（漢南安縣地。隋置峨眉縣。縣枕峨眉山東麓。故名。清屬四川嘉定府。）

陳芳慶、乃白玉遠祖。好術數。得墨子五行祕書。及白虎七變之法。由東武入峨嵋山。不知所終。後玉有感遇詩。載山志內。（乾隆峨嵋縣志隱逸）

前蜀

362 夾江縣（漢南安縣地。隋於涇上置夾江縣。在今縣北八十里。臨江水。故號夾江。唐徙今治。清屬四川嘉定府。）

孫雄、字卯齋。夾江人。言事多驗。亞於何奎。後主歸唐。時宦者宋愈昭、暨諸從人。叩往洛吉凶。雄俛首曰。諸官識之。此去無災無福。但行及野狐泉。新舊使頭、皆不見矣。逮後主罹秦川之禍。莊宗亦遇鄴都之變。皆其地也。悉如雄所言。（嘉慶四川通志藝術）

清

363 犍爲縣（北周置武陽縣。隋改爲犍爲。舊治大鹿山下武陽故城。五代晉獠叛。移於江西岸。宋徙今治。清屬四川嘉定府。）

朱姓、卜者。隱其名。犍之南鄉人也。清咸豐中、滇氛起。避兵來城。賣卜度日。決人休咎頗驗。自號不奉承。喜談詩。邑人士問卜。以詩抵值。則甚喜。邑庠袁新琨、詩人也。往問卜。給之貲、不受。笑曰、君不能詩耶。袁即口占一律酬之。兩情甚洽。後不知所終。詩云、不住山林住市塵。疎簾隱隱隔爐煙。考亭畢竟遺風遠。卜肆公然絕技傳。我愛支機纔問石。君貪注易肯停編。滿城多少新詩句。都當先生潤筆錢。（嘉慶犍為縣志外紀）

清 364 榮縣（唐置旭川縣。移榮州治此。宋改旭川曰榮德。升榮州為紹熙府。後廢。元末復置榮州。明降州為榮縣。清屬四川嘉定府。）

吳鎮川、字北華。設教三十餘年。終日危坐。晝不寢。暑不袒。家不中資。而貧乏者輒賙卹。力不給。則醵資助之。兼習醫及青烏家言。窮者助之藥。葬親者為之相地。光緒中、詔舉孝廉方正。或謂宜執贄於官。鎮川曰、曾是孝廉方正。而可貲取乎。（光緒榮縣志人物）

清 365 威遠縣（漢資中縣地。隋置威遠戍。後改為縣。元明清皆省而復置。舊屬四川嘉定府。）

倪象惇、字厚菴。邑庠生。潛心天文易象之學。絕意仕進。胞兄象愷、任福建臺灣道。惇獨家居養母。友教一方。著易象傳說。（乾隆威遠縣志隱逸）

清 366 眉州（南朝梁置青州。後魏改曰眉州。北周又曰嘉州。隋改曰眉州。唐改為通義郡。元曰眉州。明降州為眉縣。復升為州。清因之。直隸四川省。民國改州為眉山縣。）

宋　楊坤、眉州人。通陰陽之學。垂簾賣卜。臨邛魏了翁、爲文贈之。曰、開禧二年丙寅。余自館職補外普人(宋曰劍州普安郡。卽今四川劍閣縣治。)何大圭。善論太乙數。謂余曰、子姑待之。蜀且有亂。余行至巴峽間。而大圭之言驗。迨安公以戮曦聞。余始還里。蜀人往往能道曦未授首時事。謂眉人有楊坤者。能先事言之。今觀安公所題。果信前聞之不誣也。(吳曦爲四川宣撫副使。曦受金人詔。僭號建官。稱臣於金。以安丙爲丞相長史。丙陰圖之。遂與楊巨源等。謀誅曦。曦潛位凡四十一日。詳見宋史安丙傳。)天下之生久矣。一治一亂。蓋氣數屈信之變使然。有不容已者。雖天之愛人。不能使之常治而無亂。然必爲之生才以擬其亂。國雖靡止。或聖或否。民雖靡膴。或哲或謀。或肅或艾。是理之在世間。蓋瞭然若此。而士之瞶瞶者。往往一術士之不若。其至辱身喪節。吁、其可嘆矣。夫撫卷慨然。書而歸諸紳。(宋魏了翁鶴山全集贈術士楊坤序)

宋　蔣山人、善堪輿。與蘇老泉之祖、白蓮道人。遇蔣山人。示葬地。命取燈一盞。然於其所。雖四面風來。此燈凝然不動。曰、此正穴也。(嘉慶四川通志藝術)

宋　蘇軾、字子瞻。眉山人。博通經史。嘉祐中試禮部。歐陽修擢置第二。曰、吾當避此人出一頭地。元祐中、累官翰林學士、兼侍讀。紹聖中、累貶瓊州別駕。赦還。提舉玉局觀。復朝奉郎。建中靖國初、卒於常州。年六十六。謚文忠。著蘇氏易傳、論語說、仇池筆記、東坡志林、東坡全集。凡數百卷。志林云・陸道士惟忠・字子厚・眉山人・好丹藥・通術數・能詩・蕭然有出塵之表・久客江南無知之者・予昔在齊安・蓋相從游・因是識子由高安・子由大賞其詩・會吳遠之過彼・遂與俱來惠州・又云戊寅十月五日・以久不得子由書・憂不去心・以周易筮之・遇渙之三爻・初六變中孚・其繇曰・用拯馬壯吉・中孚之九二變爲益・其繇曰・鳴鶴在陰・其子和之・我有好爵・吾與爾靡之・益之初六・變爲家人・其繇曰・益之用凶・事無咎・有中孚行・告公用圭・家人之繇曰・家人利女貞・象曰・風自火出・家人君子・以言有物而行有常也・吾考此卦極精詳・口以授過・又書而藏之・珊按・過卽公之第三子・○清全祖望年華錄・載東坡在嶺外・是年六十五歲・爲徽宗初卽位・歲庚辰・正月朔日・記蹇黃中曰・歲次庚辰・朔日戊辰・是日時辰・則丙辰也・三辰一戊・四土會焉・丙土母而庚其子也・土之富・未有過於斯時・吾當以斯時鑿蹇黃中之法・非謫居嶺外・安得此慶耶・珊按・觀此二則・公不獨明卜筮之學・且精星命術也・

367 邛州 南朝梁置邛州・魏置臨邛郡・隋州郡俱廢・唐復置邛州・在今四川邛崍縣東南・宋元皆曰邛州・明降州爲邛縣・清因之・屬四川省・民國改州爲邛崍縣・○邛音蛩・冬韻・

宋

張行成、字文饒。一作子饒。臨邛人。由成都路鈐轄司幹辦公事、丐祠歸。杜門十年。著書七十九卷。乾道中、表進其書。除直徽猷閣。官至兵部郎中。汪應辰帥蜀、薦其有捐軀殉國之忠。而又善於理財。學者稱爲觀物先生。撰皇極經世索隱二卷。行成於邵子之學。用力頗深。以伯溫之解於象數未詳。復爲推衍其義。故曰索隱。

又撰皇極經世觀物外篇衍義九卷。上三篇皆言數。中三篇皆言象。下三篇皆言理。又撰易通變四十卷。其說取陳摶至邵子、所傳先天卦數等、十四圖。敷衍解釋。以通其變。故謂之通變。其自序謂康節之學。主於交泰既濟二圖。而二圖尤以占氣爲根柢。參伍錯綜以求之。而運世之否泰。人物之盛衰。皆莫能外。又有翼元等書。（四庫子部術數類 邛州志方技）

368 大邑縣（漢江原縣地・晉以後爲晉原縣地・唐析置大邑縣・縣在鶴鳴山東・其邑廣大・遂以爲名・淸屬四川邛州・）

明

劉公、（失名）蜀邛大邑人。崇禎辛未進士、由司理累官兵部郎中。嘗讞大獄。陳時事。再忤莊烈帝。特命謫官。甲申年春三月丙午。賊李自成陷京師。莊烈帝、死社稷。越日出殯東華門外。劉公擗踊號呼以前。哭三日無停聲。僕邱文、求索數日以歸。昏然迷人事。越日而蘇。臥疾數月。常忽忽自恨。賣卜燕市。居六年。病且革。泣書遺令、示其子孟易曰。吾者擗踊東華。見大行皇帝短衣短襠。先后繼以小牀載至。鼻有傷痕。易棺再斂。藉灰掩紙而已。我死用灰數斗。紙覆之。加於此者。子爲不孝。戚友

爲不仁。初葬京師某原。又十年而孟易改葬公於金陵某原。從遺命也。錢儀吉碑傳集逸民上之上

369 富順縣宋置監。元改州。明爲縣。屬四川敍州府。清因之。今仍爲縣。

宋

薛翁、宋史伊川程子、與袁滋曰、易學在蜀。曷往求之。滋游蜀、無所遇。久之。於眉邛間、見賣醬薛翁。與之語。大有所得。又呂東萊撰薛常州志云。袁道潔、聞蜀隱者薛叟名。晚游蜀。物色求之。至一郡。有叟、且荷筊之市。午輒扃扉戶。問諸鄰。則曰、賣香薛翁。道潔以弟子禮見。且陳所學。叟曰、經以載道。聖人作經以明道。子何博而寡要也。與語、未幾復去。乾隆丙申、署知縣段玉裁、據王伯厚困學紀聞云。袁道潔之易。得於富順監賣香薛翁。知爲富順人。立祠城西門外有記。段玉裁乾隆富順縣志鄉賢○皐按。縣志壇廟。薛翁祠。在西門外。乾隆丙申。署縣令段玉裁建。碑記敍述甚詳。參看涪州譙定僉明。

明

劉慉、音蓄。支韻。恭敬也。性正直剛明。不干仕進。以聖賢自期。同時內江趙文肅貞吉、督學蔣信、司馬蔡汝楠、均與往來。研究程朱之學。於康節先天之說。尤得不傳之祕。遺書惜未有能受之者。所著有明道錄。同上

明 余敬恆、字崑五、天啓辛酉副榜。官至寧州守。多惠政。著有地理心法。寧州政略。（乾隆富順縣志鄉賢）

明 劉泌、字晉仲。崇禎丙子解元。性穎慧。才識過人。六歲能詩。十歲入泮。日記數千言。學究天人。博涉諸子百家。著有蜀省圖、劉子長庵集。官都察院右僉都御史、大理寺正卿。卒署櫬歸。從祀榮邑鄉賢。（同上）

370 長寧縣（漢漢陽江安二地。唐置羈縻長寧淯二州。五代時。沒於蠻。宋夷人獻地置淯井監。尋建爲長寧軍。明初改軍爲縣。屬四川敘州府。清因之。）

明 羅天祐、長寧人。嘗遊市中。若顛若狂。善言人得失。嘗隱語書鄉試榜。封以寄人。撤棘無不驗。後入成都、於司戶薛璦坐上化去。（清統志四川省敘州府仙釋）

371 瀘州（春秋時巴國地。漢置江陽縣。漢末置江陽郡。南朝宋曰東江陽郡。時改江陽於武陽。故改東。梁於郡置瀘州。隋郡廢。改曰瀘川郡。又改郡。治江陽縣曰瀘川。唐復曰瀘州。宋曰江安州。元仍曰瀘州。以州治瀘川縣。省入。明清時州直隸四川。民國改州爲縣。）

明 賀永、瀘州人。精河洛數。家貧賣卜以自給。與人言論。輒規之以正義。詩人擬之嚴君平。（嘉慶四川通志藝術）

372 隆昌縣明割榮昌富順二縣地置。屬四川敘州府。清因之。

清　李允琢、幼隨父自楚入蜀。性孝友。讀書至孟子中止。晚乃篤志典墳。研求性理。地理。及命相之理。頗得其奧。立身制行。悉遵四子六經之旨。嘗述董子以仁愛人。以義正我之言以自警。里黨爲贈孝友可風匾額。卒年八十有九。孫輝斗、辛未進士。內閣中書。曾孫秉樾、咸豐壬子亞元。咸豐隆昌縣志處士

373 合江縣漢置符縣。後漢改曰符節。晉仍曰符縣。南齊置安樂縣。梁置安樂戍。北周改置合江縣。故城在今四川合江縣西。唐徙至北沙鎮。宋還故治。元徙神臂山。明又徙安樂山麓。即今治。清因之。屬四川瀘州。

清　羅文思、邑解元。歷任石阡知府。平生善習六壬。所占輒驗。歸田後。文制軍嘗延致之。人有疑事。一叩即決。無不符合。年九十歲。無疾而逝。先期亦自知之。人比之如謝石云。

清　羅世珩、珩音行。佩上玉也。邑庠生。秉性剛直。兄弟五人。珩孝友夙敦。事母先志承迎。得堂上歡。其弟三人。均列成均。析居日。辭多受少。初無矯異。技藝卓絕。精岐黃。明星

卜後人有繼其志者。前邑侯葉贈孝友圭璋匾以榮之。以上岡治合江縣志方技

374 資中縣漢置。北周改爲資陽。故城在今四川資陽縣北。清爲四川資州。民國改爲資中縣。地濱沱江。人民殷富。自巴縣遡陸入成都。此爲第一繁盛地。

宋 王彥正、字直夫資中人。本以風水名家。而心目曠遠。善識統體。且能傳諸卦義。裁之以理。非史巫紛若之比。余一見而知其有識。會離憂患。俾營兆域。主賓一語乃決。不數月乃克襄事。王生辭去。余乃書風水說以遺之。以見夫王生善發山川之閟。而人之得王生以發之。而俾死者有所歸。皆非偶然也。生乎、其敬之重之。毋忽。宋魏了翁鶴山全集贈資中王彥正風水說○又贈王彥正序云。嘉定二年己巳。全以心制里居。宅兆未卜。聞資中王直夫雅善青囊之術。卽具書幣致之。居三日。余表兄高南叔。拉與登隈支山。過蟠鰲鎭。歷馬鞍山。未至山數里。直夫頓足而言曰。由長秋山而下乾岡數里。其下當有坤申朝甲乙之水。子之先君子。其當葬此乎。下而卜之。果如所云。遂爲今長寧阡。旣又爲余言。子未有室居。子之先廬被山帶江。其上有山。與馬鞍之朝向若相似。然隈支爲巽。巳峯實當其前。儻知之乎。余曰。而未嘗涉吾地。而惡乎知之。曰。余以氣勢之所萃知之。卜之又如其所云。由是卽其地成室。是爲今白鶴書院。直夫又曰。書院氣勢之所鍾。當有以文字發祥者。余乃約十餘士之當赴類省試者。會文其上。是歲自類元王薦里而下。凡得七人。其不在得中者。後亦接踵科第。或以恩得官。莫有遺者。又曰。白鶴書院。踞得江山之要。然此地堙鬱已久。今一旦開豁呈露。則家于是山之下者。其餘氣所鍾。亦當有科級之應。是歲余弟嘉甫。與鄰居譙仲甫同登。卽七人之選也。先是貢士題名于浮屠。以問直夫。直夫曰。若在七級。則當七字。後皆如其言。凡此皆余一歲間身履而目擊者。自餘類此者不可勝數。恐歲浸久而忘之。姑隨筆書此以記。

375 **資州** 漢資中縣地。西魏置資州。治陽安。在今四川簡陽縣東北。北周移州治資陽。隋又自資陽移州治盤石縣。在今資中縣北。尋又改州爲資陽郡。唐復曰資州。又曰資陽郡。復改資州。徙治內江。尋復故。宋曰資州資陽郡。元州縣俱廢。明玉珍復置資州。卽今資中縣治。明改州爲縣。清復升爲州。直隸四川省。民國改州爲資中縣。

唐　李鼎祚、資州人。官著作郎、祕閣學士。常集子夏、孟喜、京房、馬融、荀爽、鄭康成、劉表、何晏、宋衷、虞翻、陸績、干寶、王肅、王輔嗣、姚信、王廙、張璠、向秀、王凱沖、侯果、蜀才、翟元、韓康伯、劉瓛、何妥、崔憬、沈驎士、盧士、崔覲、孔穎達等、凡三十餘家、撰爲周易集解十卷、以經術稱於時。清孫星衍集解序並注

明　周文質、資州庠生。通春秋、尤精青烏術。時議遷學宮、文質請開泮池、以疏地脈。嗣後代有步蟾宮者。嘉慶四川通志藝術

清　饒懋猷、資州人。善方技、精醫卜堪輿之術。大吏咸驛致之、人呼爲饒仙。嘉慶資州志方技

清　謝少暉、字鄉癯。晚號一園。資中人。博通羣籍、貫串百家、所作詩古文詞、傳播士林。久已膾炙人口。旁涉堪輿家言、同治甲戌、著有選擇辨正八卷。同上

376 **井研縣** 漢武陽縣井研鎭。晉置江陽郡。宋齊因之。西魏置蒲亭縣。後廢。隋置井研縣。故城在今四川井研縣南。唐徙今治。元省。後明玉珍復置。清屬四川資州。

清　朱邦殿、字鎭廷。金井壩人。初業儒。再躓場屋。改習靑烏術。先是縣人言堪輿者。法家主三合。祖玉尺經。形家主呼形。祖啞漊經。邦殿於舊法究極精深。於形家詳求氣脈。星體穴法。主天寶至寶龍法。始主廖氏九星。繼主筠松楊公九星。謂二家各有妙理。大旨正龍結局則從楊。支龍小結則用廖。至胎伏孕育之法。分合交止之微。辨之尤愼。羅經之學。遠宗蔣氏。近宗張疏。課主造命選時。則參用西法。以求日躔星度眞到。邦殿長身穠髯。顧寡言笑。而好深沉之思。自謂於蔣氏書。丹黃百遍。理氣方位。得天然之妙。年七十餘卒。子四。子貴、子丹。皆廩生。子孫能世其家。（光緒井研州志方技）

377　內江縣（漢資中縣地。北周改爲中江縣。故治在今四川內江縣西。隋避諱。改中爲內。徙漢江故城。卽今治。）

明　牟康民、內江人。少年抱異術。不知所從授。萬歷庚申正月。投牒于巡按御史黃陂吳之皥云。明年辛酉九月。蜀變方作。方伯朱公能平之。今聞其入賀萬壽。乞留任待拯。以拯我西人。其另擇捧賚者。方伯朱公、蓋右轄山陰燮元也。之皥、故好數學。年十四。補諸生高等。累舉不第。從豫章術士游。年四十五聯第。至是、覽牒而異之。方伯當入賀。見之皡于夔州。勉留之不得。蓋朱母夫人、明年八十。便道兼壽也。之皡歎曰、蜀人無福。請後期。朱曰、今秋入賀。還因歸省。明年正月進觴。三月當看花錦城矣。之皡許之。瀕別。以叱馭是望。明年春。朱轉左轄。赴蜀。出黃陂、訪之皡里第。時之皡按蜀竣。過其里餞朱于郊。出康民所投牒授之。曰、事甚異。君至蜀。當物色其人。而朱未卽信。迨九月重慶之變。亟遣使報劉養鯤、武聲華、馳訪康民山中。距內江邑三十里。茆舍三楹。不受徵。第曰、有朱使君在何患成都百日之圍。可堅守也。及圍解。又徵之。辭曰、牟生不是今朝人。凡警輒遣使叩。叩輒驗。朱進巡撫。後憂去。己巳三月。總拜督之命。開府黔中。康民先寄札云、使君重蒞黔蜀。誠地方之幸。八月安奢俱靖。從此造福十年。但乙丙年、罡星正照燕都。仲冬金人內入。畿南白骨如麻。天下漸擾。又云、燕京黃氣已盡。戊寅入大刼。倥傯三十五年。民不聊生。丙子十月。又札云、康民已心厭凡世。遠遁深山。不復再候。明年丁丑八月。使君劃度不佳。當乞休綠野。以保餘齡。否則戊寅之變。將返樸還眞耳。少師疾。跡康民。不知所往。先是秦撫劉漢儒、學使何閎中、招康民署中。補諸生廩食。日長臥語多不效。乃放歸。康民自稱又呆子。所著兵機纂等書。（明史附朱燮元傳明談遷棗林雜俎拔餘）

373 雷波廳（三國蜀置馬湖縣。晉初省。唐宋爲馬湖蠻部。元時內附。明置雷波長官司。尋省爲雷坡鄉。屬屏山縣。淸雍正六年。改置雷波衞。升爲廳。屬四川敘州府。淸末改屬永寧州。民國改縣。）

清

黃景福、字建安。通六壬奇門術。無不驗。有占失物者。來時形色匆遽。初未言。景福迎謂之曰、汝問失物耶。此小事。無足深求。汝可急歸。遲則汝妻不救矣。其人惶懼奔歸。妻果就縊。急救之乃甦。蓋其妻以失物見疑。憤而自縊。微景福言、幾不救。咸豐八年戊午。挾術游於外。至敘郡。宿逆旅中。見二鼠晝臥於庭。逾時不去。人咸怪之。景福曰、非吉徵也。以我法論。當主兵亂。並此屋亦燬於火。其九月十月之交乎。己而李逆至。悉如所言。由是徧游川東北。逾年乃歸。所親密叩之。曰、子以術遨游。思佐當世立功名。何歸之遽也。景福喟然曰、斯術也。五百年而後興。不當其時則不驗。吾道窮矣。由此家居不出。

淸　盧正常、東關外夷民。幼好讀書。習奇門遁甲六壬術。隣有兄弟爭產者。久而不決。弟忿甚。懷刃往刺其兄。適正常在座。不敢發。乃潛伺於門外。兄懼欲逃。慮不能脫。以問正常。曰、汝踰東角牆出。急折而南、向大路。遇婦人負幼孩手持一雞。隨之急走。保無恙。如其言果免於難。由是人爭奇之。以上光緒雷波廳志藝術

379 閬中縣古巴國別都。秦置閬中縣。劉璋時巴西郡治。爲三巴之一。閬水迂曲。經其三面。故城在今四川閬中縣西。隋改閬內。唐徙治張儀城。在今縣東二十里。宋徙大獲山。在今四川蒼溪縣東南。元還故縣。改治江北。卽今縣也。明淸皆爲四川保寧府治。淸設川北鎭總兵駐此。地濱嘉陵江。爲川北重鎭。四川與陝甘二省之交通。以此爲樞紐。

漢　洛下閎、字長公。邑郡人。明曉天文。武帝徵拜待詔太史。定渾天儀。改顓頊歷。爲太初歷。遷侍中不受。嘉慶四川通志藝術

漢　任文公、閬中人。父文孫。明曉天官風星祕要。文公少修父術。州辟從事。哀帝時、有言越嶲太守欲反。刺史大懼。遣文公等五從事檢行郡界。潛伺虛實。共止傳舍。暴風卒至。文公遽起。白諸從事促去。因起駕速驅。諸從事未能自發。郡果使兵殺之。文公獨得免。後爲治中從事。時大旱。白刺史曰、五月一日當有大水。其變已至。

不可防救。宜令吏人預爲其備。刺史不聽。文公獨儲大舩、百姓或聞。頗有爲防者。到其日旱烈。文公急命促載。使白刺史。刺史笑之。日將中天。北雲起。須臾大雨。至晡時。湔水涌起十餘丈。突壞廬舍。所害數千人。文公遂以占術馳名。辟司空掾。平帝卽位。稱疾歸家。王莽簒後。文公推數知當大亂。乃課家人負物百斤。環舍趨走。日數十倒。時人莫知其故。後兵寇並起。其逃亡者少能自脫。惟文公大小負糧捷步。悉得完免。遂奔子公山。十餘年、不被兵革。公孫述時、蜀武擔石折。（武擔山、在今成都縣北、百二十步）文公曰、噫。西州智士死。我乃當之。自是常會聚子孫。設酒食。後三月果卒。故益部爲之語曰、任文公。智無雙。（後漢書方術傳、嘉慶四川通志藝術）

周羣、字仲直。閬中人。父舒、字叔布。少學術於廣漢楊厚。名亞董扶任安。數被徵。終不詣。時人有問春秋讖曰、代漢者當塗高。此何謂也。舒曰、當塗高者、魏也。鄉黨學者、私傳其語。羣少受學於舒。專心候業。於庭中作小樓。家富多奴。常令奴更直於樓上視天災。纔見一氣。卽白羣。羣自上樓觀之。不避晨夜。故凡有氣候無不見之。是以所言多中州牧劉璋、辟爲師友從事。先主定蜀。署儒林校尉。先主欲與曹一爭漢中問羣。羣對曰、當得其地。不得其民。若出偏師。必不利。當戒愼之。後果如羣言。於是舉羣茂才。羣卒。子巨、頗傳其術。（三國蜀志本傳）

清　劉神仙、清咸同時人。常往來於閬之柏埡場、劉家灣等地、好談因果。占驗。言必有中。羣因以神仙呼之。其審休咎法。問卜者索一燒餅。即據餅之面背痕文決吉凶。無或爽者。殆用古人灼龜占事之法歟。（民國閬中縣志方技）

380　南充縣（漢置安漢縣。隋改曰南充。唐置南充郡於此。故治在今四川南充縣北。明移今治。爲四川順慶府治。清因之。）

清　黃風子、設卜肆於鬱牆側。用古筮法、以竹代蓍。每日祇占數課。每課祇取數錢。賣卜數十年。寒暑不輟也。凡決吉凶悔吝。必取所習京房易傳以示。黃爲人頎而黑。望之儼然。決事多驗。人呼之神仙。黃曰、我名乘先。非神仙。又言論行事迂拙。故人又以風子目之。有識之者曰、此西充樓地人。世家子也。家多精刻舊書。賣卜時、貯書敗簏中。時取出與人辨論。又一簏、雜貯金石竹木物。皆有名義。好事者取卵石以問答曰、此名最精。因論玄黃剖判以來天一生水。淘漱此石。不知經若干劫。迺如此圓瑩。故名最精。又取一木楔。（楔音屑。又音結。櫼也。木工於鑿柄相入處。有不固則斫木札楔入固之。）則曰木鑿柄弗密合者。得此彌固。是名謹慎。爲人心不細者當加楔耳。其觸物納誨、多此類也。

清

李見龍、字雲從。治東龍門場人。業儒不售。研數學。通風角。諳天文。人以疑難事問。能道休咎。教以趨吉避凶之法。多中。投筆入雲南提督馬如龍麾下。隨從戎幕立功。會夏旱。滇督岑毓英、與馬提督立壇祈雨。一日將往見龍語提督曰、今出宜攜雨具。午刻當雨。馬與岑同往雩。祭畢果雨將歸。馬觴從雨具無缺。岑問馬曰、奚以知有雨而預備耶。馬以見龍之言對。岑試而異之。以軍功奏保六品頂翎。留滇補用知縣。後淡於仕途。歸里家居。癸卯年順慶大水。先數月見水星入井鬼之次。謂人曰、今歲有大水。不出六月矣。後果驗。惜卒後無能繼其業者。（以上民國南充縣志方技）

381 西充縣（隋南充縣地。唐分置西充縣。明清皆屬四川順慶府。）

蜀漢

譙周、字允南。西充人。父𡸫、字榮始。治尚書。兼通諸經及圖緯。州郡辟請、皆不應。

周幼孤。與母兄同居。既長。耽古篤學。家貧。未嘗問產業。誦讀典籍。欣然獨笑。以忘寢食。研精六經。尤善書札。頗曉天文。建興中、諸葛亮命爲勸學從事。亮卒於敵庭。周在家聞問。卽便奔赴。尋有詔書禁斷。惟周以速行得達。後主立太子。以周爲家令。徙中散大夫遷光祿大夫。位亞九列。周雖不與政事。以儒行見禮。時與大議。輒據經以對。所著述百餘篇。壽七十外。三國志蜀書本傳

382 營山縣 南朝梁置安固縣。唐又置朗池縣。改安固曰良山。宋改朗池曰營山。元又省良山入營山。淸屬四川順慶府。

淸 陳懷玉、進士官夔州府教授。善堪輿。著有挨星水法祕篇。

淸 羅在公、舉人。任刑部主事。精易學。每決休咎不爽。

淸 侯于蓟、進士。官同知。善堪輿。子孫世得其傳。以上嘉慶營山縣志方技

淸 鄭文振、江南涇縣庠生。順治中遊蜀。建南道汪、慕其學術。延入幕。後寓營邑。善卜筮。遂家於邑之響溪。嘉慶營山縣志流寓

383 南部縣 漢置充國縣。後漢分置南充國縣。南朝宋。改南充國曰南國縣。梁改曰南部縣。明淸俱屬四川保寧府。

宋 鮮于天一、康定時舉人。幼能日誦千言。通天文地理方技之書。其學甚博。文物精粹。志術雄潔。一時名儒皆宗之。卒入鄉賢。道光南部縣志方技○阜按。同治劍州志人士。載鮮于天一。登嘉定中鄉薦。而道光南部縣志方技。載爲康定時舉人。與此稍異。

384 昭化縣 漢置葭萌縣。三國蜀。改曰漢壽。晉改曰晉壽。南朝宋分置益昌縣。後魏改益昌曰京兆。北周省晉壽。復改京兆曰益昌。五代後唐改曰益光。宋初復曰益昌。又改曰昭化。明清皆屬四川保寧府。

宋 張求、昭化人。善卜筮。唐庚贈詩云。張求一老兵。著帽如破斗。賣卜益昌市。性命寄杯酒。騎馬好事人。金錢投甕牖。一語不假借。意自有臧否。雞肋乃安拳。未省怕嗔毆。坐此益寒酸。餓理將入口。未死且強項。那暇顧炙手。士節久凋喪。舐痔甜不嘔。求豈知道者。議論無所苟。吾寧從之遊。聊以激衰朽。嘉慶四川通志藝術

385 廣安州 南朝梁置始安縣。隋改曰賓城。唐復曰始安。改曰渠江。宋於縣置廣安軍。元軍廢。升爲廣安府。明改爲廣安州。以州治渠江縣。省入。屬四改順慶府。清因之。民國改州爲縣。

清 段文雅、字茂齋。禹山人。州庠生。善占候。尤神於邵子觀梅數。其占但指一物。或信口出一二字。即可布卦。物視其色目動靜。字別其筆畫義理。以定生剋。辨吉凶。迎機立斷。往往奇中。其族兄潤之媳、秋病痢甚危。造雅以痢症二字爲卜。雅曰、二

字皆病體。利從禾從刀。今適秋日。禾遇收獲。無復生矣。病者竟不起。其同硯友某、試取經古。恐正場未利。指市中招牌字、求雅決之。雅曰、可賀名高懸也。榜出果然。又一鄰人方薙髮。求卜其親病。雅曰、去黑見白。親已歿矣。言未畢而訃者至。又其妹倩某。問畢生名位。取案上試卷令占。雅見卷有印文。曰必食官祿。此其兆也。後果掇科得縣令。其他占晴雨失物。卜訟獄勝負。一言直決。皆此類也。

清

周昌豫、號立之。沙溪人。父玉偉、宿儒。素善形家言。咸豐初、族弟玉振葬母。偉爲立期、屬曰、將葬日必陰雲微雨。如聞小兒謳歌。即下壙時也。主大吉。時夏五月。炎暑烈日。屆葬果如其言。豫守父業。青烏葬經、無不詳究。然處貧有傲骨。不屑以術售。族兄驤、光緒戊子卒。其長子紹暄、官銓曹。聞訃未歸。家用俗師易良仁之言。定地於祖塋側。未葬。豫聞之。曰、此地葬後、必主長子不利。未知暄之名位、能否厭勝也。其家不從豫言。竟葬之。及暄服闋。甫入京月餘。卒於官。其孺人段氏扶柩歸里。踰年亦歿。人始服其藝之精、有先見焉。豫之叔玉僖、亦受偉之葬術。以藝鳴。而識

不及豫。以上光緒廣安州志方技

386 射洪縣漢郪縣及廣漢縣地。西魏置射江縣。北周改曰射洪。明省。尋復置。清屬四川潼川府。縣境産石油。由黃英普濟公司開採。

唐 陳子昂、字伯玉。射洪縣人。年十八、未知書。入鄉校。感悔修飭。文明初、舉進士。武后朝、爲麟臺正字。數上書言事。遷右拾遺。武攸宜北討、表爲管記。以父老、解官歸侍。縣令段簡、聞其富、欲害之。捕送獄中。子昂見捕。因命蓍自筮。卦成。仰而號曰。天命不祐。吾其死矣。果死獄中。年四十二。唐書云四十三。唐興、文章承徐庾餘風。子昂始歸雅正。李杜以下、咸推宗之。著有詩文集。唐書本傳○陳伯玉集。載有贈嚴倉曹乞推命錄詩。少學縱橫術。遊楚復遊燕。栖遑長委命。富貴未知天。聞道沉冥客。青囊有祕篇。九宮探萬象。三算極重玄。願奉唐生口。將知躍馬年。非因墨翟問。空滯至龍川。

387 遂寧縣漢置廣漢縣。南齊改曰小漢。梁改曰小溪。西魏改曰方義。宋復改曰小溪。明省縣。入遂寧府。降府爲縣。清屬四川潼川府。

宋 馮山人、懷占、字德淳。遂寧人。善風鑑。精堪輿術。太平興國中、於青城山三蹊路牛心山前看花山後。因卜居焉。築三大閣。偃息其中。其所論皆丹石之旨。以吐納導引爲事。博探方訣歌頌圖記丹經通書。無不研考。咸平中、成都一豪家葬父偏訪能地理者。選山卜穴。數年乃得之。葬後大凶。延馮觀之。馮曰、陵迴阜轉。山高壠長。水出分明。甚奇絕也。主人曰、自葬以來。財散人亡。奇絕地固如是耶。馮曰、願妄言之。凡萬物中、人爲最靈。受命于天。貴賤各得其位。如鳥有巢棲。獸有穴處。故無互相奪。此山乃公侯之地。豈常人可處。所以亡者不得存。安者不得寧。易曰、負且乘、致寇至。小人而乘君子之器。其是之謂乎。宋黃休復茅亭客話　光緒潼川府志軼事

晉

330 廣漢縣漢置。屬廣漢郡。酈道元謂之小廣漢。南齊改名小漢。故城在今四川遂寧縣東北。

王長文字德郁。郁。一作叡。一作儁。廣漢人、少以才學知名。放蕩不羈。州郡辟爲別駕。乃微服竊出。舉州不知所之。後於成都市中。蹲踞而坐。齧胡餅食之。刺史知其不屈。乃禮遣之。於是閉門自守。不交人世。著書四卷。擬易名曰通玄經。有文言卦象、可用、以爲卜筮。時人比之揚雄太玄。惟桓譚以爲必傳後世。晚遭陸績。玄道遂明。長文通玄經。未遭陸績君山耳。晉書本傳　太平御覽逸民

西康省

西康省、在我國西部南境。本爲四川省打箭爐之西邊一部。及西藏康全部、衛東邊一部地。清光緒間、歸督辦川滇邊務大臣統治。曾奏准建立行省而未果。民國初、劃爲川邊特別區域。十三年改名爲西康特別區域。十七年國民政府又議決。改建爲省。其地東界四川。南界雲南及英屬緬甸印度。西界西藏。北界青海。

389 巴安縣（省會○古之白狼國。後爲巴塘土司。清光緒三十二年改流。置巴安縣。尋升爲巴安府。民國復改巴安縣。屬川邊道。位於寧靜大朔之間。濱金沙江東岸。爲一小平原。西康中權之地也。氣候溫和。農產饒裕。人口亦較他處爲繁。）

清光緒年間、巴塘正土司、羅進寶塞內、有一小花池。土司欲於花池處造房。以爲諷誦梵經之室。求喇嘛卜之。喇嘛曰、（喇。郎達切。音辣。喇嘛。僧之別稱。蒙古西藏稱僧爲喇嘛。俗皆讀若拉。）毀花池而造經堂。不利於土司。土司弗信。鳩工庀材而造室。（庀。音庇。具也。治也。）喇嘛曰、後有乘紅馬者至。則巴塘土司亡矣。土司曰、黃馬、黑馬、紫馬、烏馬、各色均有。惟紅馬無之。紫馬可謂紅馬乎。喇嘛曰、紅馬、非紫馬也。土司曰、馬有紅色乎。喇嘛不復言。迄屋落成。尚未塗丹雘。（雘・音護・藥韻・赤石脂之類・如油漆所用顏料・以爲宮室之飾者也・）光緒三十一年、巴塘卽有戕害鳳大臣之事。土司伏誅。康人以土司親戚、立爲土司。嗣建昌道趙爾豐至。遂將巴塘改流。土司至此滅焉。康人屢以喇嘛之卜爲言。惟不知乘馬者爲誰。嗣聞趙以甲午生。卽謂丙屬火。火色紅。午屬馬。卽紅馬也。人皆以爲卜之驗焉。

390 定鄉縣（原係裏塘土司鄉城地・清光緒三十二年改流・置定鄉縣・屬川滇邊務大臣・今屬西康省・）

清　光緒三十一年冬、官兵由巴塘往攻鄉城。令康人應僱烏拉。康人問卜於喇嘛。喇嘛曰、官兵勝。但須明年夏間乃可。鄉城稻壩之喇嘛亦自卜。則曰官兵不勝。遠來糧絕。難久持。必退去。嗣於光緒三十二年閏四月十八日。官兵始克鄉城。所卜夏間勝者驗也。而卜官兵不勝者不驗。

391 鹽井縣（原係巴塘土司地・清光緒三十一年・改流征糧・尋設鹽井縣・屬川滇邊務大臣・今屬西康省・）

清　光緒三十四年、藏人率兵來佔西康鹽井地方。駐藏大臣聯豫。飭察木多糧員李方懇同藏兵往鹽井。人民驚惶。康地文武官吏、電稟護川督趙爾豐。謂李糧員、率藏兵佔鹽井。趙電飭將李押候參辦。有一喇嘛持一梵字書往問李。曰。剖本（康人稱漢官曰剖本・）屬狗乎。李曰然。汝何以知之。喇嘛曰、前代喇嘛遺書謂屬猴之年。藏兵至。鹽井有屬狗之漢官同來。必罷職。本年戊申屬猴。此乃數定。請勿怪。李索書而閱。確係舊書。惟不識梵字。未考其詳。

392 德格縣（原係德爾格忒・宣慰司中部地・清宣統元年改流・設德化州・屬川滇邊務大臣・民國初改德化縣・尋改今名・舊屬西康川邊道・）

清・宣統元年、德格土司、欲獻地改流。遣人往登科所屬地方。問於坐靜喇嘛。（居無人處・名曰坐靜喇嘛・）喇嘛回書曰、獻地改流。土司可得漢官康地之人。惟德格土司之官可得大者。前代喇嘛遺書云屬豬之年。土司地方皆為大皇上收去。不待收而即獻之。必得官。若俟收去、則官不能得也。德格土司從之。得二品銜。世襲都司。迄宣統三年春。民政部奏准。將各省土司、改流設官。西康土司、均改流焉。而是年辛亥。即屬豬也。術數之學。豈得謂之誣歟。（以上民國西康建省記）

紀年

西藏不識天干。惟以地支屬相紀年。亦以十二個月爲一歲。以寅爲正月。仍有閏月。但其閏月不同時耳。如雍正十年壬子閏五月。其地閏正月。雍正十三年丁卯閏四月。其地於甲寅年閏七月。更有閏日之異。而無小建。如閏初一則無初二。卽初三矣。或於月內摘去二日。卽不呼此二三日。假如二十六日、次日卽呼二十八日。每月必有初一、十五、三十。其呼正月曰端郭。餘月仍挨數呼之。紀日惟以金木水火土五行配。與憲書無異。推日月之蝕。亦纖毫不爽。云推算占驗。皆唐公主流傳者。

占卜

西藏占卜之術不一。有等喇嘛、以紙畫八卦、書番字而占者。有以靑稞排卦。抽五色毛線而占者。或數素珠而占者。或畫地而占者。或燒羊骨。或看水碗。種種不一。然亦有頗驗者。大抵在所學之精淺耳。婦女亦有會者。不能悉述。以上西藏記

歷代卜人傳卷二十終　　鎭江馬雲程校

中國歷代卜人傳卷二十一

潤德堂叢書之八

鎭江袁阜樹珊編次

河北省一

河北省、在我國中部北境、渤海灣之西。以大部分在黃河之北、故名。別稱曰冀、曰幽、曰燕、古冀兗二州之域。舜分冀州爲幽州。春秋時爲燕、晉、衞、齊、諸國地。戰國時爲燕、趙、魏、齊、四國地。漢爲幽、冀、燕、三州。隋置幽州總管府。唐屬河北道。宋分河北爲東西兩路。元置大都、永平等八路、謂之腹裏。明洪武間置北平等處布政使司。永樂十九年改北平爲京師。置順天府、各府州直隸京師、稱北直隸。清置直隸省。民國初仍之。十七年國民政府定都南京、改直隸省曰河北省。其地東瀕渤海、與遼寧接壤。南界山東、河南。西界山西。北界熱河、察哈爾。省治清時在清苑。民國時嘗移天津及北平。二十四年仍還清苑。

393 清苑縣（漢樊輿廣望二縣・晉樂鄉・後魏分新城置清苑・北齊省入永寧・改曰樂鄉・隋又改曰清苑・以縣界清苑河爲名・宋改曰保塞・金復曰清苑・元爲保定路治・清爲直隸治・保定府亦治此・京漢鐵路經之・又有岔道・直達南門外府河濱・）

明　胡宗星、士也。成化間遊京師。謁吏部侍郎尹旻。漫戲曰、以誑人者將何之。胡曰、明公未試以爲誑。試一人存爲驗。當知小子神術耳。因出翰林邢讓干支示之。曰、明年八月、此公必死。邢亦聞之。明年六月、以祭酒陞禮部侍郎矣。會饌錢事發。念其言、引罪坐除名。過漷縣、（漷・晉郭・漷縣・清初廢入通州・）見岳蒙泉。岳問何以不深辨至此。曰、術者謂吾今年當死。今但失官薄同事者罪。所謂陰功者不死。正此類也。至八月朔、拈易自占得臨卦。投策歎曰、詎謂胡宗驗乃至此。蓋卦辭八月有凶、故也。至十八日果卒。（明朱國禎湧潼小品）

明　王府尹、忘其名。亦不知何許人也。嘗夢人授之書曰、讀吾書可衣緋。不讀吾書止衣綠。覺而異之。他日於路得一書。視之、青烏家言也。潛玩讀久之。乃以善地理聞。爲鈞州佐。（卽今河南禹縣治・）漢王有異志。購求之不往。曰、欲得予、非詔旨不可。王以名聞。

會太宗方有事壽陵。（成祖廟諡初曰太宗。）曰吾方求其人不得。遂召以往。今長陵乃其所定也。前有小阜。勸上去之。曰恐有妨於皇嗣。上問、無後乎。曰非也。但自偏出耳。上曰、偏出亦可。遂不復去。後累世皆驗。其人官至順天尹。（明王鏊震澤紀聞）

清

呂申字文甫。清苑人。原名牙興。才姿雄俊。弱冠食廩餼。試輒冠其曹。學使姜太史元衡。爲更名申。曰嶽降也。屢試不第。遂輟舉子業。博求天官輿地及壬奇太乙。孤虛風角諸書。手錄成卷。悉能背誦。占玩卜筮。什不失一。尤精堪輿家言。名公巨卿。競延致之。歲無虛旬。動赴千里。約所至人傾倒。爲文奇肆。不屑屑繩墨。爲人談休咎。質奥不易解。久之乃驗。從之遊者、無慮百十人。分其一長。卽可名世。遠近呼爲呂先生。或曰呂仙。而不字。年五十五卒。所著書甚夥。藏於家。（圖書集成卜筮部名流列傳清一統志保定府人物民國清苑縣志隱逸）

清

浙士、善測字。乾隆十九年甲戌、紀昀曉嵐、在京會試。尙未傳臚。適在董文達公邦達家見之。昀書一墨字。浙士曰、龍頭不屬君矣。墨字拆之爲二甲下作四點。其二甲第四乎。然必入翰林。四點庶字脚。土、吉字頭。是庶吉士矣。榜後果然。丁丑散館授編修。歷官至翰林院侍讀學士。庚辰主試山西。戊子秋、以兩淮鹽運使盧見曾、侵帑事發。奉旨籍沒家。旨中書徐蒸、遠在軍機行走。聞信密書以告。搜出諸信。有昀往來書札。牽連革職入獄。讞實。坐徐遣戍。遣發遣烏魯木齊。不四年以辛卯六月、釋放還京。先是獲譴時、獄頗急。以一軍官伴守。一董姓軍官、云能拆字。昀即書董字使拆。曰、公遠戍矣。是千里萬里也。昀又書名字。董曰下爲口字。上爲外字偏傍。是口外矣。日在西爲夕。其西域乎。問將來得歸否。曰、字形類君。亦類召。必賜環也。問在何年乎。今年爲戊子、至四年爲辛卯。夕字卯之偏傍。亦相合也。至是果驗。淡墨錄○紀昀如是我聞云。亥有二首六身。是拆字之權輿矣。漢代圖讖多離合點畫。至宋謝石輩。始以是術專門。然亦往往有奇驗。蓋精神所動。鬼神通之。氣機所萌。形象兆之。與揲蓍灼龜。事同一理。似神異而非神異也。

清　文通、字夢齋。滿洲侍衞。薦修清書。充纂修官。後官總兵。精於象數。謂爲水滸、亦由易象參入。余詡未之前聞。因舉宋江、李逵、劉唐相質。答曰、宋江、訟也。天水訟。故號及時雨、刀筆吏出身。取訟象、人事起於訟。故以之爲首。李逵、升也。水風升。故號黑旋風、訪柴進入井。迎母入井、取井象。劉唐鼎也。故號赤髮鬼、縛之供桌、取鼎象。又問水滸祗三女扈三娘、號一丈青何義。答曰、卦止三陰。故以顧大嫂、孫二娘、扈三娘象之。三娘、歸妹也。雷澤歸妹。震三兌七、合成一丈。震居東方、其色屬青。扈成之妹、歸於王英。取卦象耳。再問則笑而不答。時族兄蕉圃、（名雙保・諸生・後官衞千總・）方應童試。戲書他字請占。答曰、人立半池。進矣。尋果驗。夢薌蓋深於邵子之學而以武職自韜其光者。凡所占驗、得出新穎。尤令人解頤云。（長白麟慶見亭鴻雪因緣圖記夢薌談易）

戰國

304 大興縣（周初蘇國・春秋時爲燕國都・秦置薊縣・遼初改曰薊北・又改曰析津・金始改曰大興・爲大興府治・在今河北大興縣西南・元移治今北平・明洪武初爲北平府治・永樂中至清・皆爲順天府治・民國十七年・劃縣城及附近地入北平市・縣治移黃村・）

盧生、燕人。（燕・周國名・姬姓伯爵・武王封其弟召公奭於北燕・即今河北大興縣・戰國時易王・始稱王・爲七雄之一・滅於秦・）奏錄圖書曰、亡秦者胡也。始皇乃使蒙恬發兵三十萬人北擊胡。略取河南地。其實亡秦者乃二世胡亥。二世三年甲午、秦遂亡矣。（史記本紀秦始皇）

金

蕭漢傑、大興人。金國初、嘗賜姓奧里氏。漢傑父仲寬、字居之。飛龍榜登科。同知青州軍州事致仕。有子六人。皆使宦學。獨漢傑不樂。遂作舉子。爲人慷慨有志膽。好讀書。究古兵法。及陰陽孤虛祿命之術。從軍二十年。積官從三品。領虢州倅關陝總帥府提控。佩金符。元好問贈漢傑詩云。射虎將軍在北平。短衣憔悴宿長亭。雷轟寶劍無留迹。火借靑囊爲乞靈。四壁不知貧作祟。一瓢誰識醉中醒。相逢莫話楮機石。楮．音支．柱也．自省枯槎是客星。畿輔通志列傳

元

阿榮字存初。怯烈氏。父按攤、中書右丞。阿榮幼事武宗。備宿衞。累遷官爲湖南道宣慰副使。會列郡歲饑。阿榮分其稟祿爲粥。以食餓者。仍發粟賑之。所活甚衆。泰定初甲子、出爲湖南宣慰使。改浙東宣慰使都元帥。以疾辭。天歷初戊辰、復起。爲吏部尙書。二年、拜中書參知政事。進奎章閣大學士。文宗眷遇固甚。而阿榮亦盡心國政。知無不言。久之。心忽鬱鬱不樂。謁告。南歸武昌。至元元年乙亥、卒。初阿榮閒居。以文翰自娛。博究前代治亂得失。見其會心者、則扼腕曰。忠臣孝子。國家

之寶。爲奇男子。烈丈夫者。固不當如是耶。日與韋布之士游。所至山水佳處。鳴琴賦詩。日夕忘返。尤深於數學。逆推事成敗利不利。及人禍福壽夭貴賤。多奇中。天歷三年庚午春、策士於廷。阿榮與虞集、會於直廬。慨然興歎。語集曰、更一科後、科舉當輟。輟兩科而復。復則人材彬彬大出矣。君猶及見之。集應曰、是士之多。幸如存初言。今文治方興。未必有中輟之理。存初國家世臣。妙於文學。以盛年登朝、在上左右。斯文屬望。集老且衰。見亦何補耶。阿榮又歎曰、數當然耳。集問何以知之。弗答。後三年卒。元統三年乙亥、科舉果罷。至正元年辛巳、始復。如其言。元史本傳圖書集成藝術典卜筮部紀事

元　全眞先生、年五十餘。相貌魁偉。嘗坐省東茶肆中所言輒有驗。元統間、省椽李孟容度在都。訪其寓所。乃在五門外第二橋民家。遂以出處叩之。全眞曰、汝仕不在北方。且宜南歸。四十後方可食祿。臨別偶問及時事。全眞曰、此後當改至元。至元後改至貞。天下亂矣。李曰、國初已有至元。全眞曰、汝第識之。李南還至關河、

聞改至元。心益信之。及改至正、則知貞者正也。四十後、方補饒州府史。全眞之言。如燭照數計。豈非至人者乎。（明陶宗儀輟耕錄）

明　展毓、字鍾秀。自鳳翔之岐山徙京師。家故貧。賣卜以自給。已而事舉子業。遊順天府學。天順元年丁丑、舉進士。擢河南道御史。兩按藩鎭。皆有譽。大同萬全之間。有牧地數百里。析兩地兵民居之。衆侵敓混亂。（敓、音奪、彊取也。）至相殺害。有司莫能制。毓掘地爲塹數里。（塹、音壍、韻、坑也。）抵南北山麓。中分之。戒不得過。乃已。毓風義凝重。嶷然不挫於物。其有不合者。雖貴勢必與之抗。人皆以爲能御史。（畿輔通志列傳）

明　蕭鳴鳳、順天解元。精於星學。推算休咎如神。官郡守。以不職罷歸。舟次、遇比部郎張永嘉、璁。（璁、音悤、石之似玉者。）張素聞蕭術神。試以已命扣之。步置良久。不言。固問之。曰、祿命書從此可焚矣。問何故。蕭曰、僕平生閱人多矣。無不中者。獨於僕與君而失之。張曰、何也。曰、僕自揣爵位應至方伯。而今止於二千石。觀君之命。不出三年。便當作相。而君猶然郎署也。豈吾術有未至耶。遂別去。張公入京、僅三載。以議大禮

中上意。遂拜相。既貴。憶蕭言。輒爲起之。十餘年、果至方伯而卒。明鄭仲夔耳新 謝肇淛塵餘

明 周中立、以祿命之說知名。都下劉尚書纓、爲都御史時。爲逆瑾所中下制獄。事已白。猶未復官。造問休咎。先以亡兒徵命試之。中立曰、此命大佳。然厄於三十三。能過此則善矣。徵沒之年。正如所云。劉公心服之。乃示以已命。中立嗐嗐曰、嗐音積。嗐嗚也。歎聲也。 此大貴人目下雖有憂厄。然已出險就夷。異時官至八座。福履甚盛。未可量也。時鄉人陸坦、爲禮部主事。以公事被繫。當坐重辟。會有內援得解。命未下。公方遣吏爲詗其事。詗音迥。迥覘刺探也。 因以坦庚甲示之。中立云、此亦貴人也。但比日方有官事。其憂甚大。然亦解矣。猶可食祿數年。問何時。曰、不出今日。中當有佳報。適所遣吏跪白曰、已有旨。陸止降外任。公殊駭。視日中矣。坦尋出爲知縣。稍遷郡倅。以卒。倅音淬。副也。 刑部吳主事、嘗從問命。中立爲寫一通授之。吳以視。因入獄。二子尚幼。戲水濱失足。妻驚痛。且恐夫歸被譴。遂自經。吳出獄方知。往咎中立曰、此大事。何不素告我。中立曰、吾固言之矣。第歸視吾書。吳檢其書中有兩語云、雙雙燕子入

池塘紅粉佳人上畫堂。乃驚服。明陸延枝說聽

清

呂聖功、順天人。善卜筮。設庵於阜成門大街。四十餘年。家賴之小康。善與人息訟事。其爻辭一本易經。而多別解。爲經傳所未備。於道光辛巳冬始卒。亦術士中之立品者。光緒畿輔通志方技

清

金孝廉某、四川人。善風鑑。名動京師。定遠方士淦蓮舫、道光丙子就之相。金曰、科名中人。行將方面矣。費新橋太史丙章、亦至。金曰、此翰林也。目勝君。外臺亦速。官至方伯。子僅一點。後歷歷皆驗。方士淦蔗餘偶筆

清

英年、兵部侍郎。善堪輿術。一日扈駕遊醋園。令相視園地吉凶。英年駭曰、是氣尚旺。再世爲帝者。當仍在王家。時光緒己亥九月。已立溥今爲皇子矣。儁與俊同。卓特也。孝欽曰、天下已有所歸。得毋言之妄乎。誠如卿說、當用何法破之。英年顧視墓旁、有老楸一株。夭矯盤拏。且百年物。因指樹奏曰、伐此則氣泄。是或可破也。孝欽還宮、即遣使伐樹。樹堅如鐵。斧鋸交施。終日不能入寸。而血從樹中迸出。次早趨視、斷

痕復合如故。監工者懼。而請止。孝欽大怒。自詣園。督數十工人。盡一日之力仆之。中斃一巨蛇。小蛇蠕蠕盤伏無數。急聚薪焚之。臭達數里。後德宗薨。今上仍由醇邸入承大統。英年之言果驗。（國聞備乘）

395 宛平縣（本漢薊縣地。唐析置幽都縣。遼改曰宛平。明時與大興並為順天府治。清因之。民國有移縣治盧溝橋之議。未實行。）

明

孫孝本、字子烏。宛平人。少流落河間。壯還鄉里。以耕織為業。性尤嗜書。其才婉密精耨。（耨。音鎒。有韻。除草之器。）長於纂述。尤好術數。著有梡易一編。（梡。同輥。輥端橫木也。）年七十卒。王伯俞題其所居曰逸人坊。（畿輔通志列傳）

396 方城縣（本燕方城邑。漢置縣。北齊廢。隋自今易州淶水縣。移固安縣於此。取漢固安縣為名。故城在今京兆固安縣南。）

晉

張華、字茂先。方城人。父平、魏漁陽郡守。華少孤貧。自牧羊。同郡盧欽器之。鄉人劉方、亦奇其才。以女妻焉。華學業優博。辭藻溫麗。朗瞻多通。圖緯方伎之書。莫不詳覽。而造次必以禮度。勇于赴義。篤于周急。器識弘曠。時人罕能測之。著鷦鷯賦以自寄。陳留阮籍見之。歎曰。王佐才也。由是聲名始著。歷官司空。領著作。封壯武郡公趙王倫之變、被害。朝野莫不悲痛之。時年六十九。有博物志十篇、及文章並行於世。子褘、博曉天文。爲散騎侍郎。與華同時遇害。晉書本傳光緒畿輔通志雜傳咸豐固安縣志文翰○張華博物志云。有山者採。有水者漁。山氣多男。澤氣多女。平衍氣仁。高凌氣犯。叢林氣躄。故擇其所居。居在高中之平。下中之高。則產好人。又云。山居之民多癭腫疾。由於飲泉之不流者。今荊南諸山郡東。多此疾。腫由踐土之無鹵者。今江外諸山縣偏多此病也。(博物志)○晉干寶搜神記。張華爲豫章太守。善易卦。明於政刑。下吏罪人畏之。不敢犯令。或當死者。悉放歸。辭父母。時有一人犯盜。處死。尅日欲誅。放歸辭別。限滿赴州就刑。其人在路號哭。經趙朔家。趙朔問何故哭。答曰。某拙謀爲盜。犯法當死。昨蒙太守給假辭父母。限滿赴州就刑。所以悲泣。朔曰。何不避去。答曰。使君明於易筮。前後避者皆獲得。是以不敢違日。朔曰。汝不用哭。吾令汝生。但用吾計。自當獲免。汝可取之。避到行渡河。卽取竹箭盛水。三尺長。安於腹上。仍黃沙中臥。經三日。然後可還。終始擒汝不得也。其人一依朔言。至假滿。法司怪久違限。乃以名聞。華乃觀易。六卦成。斷曰。何故腹上水深三尺。背臥黃沙。此人必投水死。更不用尋也。此謂之善易。其人經一年。改名姓。處於鄉里。既脫其死。卽賫重賂酬於朔。朔一無受焉。○晉書慕容廆載記。廆幼而魁岸雄傑。有大度。安北將軍張華。雅有知人之鑒。廆童丱時。往謁之。華甚歎異。謂曰。君至長。必爲命世之器。匡難救時者也。因以所服簪幘遺廆。結殷勤而別。

明

397 東安縣本漢安次縣。後魏改安城。元升爲東安州。故城在今直隸安次縣西北四十五里。明降爲東安縣。徙今治。屬順天府。淸因之。民國改爲安次縣。

周鳳、東安人。以農爲業。居常與洪蓮爲友。授以撫病之法。撫處卽愈。又授以數術。算人生死無失。鳳自言某月日當死。至日闔戶以謹避之。忽下床一跌而殁。其時有均智者、曾授數術於鳳。亦能知生死。不爽毫髮云。光緒順天府志方技

398 **霸州** 漢置益昌縣。後漢廢。五代周置霸州。置永清縣為州治。宋廢永清縣。金復置益津縣。明省益津入州。民國改州為縣。今屬河北省。宋時楊延朗修葺霸州城。以捍遼人。當時為北方重鎮。

清 榮邦達、字海樵。堂二里人。少失怙。天資英敏。過目成誦。十八歲入邑庠。家貧甚。課徒自給。博通經史子集。所為詩文。均淵源於李杜韓歐。不屑為時文。一時出其門者多名士。榮姓本巨族。富於財者甚夥。邦達一無所稱貸。惟恃束脩以自奉。精於易卜筮。多奇中。註有易說若卷干。晚年失明。日賣卜於市。得錢三百文卽止。家徒四壁。而嘯歌不輟。夫婦相安淡泊。敬禮如賓。偶有造廬請教者。則高談雄辯。終日不倦。其誘掖後進每如此。年八十七歲卒。無子。所著有鬼瞰堂文集。散佚無傳。

清 孫智、字鑑堂。號炳然。北岸村人。生有異稟。性孝友。好慈善。精風鑑。有知人之明。讀書過目成誦。經史以外。兼精壬奇戰陣之學。智家素富。後以施濟值荒年。家遂中落。雲南鶴麗鎮高公姻戚也。招赴任。參贊軍務。屢平苗匪。殲魁釋從。全活者不下數萬衆。時人有活佛之目。以上民國霸縣志文獻

399 **涿州** 秦上谷。漢涿縣。魏范陽。唐析置涿州。宋曰涿水郡。金曰涿州治范陽。明省范陽入州。屬順天府。清因之。民國改為涿縣。

後漢

崔篆、涿郡安平人。王莽時、爲郡文學。以明經徵詣公車。太保甄豐舉爲步兵校尉。篆辭曰、吾聞伐國不問仁人。戰陣不訪儒士。此舉奚爲至哉。遂投劾歸。（投辭自劾・有過不合應舉・）客居滎陽。閉門潛思。著周易林六十四篇。用決吉凶。多占驗。臨終作慰志賦以自悼。子毅、隱身不仕。毅生駰。（後漢書附崔駰傳　乾隆涿州志方技）

後漢

崔瑗、字子玉。篆孫。駰子。早孤銳志好學。盡能傳其父業。年十八。至京師。從侍中賈逵質正大義。遂明天官歷數京房易傳。諸儒宗之。（後漢書附崔駰傳　同治涿州志方技）

蜀漢

李定、涿人。有相術。劉先主少孤。與母販履織席爲業。舍東南角籬上有桑樹生高五丈餘。遙望見童童如小車蓋。往來者皆怪此樹非凡。定云此家必出貴人。（蜀志先主本紀　光緒畿輔通志方技）

北齊

祖珽、字孝徵。瑩子。天性聰明。事無難學。凡諸伎藝。莫不措懷。文章之外。又善音律。解四夷語。及陰陽占候。醫藥之術。尤是所長。（乾隆涿州志方技）

唐

盧承慶、字子餘。涿人。官戶部尚書。有兄子將笄而嫁之。謂弟尚書左丞承業曰、吾爲此女、擇得一壻。乃曰、裴居道、其相位極人臣。然恐其非命破家。不可嫁也。承業曰。不知此女相命終他富貴否。因呼其姪女出兄弟熟視之。承業又曰、裴郎位至郎官。其女卽合喪逝。縱後遭事不相及也。卒嫁與之。居道官至郎中。其妻果歿。後居道竟拜中書令。被誅籍沒。久而方雪。唐書本傳唐呂道生定命錄

唐　范陽山人、不知其姓字。李叔詹常識之。停於私第。時語休咎。必中。兼善推步。光緒順天府志方技

唐　盧齊卿、涿州人。承慶弟。承泰子。有知人之鑒。長安初、爲雍州參軍。武后詔長史薛季昶擇僚吏堪御史者。季昶訪於齊卿。齊卿曰、長安尉盧懷愼、李休光。萬年尉李乂、崔湜。咸陽丞倪若水。盩厔尉田崇璧。新豐尉崔日用。季昶用其言。後皆爲通顯巨人。及拜幽州刺史。而張守珪從軍爲幽州一果毅。一果毅、職務名稱也。齊卿常引對坐云、公後當富貴秉節鉞。守珪踧踖、不意如此。下階拜。齊卿未離幽州。而守珪竟爲將軍節度矣。張嘉貞之任宰相也。有人訴之。自慮左貶。命齊卿相之。不爲決定。因其

入朝。乃書笏上作台字。令張見之。張以爲不離台座。及敕出貶台州刺史。齊卿喜飲酒。踰斗不亂。寬厚樂易。士友以此親之。終太子詹事、廣陽慶公。唐書附承慶傳唐呂道生定命錄

明　華孝廉、揚州如皐人。失其名。正德初、僑寓房山之元元觀。見承座上置一册。驚嘆曰、此書吾訪遍天下。何意得之於此。由是言吉凶皆奇中。邑令曹俊、夜夢大蛇蟠樹。其首下垂。問之。華曰、君遷矣。私語人曰、遷則遷矣。死且近。其死必首下。未幾曹果遷州守。以匿喪事覺。衞尉逮捕。投井死。華後舉進士。授戶曹司。分潞河。一日同寮宴飲。風吹瓦墮。華曰、宸濠敗矣。數日得露布。寧藩果已授首。後因奏天象忤旨。被謫。趣裝南下。不知所終。乾隆涿州志宣統山東通志均載流寓

400　通州　漢潞縣。唐元州。金改通州。治潞縣。明省潞縣入州。屬順天府。清因之。世稱北通州。民國改爲通縣。

明　金忠、其先浙江鄞人。少讀書。善易卜。兄戍通州亡。忠補戍。貧不能行。相者袁珙資之。既至。乃編卒伍。賣卜北平市。多中。市人神之。僧道衍、薦諸成祖。成祖將起兵。託疾召忠卜。得鑄印乘軒之卦。曰、此象貴不可言。自是出入燕府。勸舉大事。燕兵

起。授忠王府紀善。守通州。南兵數攻城不克。有功。已召置左右。有疑輒問。術益驗。且時進謀畫。拜右長史。贊戎務。爲謀臣矣。成祖稱帝。擢工部右侍郎。贊世子、守北京。尋召還進兵部尙書。次子高煦、從戰有功。許以太子。至是淇國公邱福等、黨高煦。勸帝立之。獨忠以爲不可。歷數古適孽事。帝不能奪。密以告解縉黃淮等。皆以忠言爲是。於是立世子皇爲太子。而忠爲東宮輔導官。以兵部尙書、兼詹事府詹事。六年戊子、帝北征。留忠與黃淮等、輔太子監國。是時高煦奪嫡謀愈急。蜚語潛太子。十二年甲午、北征還。悉徵東宮官下獄。以忠勳舊不問。密令審察太子事。忠言無有。帝怒。忠免冠頓首流涕。願連坐以保之。以故太子得不廢。宮僚黃淮等、亦獲全。忠由卒伍至大位。甚見親倚。每承顧問。知無不言。然愼密不洩。處僚友不持兩端。能出以讓。十三年乙未卒。給驛歸葬。命有司治祠墓。復其家。洪熙元年乙巳、追贈榮祿大夫。謚忠襄。官子達翰林檢討。達剛直敢言。仕至長蘆都轉運使。忠有兄華、負志節。忠守通州有功。欲推恩官之。辭不就。嘗召賜金綺。亦不受。成祖目爲

迂叟。放還。一日讀宋史至王倫附秦檜事。放聲長嘆而逝。里中稱爲白雲先生。（明史列傳光緒通州志流寓）

清　王應藻、字耕石。通州人。讀書不樂仕進。忠厚孝友。鄉里稱之。通地理。善星學。州有大興作。暨戚黨中卜葬相宅者。咸資考鏡焉。講求精細。至老不倦。年六十一卒。（光緒畿輔志方技）

清　劉子振、字麟長。州廩貢生。以善事父母著。讀書務究理學。爲文不屑作經生語。屢躓棘闈。益留意天文地理占驗諸書。靡不通。晚或勸援例筮仕。答曰、讀書所以明道。奚必沾沾升斗乎。撫諸姪、爲之婚娶。周親朋困乏者。凡里中有義舉。輒以身先之。（光緒通州志文學）

401　薊州（春秋・山戎無終子國・秦置無終縣・隋改曰漁陽・唐於縣置薊州・宋又改曰廣川・明省縣入州・清因之・屬順天府・民國改州爲縣・今隸河北省・）

宋　趙普、字則平。薊人。相太祖太宗。拜太師。封魏國公。諡忠獻。追封韓王。昔馮拯之父、爲普家內知。內知、卽勾管本宅事者也。一日普下簾獨坐。拯方十餘歲。彈雀於簾前。普熟視之。召坐與語。其父遽至。惶恐謝。普曰、吾視汝之子。乃至貴人也。因指其所坐榻曰、此子他日當至吾位。馮後相眞宗仁宗。位至侍中。(藝術典相術紀事)

宋 竇儼、字望之。薊州人。幼能屬文。性夷曠。好賢樂善。於昆弟中。尤號才俊。晉天福進士。周顯德中。拜翰林學士。宋初。轉禮部侍郎。當時祀事樂章。宗廟謚號。多所撰定。尤善推步星歷。逆知吉凶。盧多遜、楊徽之。同任諫官。時儼嘗謂之曰、丁卯歲、五星聚奎。自此天下太平。二拾遺見之。儼不與也。又曰、儼家昆弟五人。皆登進士第。可謂盛矣。然無及相輔者。惟偁稍近之。亦不久居其位。卒如其言。(宋史附竇儀傳)

元 李純夫、燕山人。(燕山、在河北薊縣東南。) 弱冠登進士。不樂仕進。棄官爲黃冠。卜隱王官谷。構了了菴於貽溪之上。菴後建白雲洞。自號孤雲子。(雍正山西通志仙釋)

402 寶坻縣(五代唐置權鹽院於此。謂之新倉。遼置新倉鎮。金析香河改爲縣。謂鹽乃國之寶。取如坻如京之義。命之曰寶坻。清屬順天府。民國屬河北省。)

清 王晴溪、寶坻人。工打盤術。卜人休咎。術用羅盤。置木尺。問者預書事。覆盤下。令人持尺撥盤。視尺押何度。當作何字。畢集諸字偏旁湊合之文。詩詞不一格。間有似古謠諺識之事。後歷歷應。晴溪素不甚晰文義。以此知非僞託。嘗挾其術走京師。四方所至傾動。爭延致之。當和相盛時。或決其必敗。當問在何時。書一絕。中有句云、玉猴。授首在羊年。玉猴隱珅字。後和果以己未年伏法。其奇中皆類此也。性警敏。髯長尺餘。貌偉甚。如世所繪鍾離權狀。欲試其術者。飲以酒。盡數升許。乃欣然爲之。否雖王公不顧也。卒年七十餘。（光緒順天府志方技）

403 天津縣（漢章武縣。晉泉州。隋瀛州長蘆縣。唐滄州。元爲靜海縣地。置海濱鎮。明永樂間。置天津衛。天津左右衛於此。清初因之。雍正間。改衛爲州。又改設天津府。置天津縣爲府治。後移直隸總督駐其地。天津鎮總兵亦駐此。民國廢府留縣。省長及津海道皆駐此。清咸豐十年。中英續約。訂開商埠。地當五大河合流處。汽船暢通。鐵路四達。北部衝要繁盛之區。而京師之門戶也。光緒二十六年。拳匪之亂。爲各國聯軍所據。毀其城垣。立約不得復築。）

清

王文錦、字雲舫。天津人。精天官家言。同治辛未進士。官左侍郎。光緒十一二年、密陳兩宮將有西狩之兆。且請移蹕西苑以禳之。因詔修儀鸞殿而遷居焉。及光緒二十六年庚子事變。文錦已前卒矣。（震鈞天咫偶聞）

404 青縣（漢置參戶縣。後漢省。隋爲長蘆魯城二縣地。五代周置永安縣。宋改永安縣曰乾寧。金仍曰清州。改縣曰會川。元改州曰清寧府。明省會川入州。改清州爲青縣。清屬直隸天津府。津浦鐵路經之。）

清　費蔭樸、字仲璋。府學增廣生。品行端方。學問淵博。從遊諸士。游庠領鄉薦者數人。尤精地理星相。多所經驗。(民國青縣志藝術)

405　滄州(秦上谷。漢渤海郡。後魏分置滄州。隋棣州漳河郡。唐改景城郡。尋復曰滄州。宋曰滄州景城郡。金復爲滄州。治清池。在今直隸滄縣東南四十里。金元因之。明初省清池入州。移州治長蘆故縣。明清時州屬直隸河間府。民國改爲滄縣。)

北魏

顏惡頭、章武郡人。妙於易筮。遊州市觀卜。有婦人負囊粟來卜。歷七人。皆不中。而强索其粟。惡頭尤之。卜者曰、君若能中。何不爲卜。惡頭因筮之。曰、登高臨下水洞洞。(洞、音烔。深廣貌。)唯聞人聲不見形。婦人曰、姙身已七月矣。向井上吸水。忽聞胎聲故卜惡頭。曰、吉。十月三十日、有一男子、詣卜者。乃驚服。曰、是顏生邪。相與具羊酒謝焉。有人以三月十三日、詣惡頭求卜。遇兌之履。惡頭占曰、君卜父。父已亡。當上天。聞哭聲。忽復蘇。而有言。其人曰、父臥疾三年矣。昨日雞鳴時氣盡。舉家大哭。父忽驚寤。云、我死有三尺人來迎。欲升天。聞哭聲。遂墮地。惡頭曰、更三日當永去。果如言。問其故。惡頭曰、兌上天下土。是今日庚辛本宮金。故知卜父。今三月土入墓。又見宗廟爻發、故知死。變見生氣、故知蘇。兌爲口。主音聲、故知哭。兌變爲乾。乾天也。故升天。兌爲言。故知父有言。未化、入戌爲土。三月土墓戌。又是本宮鬼墓。未後三日至戌。故知三日復死。北史藝術民國滄縣志方技

唐

鄭相如、自滄州來。師事鄭虔。虔未之禮。問。問何所業。相如曰、聞孔子稱繼周者。百世可知。僕亦能知之。虔駭然。卽曰、開元盡三十年。當改元。盡十五年。天下亂。賊臣僭位。公當汚僞官。願守節可以免。虔又問、自問云何。答曰、相如有官三年。死衢州。是年及進士第。調信安尉。既三年。虔詢吏部、則相如果死。故虔念其言。終不附賊。新唐書文藝附鄭虔列傳

清

袁繩武、以歲饑遠遊。遇異人授書二册。遂精於卜筮。挾術走京師。來卜者無不曲中。逢惡人輒發其陰私。令畏而知改。一人來問卜。不之答。其人甫出戶。卽厲聲口、因一婢而乖伉儷之好。尚可與言耶。坐中無不悚然。遇貧士輒傾囊贈之。値已無資。卽云爾某親某友。有藏鏹若干。可往貸也。其人如其言求之。無不驗。民國滄縣志方技

清　遲廷燊、（燊、音莘、熾也、盛也、）字從賢。又號明遠道人。鄉人呼爲遲半仙。幼多奇悟。長遊京師。遇山東李維軒、有異術。盡傳其學。歸遂精占驗。景州于姓、墓沒於水。求之不得。廷燊爲指其處。掘地尺許。碑誌具在。亦精堪輿術。有願從學者不許。曰、傳非其人。徒滋流弊。

清　叢立選、性聰敏。熱心公益。居鄉治事。人咸服其公明。善鍼灸。尤精奇門六壬讖緯諸書。能自知生死。於死前數日。稱已將遠遊。折柬徧邀諸戚友話別。及客至。高談闊論。人咸不知其何往。俟至日中。自著衣冠。曰、吾別矣。升牀瞑目而逝。壽六十一歲。（以上民國滄縣志方技）

北魏

400 饒安縣（漢置千童縣、後漢改置饒安縣、後魏置滄州治之。故治在今河北鹽山縣南五十里、今名舊縣鎮。）

刁沖、字文朗。雝曾孫。饒安人。十三而孤。孝慕過人。家世貴達。從師於外。自同諸生。學通諸經。陰陽圖緯算數天文風氣之書。當世服其精博。性壯烈。不畏強禦。延昌中。司徒高肇擅恣威權。沖抗表極言。辭旨肯直。神龜末。襲爵東安侯。卒諡安憲

先生。清一統志天津府人物

407 慶雲縣春秋齊北境・漢信陽縣地・隋分置無棣縣・宋徙治東界・元初分無棣之半・置西無棣縣・後併入樂陵・尋復置・明永樂避諱・改曰慶雲・屬滄州・清屬直隸天津府・

清　秦陸海、字珍坡。幼讀書。卽喜陰陽術數等學。尤好遊名山大川。至京北昌平十三陵。遇張友三、係著透地眞傳、張嚴嶺之後。一見如故。暢談數日。臨行贈家傳口訣一卷。旋里後。細心潛玩。盡得其眞訣祕旨。並與吳集生等。互助切磋。遂以堪輿之學。擅譽津南。著有地理祕竅四册。凡有所求。莫不慨諾。從無絲毫索謝。鄰近村莊、則不使勞車馬。甚貧乏者、則不令具茶酒。本邑自道光至同治四十餘年、科第否塞。先生苦之。因暗窺城關地勢。極費心血。得其受病原因。遂與邑紳公議。重修聖廟、文昌閣、奎星樓、考棚書院。高低有法。遠近合度。由此文武兩科。蒸蒸日上。至今尤盛。人皆謂文運之開。先生與有功焉。

清　劉藝林、字漱芳。清道光間文生。爲人端謹。因葬親。習堪輿。博觀羣書。能綜其綱要。取龍眞。穴眞。向眞。著三眞集行世。其所定吉塋。至今人多稱之。

清　劉鴻逵、字漸于。清貢生。工詩文。兼精堪輿。隨事觀理。而不墨守成規。常自爲其先人擇地。葬後數年。長子統疇、中辛卯科舉人。大挑知縣。籤掣河南。次子惠疇、優級師範畢業。奬勵舉人。加中書銜。顧先生以數理深奥。不肯輕出爲人相地。故知之者少。

清　韓寅秀、字義賓。附生。工詩。幼時貧不能讀。常挾經耘田。後卒得成名。學由程朱入手。立心制行。不枉己循人。毅然獨求其是。晚年尤精醫卜堪輿諸學。著有靜存齋詩稿藏於家。以上民國慶雲縣志堪輿

408 南皮縣 秦置。故城在今直隸南皮縣東。東魏移縣於今治。清屬直隸天津府。津浦鐵路。貫其西境。

北魏　王早、渤海南皮人。明陰陽九宮及兵法。尤善風角。魏太宗時、邑中喪亂。多相殺害。或詣早求問勝術。早爲設法。令各無咎。由是州里稱之。光緒畿輔通志魏書術藝雜傳

唐　賈耽、字敦詩。南皮人。以明經登第。官至相國。直道事君。有未萌之禍。必能制除。至於陰陽象緯。地理雜數。無不洞曉。有村叟失牛。詣桑國師卜之。卦成。師曰、爾之

牛。是賈相國偷將置之於巾笥中。爾但候朝時。突前告之。叟乃如其言以請。公詰之。具以卜者語告公。公於馬上笑。爲發巾笥。取式盤。據鞍運轉以視之。良久謂叟曰、相公不偷牛。相公知牛去處耳。可於安國觀三門後。大槐樹之梢。鵲巢探取之。叟逕詣三門。見槐梢果有鵲巢。却無所獲。乃下樹低頭。見失牛在樹根。繫之食草。草次、是盜者家。（舊唐書本傳光緒畿輔通志識餘）

清

李太初、精通六壬遁甲術。能前知。言皆奇驗。時功令嚴峻。事涉人命者。往往鄰里株連。追呼不休。一日忽自塞其門。禁絕炊烟。戒家人勿輕出入。惟使老僕、於壁間一門出取薪水而已。未幾。鄰婦與人口角、雉經死。吏胥驛騷。喧闐里巷。獨李居闐無人聲。用免於禍。偶爲姻家祝壽、備物三種。命子偕往。子慮奇數不恭。勉行數里。適値兔爲犬逐。乃捕獲以耦其數。同邑侯公幼鈺、家有藏金。歲久而迷其處。往請卜之。李指所居樓下。令啓戸限。得白鏹二百。其神於推測如此。李家故貧。子勸入都。當得重貲。李不應。屢以爲言。勉從之。至京卜於某王府。奇驗。獲三十金。付子藏之。卽旋里。子諫不從。曰、是非爾所知也。去家七八里。子忽腹痛。入禾中遺。而金墜道左。至家探囊烏有。子悔恨自摑。李笑曰、福薄之人。三十金不能消受。乃妄規鉅億乎。吾固知此行之無益也。生平義命自安。絕不炫奇駭俗。而鄉人共呼爲李神仙。光緒南皮縣志術術

409 **靜海縣** 本漢章武東平舒二縣地。宋置淸州。金置靖海縣。明改靖曰靜。淸因之。直隸天津府。今屬河北省。津浦鐵路經之。城瀕運河。爲水陸要衝。舟車輻輳。

淸 趙魯源、字唯曾。廩貢生。善堪輿。著有地理玄龍四卷。

淸 元祝垚、字皞農。皞、音昊。明也。白也。增生。工隸書。精堪輿。著有棣華地學五種行世。以上同治靜海縣志方技

110 **河間縣** 漢武垣縣。隋置河間縣。爲河間郡治。省武垣入焉。唐改瀛州。明淸仍曰河間。皆爲直隸河間府治。

周 秦越人、勃海郡鄚人。鄚、音莫。徐廣曰、鄚縣名。屬河間府。淸一統志云、直隸任邱縣北。廢鄚州東門外。有扁鵲故宅。家於盧。世號扁鵲。又稱盧醫。少時爲人舍長。劉氏曰、守客館之師。號爲舍長。遇長桑君傳其術。視見垣一方人。索隱、方、猶邊也。言能隔墻見彼邊之人。則服通神也。以此視病。盡見五藏癥結。特以診脈爲名耳。皋按、望而知之謂之神。聞而知之謂之聖。問而知之謂之工。切脈而知之

謂之巧。蓋望而知之者。望見其五色。以知其病。聞而知之者。聞其五音。以別其病。問而知之者。問其所欲五味。以知其病之所起及所在也。切脈而知之者。診其寸口。視其虛實。以知其病屬何藏府也。越人得長桑之傳。精於望聞。故不待問切。靈見病之癥結也。史記本傳。

北齊

權會、字正理。鄭人。志尚沉雅。動遵禮制。少受鄭易。妙盡幽微。詩書三禮。文義該洽。兼明風角。仕齊、歷國子博士。參掌雖繁。教授不闕。臨機答難。酬報如響。為諸儒所推。而貴游子弟。慕其德義者。或就其宅。或寄宿隣家。晝夜承問。受其學業。會欣然演說。未嘗懈怠。雖明風角玄象。至於私室。都不及言。學徒有請問者。終無所說。每云、此學可知不可言。諸君並貴游子弟。不由此進。何煩問也。唯有一子。亦不授此術。會嘗遣家人遠行。久而不反。其行還將至。乃逢寒雪。寄息他舍。會方處學堂講說。忽有旋風吹雪入戶。會笑曰、行人至、何意中停。遂使追尋。果如其語。會每占筮大小必中。但用爻辭彖象。以辨吉凶。易占之屬。都不經口。子襲、聰敏精勤。幼有成人之量。先亡。臨送者為其傷慟。會唯一哭而罷。時人尚其達命。武平末、自府還第。無故馬倒。遂不得語。因暴亡。注易一部。行於世。會生平畏馬。位望既至。不得不

乘。果以此終。北齊書儒林清一統志河間府人物

隋

盧太翼、字協昭。河間人。本姓章仇氏。七歲詣學。日誦數千言。州里號曰神童。及長。博綜羣書。尤善占候筭歷之術。隱白鹿山。徙居林慮山、茱萸澗。受業者踵至。乃逃于五臺山。地多藥物。與弟子數人盧巖下。隋太子勇聞而召之。太翼知太子必不爲嗣。謂所親曰、吾拘逼而來。不知所稅駕也。及太子廢、坐法當死。文帝惜其才。配爲官奴。久乃釋。仁壽末、帝將避暑仁壽宮。太翼固諫。且曰恐是行鑾輿不返。帝大怒。繫之長安獄。期還斬之。帝至宮寢疾。臨崩。命皇太子釋之。及煬帝卽位。漢王諒反。帝問之。答曰、諒何能爲。未幾諒果敗。帝從容言天下氏族。謂太翼曰、卿姓章仇。四岳之胄。與盧同源。於是賜姓盧氏。大業九年癸酉、從駕至遼東。言黎陽有兵氣。後數日而楊玄感反。帝益異之。數加賞賜。太翼所言天文事。不可勝數。事甚祕密。時莫能知。後數歲、卒于雒陽。北史藝術隋書藝術清一統志河間府人物光緒畿輔通志雜傳

唐

邢和璞、不知何許人。隱於瀛海。卽今河北河間縣治。善算心術。凡人心之所計布算而知之。

天寶末、嘗在瀛州守座書篋字而去。及安祿山反。始悟其意。卜居嵩潁間。著績陽書三篇。有算心旋空之訣。喜黃老。知人夭壽。嘗推張果生死。懵然莫知其端。（新唐書方技光緒畿輔通志雜傳）

唐

褚老生、瀛州人。（即今河間縣。）三世業卜筮甚驗。李惟岳拔扈河北。召使作卦。卦成。惟岳問、我作天子否。褚不應。怒甚。使武士抽刀挾之。褚方戰悸。不覺遽呼。曰、作作。惟岳笑曰、汝今亦稱作作耶。取卦辭觀之。有兩句云、武王黃鉞。首登天闕。惟岳大喜。曰、只此語、我寧不當爲周發耶。乃捨使去。褚出潛語所親云、賊不久凶死族滅矣。後惟岳果爲人所殺。黃油囊裹頭送京師。（光緒畿輔通志識餘）

411 獻縣（漢樂成縣。東漢樂陵。晉曰樂城。隋改曰廣成。又改曰樂壽。金升爲壽州。改曰獻州。元廢州。仍爲樂壽縣。尋復爲州。明省縣入州。又降州爲獻縣。屬直隸河間府。清因之。今屬河北省。）

北齊

信都芳、河間人。好學。善天文算數。甚爲安豐王延明所知。延明家有羣書。欲抄集五經算事爲五經宗。及古今樂事爲樂書。又聚渾天欹器、地動銅烏、漏刻候風諸巧事。並圖畫爲器準。並令芳算之。會延明南奔。芳乃自撰注。後隱於并州樂平之東山慕容紹宗、薦之於高祖。爲館客。授中外府田曹參軍。芳性清儉質樸。不與物和。紹宗給其羸馬不肯乘騎。夜遣婢侍以試之。芳忿呼毆擊。不聽近已。猾奇自守無求於物。後亦注重勾股。復撰史宗及樂書。遁甲經。靈顯歷。武定中卒。魏書術藝 北齊書方技 清一統志河間府人物 乾隆獻縣志技術

清

紀昭、字懋園。號悟軒。獻縣人。昀兄、中乾隆丁丑進士。官內閣中書。八年、會聞父疾。立請假歸。居十二年卒。昭平生篤於事親。敦睦親舊。急人疾苦。少與弟昀、同以學問相砥礪。助喜詞賦經學。攻漢唐訓詁。昭爲學以見諸實事爲主。服膺宋五子書。能體驗而躬行之。撰古今嘉言懿行爲養知錄。又於陰陽輿地醫卜算數之書。靡不研究。晚歲益力學不倦。畿輔通志列傳

412 任邱縣 漢鄚縣地。北齊置任邱縣。隋廢。故城在今直隸任邱縣。南唐復置。卽今治。明清皆屬直隸河間府。

清

孫譯、字意聖。歲貢生。精大六壬占。每奇驗。著大六壬鈐十餘卷。乾隆任邱縣志方技

413 交河縣 漢建成成平景成三縣。後漢省建成景成。後魏徙成平縣。治景城。隋改曰景城。宋省入樂壽。金分樂壽治交河縣。明清皆屬直隸河間府。

清　王蘭生、字振聲。號坦齋。交河人。諸生。康熙間、賜進士。乾隆時、官至刑部右侍郎。管禮部侍郎。蘭生任陝西學政時。凡奇才孤學通知陰陽歷數者。必提掇獎成之。又出入禁闥十餘年。受聖祖指示。故學無所不窺。凡校周易折中纂輯律呂正義、數理精蘊卜筮精蘊音韻闡微諸種。蘭生之力居多。及卒。私謚文誠。乾隆五年庚申、入祀鄉賢。畿輔通志列傳

北齊

414 甯津縣 本漢胡蘇亭。隋置胡蘇縣。唐改名臨津。宋省入南皮。金復置。改曰甯津。縣初在今縣西南二十五里保安鎮。金圮於水。因移今治。明清皆屬直隸河間府。

吳遵世、字季緒。渤海人。南皮志作勃海臨津人。　少學易。入恆山從隱居道士游。處數年。遂明占候。後出遊京洛。以卜筮知名。魏孝武帝將即位、使筮之。遇否之萃。曰、先否後喜。帝曰、喜在何時。遵世曰、於象爲剛決柔。其春末夏初乎。又筮遇明夷之賁。曰、初登于天。後入于地。若能敬始愼終。不失法度。庶無憂乎。竟皆如其言。齊文襄王、拔爲大將軍府墨曹參軍。皇建中、武成以丞相守鄴。頻遭疑謗。內懷憂懼。謀起兵。屢令遵世筮。遵世言不勞起兵。自有大慶。事遂寢。及趙郡王等、奉太后令、以遺詔徵武

成。武成令更筮之。遵世言、比己占十餘卦。必有天下。願勿疑。及卽位。除中書舍人。以老疾辭。授中散大夫。著易林雜占百餘卷。北齊書北史光緒寧津縣志均方技同治涿州續志光緒南皮縣志藝術

明

張紳、字希賢。寗津人。正統間、以世業入爲天文生。從太監某占攻守。有奇驗。後隨總兵官石亨、征延綏。再隨柳溥征甘涼。多異績。歷擢監副。乞休。掌監事章軒言紳善察璣衡。命紳教習修改渾儀。在任致仕。留以待就問焉。

清

李鈴、鈴同珍 字珍同。例貢生。中書科額外中書。精天算。善堪輿。凡甘石青烏。以及醫藥卜筮之書。無所不讀。以上光緒寧津縣志方技

415 景州

漢修縣。隋蓨縣。元元州。金置景州。改名觀州。治東光。卽今直隸東光縣。元復改景州。徙治蓨。明省蓨縣入州。清屬直隸河間府。民國改爲景縣。

北魏

高允、字伯恭。蓨人。蓨音條。地理志。蓨縣屬渤海郡。在今河北省景縣境。少孤。夙成。有奇度。性好文學。擔笈負書。千里就業。博通經史天文術數。尤好春秋公羊。曾作塞上公詩、有混欣戚遺得喪之致。世祖時、拜中書侍郎。使以經授中宮。二十七年、不徙官。時百官無祿。尤常使諸子樵薪自給。高宗時、拜中書令。恆呼令公而不名。顯祖卽位。引入禁中。參決大

政。贊帝傳位高祖進爵咸陽公允歷事五帝出入三省。五十餘年。忠勤廉愼。隨事匡諫。多所裨益軍國書檄旨皆出其手。卒年九十八歲。贈侍中司空。謚曰文。（魏書本傳北史本傳清一統志河間府人物）

隋　張冑玄、渤海蓨人。博學多通。尤精術數。冀州刺史趙煚、（煚。音憬。火也。日光也。）薦之隋文帝。徵授雲騎尉。直太史參議律歷事。時輩多出其下。太史令劉暉等、甚忌之。然暉言多不中。冑玄所推步甚精密。上令楊素、與術士數人。立議六十一事。皆舊法久難通者。令暉與冑玄等、辨析之。暉一無所答。冑玄通者五十四焉。由是擢拜員外散騎侍郎。兼太史令。賜物千段。暉及其黨八人。皆被黜。遂改定新歷。（隋書藝術北史藝術光緒畿輔通志雜傳清一統志河間府人物康熙景州志文學）

清　高嵐、字鎭西。景州人。武生。事父母孝。讀書觀大義。精韜略風角占象醫卜諸術。善射。發皆中。講彀率者、至今稱高氏焉。（畿輔通志人物）

清　張鐕、字佩珩。康熙丙子舉於鄉。幼敏慧。善弓馬。父早歿。奉母劉氏惟謹。精琴弈醫卜諸藝，事所以承歡也。劉亡，哀慟若將終身，不仕，亦不治生產，放懷高澹。築柳亭爲靜室居之，自號餘息閒人。興至潑墨，倣米董畫，作丈許大幅。所著有柳亭詩文集、燭夜編、雨笑編。（畿輔通志列傳、民國景縣志文學）

416 東光縣（漢置，後漢爲侯國，故城在今直隸東光縣東三十里，高齊移於今縣東南三十里，隋移今治，清屬直隸河間府，津浦鐵路經之。）

清

王本固，字竹村，東光邑庠生。其先以進士起家，世通儒術。性聰慧，承順能得父母歡。工詩善書，兼精繪事，博學衆技，用心之專，至忘寢食，故凡星相醫卜以及詞曲武藝之類，無不通曉。獨不理生產，惟性之適，雖饔飧不給，仍復陶然有自得之樂，世以曠達稱。年七十有三卒，著有竹村詩草。（光緒東光縣志隱逸）

417 盧龍縣（商孤竹國，春秋爲肥子國，漢置肥如縣，後魏僑治新昌縣，隋省肥如縣，入新昌，改新昌縣曰盧龍，隋末復改盧龍曰肥如，唐仍改盧龍，明清皆爲直隸永平府治，民國屬河北省。）

明

韓原善，字繼之，別號鵬南，盧龍人。生而穎悟，沉酣經史，旁及靑烏、黃石、奇門遁甲諸書。登萬曆丁未進士，歷任靑浦、長洲知縣，累遷戶部郎中。所著有詩文八卷、奏疏二卷、六壬指掌二卷。卒祀鄉賢。（畿輔通志列傳）

418 遷安縣（春秋山戎令支國。漢置令支縣。後魏省爲肥如縣地。五代時入遼。置安喜縣。金曰遷安。明清皆屬直隸永平府。今屬河北省。）

明

梅如玉、遷安人。嘗從遼化牛東陽、（號了義。）授三元通天照水經二卷。不著作者姓氏。云得之易水上異人。爲人相宅。百無一失。其言休咎如指掌。嘉靖中、如玉爲河內尹。以傳邑人張九一。九一謹以付梓。盧龍韓西元詳校、釐爲四卷。（光緒永平府志方技）

419 昌黎縣（漢絫縣地。晉以後爲海陽縣地。隋唐爲盧龍縣地。五代時入遼。改縣曰廣寧。金又改曰昌黎。明清皆屬直隸永平府。京奉鐵路經之。）

北魏

孫紹。字世慶。昌黎人。紹少好學。通涉經史。頗有文才。陰陽術數。多所貫通。初爲校書郎。累官右將軍太中大夫。紹曾與百寮赴朝。東掖未開。守門候旦。紹於衆中引吏部郎中辛雄於衆外。竊謂之曰、此中諸人。尋當死盡。吾與卿猶享富貴。雄甚駭愕。不測所以。未幾有河陰之難。紹善推祿命。事驗甚多。知者異之。太昌初壬子、遷左衞將軍、右光祿大夫。永熙二年癸丑卒。時年六十九。謚曰宣。（魏書本傳圖書集成星命部紀事）

民國

李桐音、字譜琴。光緒甲午舉人。科舉停、入巡警學堂。畢業歸。創興昌黎全縣警務。南皮張相國司太學。令各行省、舉經明行修之舉貢五六人。充經學弟子。桐與焉。講習周禮爾雅諸書。課餘留心于星命卜筮堪輿之學。畢業後傷心世變。愈從事于術數之學。又善針法。雖患沈疴著手病除。民國十六年丁卯、自批流年不利。思遠出以禳之。乃應湯都統之聘。抵熱河月餘病卒。年六十。子潤嘉、中學畢業。

民國

張元傑、字景芳。事父母、色養無違。親歿、每歲除瞻拜遺像。竟夜涕泣者四十年。爲文不投時好。三應試而不售。遂絕意功名。博覽地理星卜諸書。專于岐黃。而尤精于痘疹科。著有痘科條例。活人無算。日居矮屋。衣敝衣。著麻鞋。酒一壺。詩一卷。因酒成疾。年五十五卒。邑人齊喬年爲之傳。以上民國昌黎縣志方技

420 灤州 漢置海陽縣。北齊省。隋唐爲盧龍縣地。五代時置灤州。又置義豐縣爲州治。元省義豐縣入州。明清皆屬直隸永平府。民國改州爲縣。屬河北省。北寧鐵路經之。

清

王一晉、字鶴山。天姿明敏。讀書目數行下。過書不忘。道光乙未、應鄉試。己中選。因策內訛一字。竟置副車。客召談李虛中數者。晉取其書讀之。不半月竟通其奧。乃廢書嘆曰、吾於某年死矣。至期果卒。年未五十也。著有鶴山詩草。嘉慶灤州志方技

421 樂亭縣 漢置驪城縣。後漢省。唐爲石城縣地。金置樂亭縣。清屬直隸永平府。

明　趙楷、樂亭人。補弟子員。幼聰明。得麻衣訣。然不欲輕以術售人。撫甯翟中丞鵬、家居時、楷望見。輒語人曰、翟當重用。第不終爾。已而果然。王司徒好問、未遇時。意殊鬱鬱。楷曰、君當清貴。可上卿。無憂不第。後亦驗。又自知休咎。言如左券。（光緒永平府志方技）

清　楊開基、字亦聞。一字復庵。生而聰穎。讀書有奇悟。陰陽數術。無不旁通。乾隆戊子舉於鄉。家居講學。衍姚江一派。遠近問道者、翕然宗之。乙卯成進士。釋褐選奉天教授。將赴官。門人請撮論學大指。留備參考。乃著家塾問業一編。其綱領云、學者學爲人而已。從中庸探原。而後人可識。以大學爲則。而後人可爲。於論語窺家風。於孟子看作手。約得七千言。到官作儒學明倫篇。著告四庠。以維世道、正人心、爲己任。時比之蘇湖教授焉。（光緒樂亭縣志文學）

清　李尚德、樂亭人。幼喪明。習日者術。以餬口。晝則賣卜。暮歸學紡績。夜分不輟。以是小有贏餘。奉親必甘旨。而自食粗糲。有兄嗜飲博。不顧家事。舂汲煩擱。（擱・音惇・兩手拭也・相切摩也・）尙德皆身任之。人謂之瞽孝子。尤敦任恤。兄女、家貧乏不能自存。每斥所有

以給其天性愷惻如此。畿輔通志列傳

422 臨榆縣漢陽樂海陽二縣地．隋盧飛縣地．遼置遷民縣．金廢為遷民鎮．明置山海衛．清改衛為臨榆縣．屬直隸永平府．今屬河北省．北寧鐵路經之．

清 施誥、臨榆人。乾隆間庠生。善推驗之術。占事奇中。與黃文煥、牛彙征諸君。為詩社。交甚密。時將赴試永平。瀕行。至諸君家告別行期。且與訣焉。諸君怪問之。則曰、此行不生歸矣。諸君阻使勿行。曰、數之所在。不可逃也。相與欷歔而別。幼女未字。以擇壻託於黃。遂攜其子行。及試畢。其子請歸。將就道。沐浴肅衣冠。登車遄行。至盧峯口、無疾而終。光緒永平府志方技

清 魏文通、字畏齋。其先甘肅清遠人。父永、官山永協把總。因家臨榆。補弟子員。好讀書。手不釋卷。尤究心性理。邃於易。旁通醫術堪輿。病篤。自述其一生艱苦。作孤孽餘生記。以示子孫。道光二十八年戊申。祀鄉賢祠。畿輔通志列傳

423 文安縣漢置．故城在今直隸文安縣東．唐徙今治．五代周屬霸州．宋移入鄚州．尋復回故地．清屬順天府．

金 杜時昇、字進之。文安人。博學。知天文。不肯仕進。承安泰和間、宰相數薦時昇、可

大用。時昇謂所親曰、吾觀正北赤氣如血。東西亙天。（亙、古鄧切、俗作亘、竟也、言物延長、自本端竟彼端也、）天下當大亂。亂而南北當合爲一。消息盈虛。循環無端。察往考來。孰能違之。是時風俗侈靡。紀綱大壞。世宗之業遂衰。時昇乃南渡河、隱居嵩洛山中。以伊洛之學教人。從學者甚衆。正大末卒。（金史隱逸　清一統志順天府人物　康熙文安縣志隱逸）

明

紀克揚、字令聞。號六息。其先傳自山左。移家文安。簪纓累世。公生而穎異。長而純明。嗜讀書。善屬文。十歲時、卽能製律呂。六藝備嫻。碁登逸品。諸陰陽象緯卜筮占風歧黃之術。無不諳究。以至釋典道家之言。多所訓詁。詩寄少陵之思。琴傳安道之法。尤其著也。（民國文安縣志藝文）

續文獻通考羣廟考。至元十二年。立伏羲廟於河中。武宗至大二年正月。詔三皇配位。依文廟從祀禮。

歷代卜人傳卷二十一終

門下士丹徒楊煒春校

中國歷代卜人傳卷二十二

潤德堂叢書之八

鎮江袁阜樹珊編次

河北省 二

424 保定縣（漢易縣・唐歸義・宋置保定軍・後廢軍為保定縣・尋復改・金復為縣・清屬順天府・民國改為新鎮縣・）

清王正中、字仲撝。保定人。崇禎丁丑進士。魯王監國、以兵部職方司主事。攝餘姚縣事。時義軍猝起。市魁里正。得一劄付。輒入民舍括金帛。郡縣不敢誰何。正中既視事。令各營取餉必經縣。否則以盜論。總兵陳梧、渡海掠餘姚。正中遣民兵擊殺之。諸營大譁。責正中擅殺大將。黃宗羲言於監國曰。梧借喪亂以濟其私。致犯衆怒。是賊也。正中守土、當為國保民。何罪之有。議乃息。後張國柱。從定海入。縱兵焚掠。正中單騎入其軍。呵止之。國柱迄不得逞。尋擢監察御史。諸軍從浙西來會。一聽約束。衆倚之若嚴城焉。尋以株連繫獄、論死。獄中有閩人柯仲烱者、精星象。正中欲從受業。援黃霸從夏侯勝授經事爲說。數年講習不怠。洞悉天官律呂度數諸書。後從黃宗羲學壬遁孤虛之術。宗羲嘆曰、傳吾絕學者仲撝一人耳。遂造監國魯元年丙戌大統歷、以進。浙東亡。避竄山中。貧不能自存。傍鑑湖佃田五畝。賣卜續食。康熙六年丁未卒。年六十九。著有周易註。律呂詳註。（清史稿遺逸　黎洲思舊錄）

425 定興縣（秦置范陽縣。隋改曰遒縣。唐廢。金改置定興縣。明清皆屬直隸保定府。○遒與遒通。音猶。尤韻。）

元

劉因、字夢吉。保定容城人。通天文陰陽醫學。娶本縣進士楊勛女。正大癸卯、（刪按。金正大朝無癸卯歲。）嘗徙居焉。（殆卽徙居定興。）因高見遠識。得周程邵朱諸子書。能發其微。曰、邵至大也。周至精也。程至正也。朱子極其大。盡其精。而貫之以正也。弟子造門者、隨才器敎之。公卿聞名過謁。或避不見。至元二十八年辛卯。詔爲集賢學士。固辭。三十年癸巳卒。年四十五。著易繫辭說等書。（元史本傳　光緒定興縣志寓賢）

426 新城縣（戰國時燕督亢地。漢新昌縣。唐析置新城縣。五代晉入遼。宋時與遼分界於此。宣和四年歸宋。賜名威城。尋入金。復曰新城。元改新泰州。尋復爲新城。明清皆屬直隸保定府。）

北魏

許彥、字道謨。小字嘉屯。新城人。少孤貧。好讀書。後從沙門法叡受易。世祖初、被微。以卜筮頻驗遂在左右參與謀議拜散騎常侍賜爵博陵侯。彥質厚愼密。與人言不及內事。世祖以此益親待之。進爵武昌公。拜安東將軍、相州刺史。眞君二年辛巳卒。諡曰宣公。（魏書本傳清一統志保定府人物）

民國

于鎭南、字雁峯。力强村人。鴻臚寺序班。生而聰穎。弱冠入邑庠。屢試秋闈不第。家居授徒。酷好靑烏術。覃思研精。屢得奇驗。嘗曰、理與數相輔而行。因理計數。非迷信也。惟謂吉人自得吉地。寓勸懲大義。人服其論。爭延致之。時鄉里苦宵小竊禾稼。因聯合鄰村組織農林會。按章分職。依約處罰。一方農田。資保障焉。淸季設縣議會。被推爲議員。多所建白。鄉人爭訟。往往得一言而解。卽便訟者亦私相告戒。勿爲于君知也。民國十七年戊辰卒。年六十九。

民國

周步瀛、字仙舫。方中村人。歲貢生。生而英敏。多智略。喜讀書。凡天文地理醫卜星相之書。無不瀏覽。而尤精於數學。著有天元初步及羅盤正誤各一卷。家居授徒。循循善誘。從遊者衆。晚年提倡自治。創辦學校。盡心公益。邑令時倚重之。歲饑、

出倉穀濟里人之貧乏者。而自奉儉約。治家嚴肅和睦。里人以一鄉善士榜其門。民國十九年庚午卒。年七十九。以上民國新城縣志義行

427 唐縣漢置。堯爲唐侯國於此。春秋時。北燕之邑也。北齊縣廢。故城在今唐縣東北。隋改置於左人城。唐時復移置。而漢時故城遂廢。今有長古城。在縣南八里。即唐時故縣也。唐後又移今治。明清皆屬直隸保定府。

元

王恂、字敬甫。唐縣人。父良、潛心伊洛之學。又天文律曆。無不精究。恂讀書過目成誦。劉秉忠見而奇之、薦之世祖。命爲太子贊善。每侍講讀。必發明綱常之道。及歷代興亡治忽之所以然。又以遼金之事近接耳目者。區別其善惡上之。嘗與許衡、郭守敬等、定授時曆。官至太史令。卒贈司徒。追封定國公。諡文肅。元史本傳清一統志保定府人物

清

楊文衡、邑庠生。管家坨人。幼負文名。工書法。通樂律。兼精陰陽五行術。人以才子呼之。平生清心寡慾。不染俗塵。因自號曰在家僧。後居山中。獨處養性。足迹別囂市者數十年。嘗自吟云、愛我山村遠市囂。好將無事養清高。草花拂砌紅三面。茅竹緣牆綠一遭。不讀舊書宗往哲。每裁新句悅詩毫。人情到處皆輸眼。但願長

添酒興豪。一日備香湯沐浴。入靜室中端坐而逝。光緒唐縣、志隱逸

428 容城縣 漢置．後漢省．晉復置．尋又廢．後魏復置．北齊省入范陽．隋爲遒縣地．唐初亦置遒縣．天寶初復漢故名．故城在今直隸容城縣西北．五代晉初入遼．周移縣於雄州城中．遼又僑置容城縣於亙馬河北．新城縣界．自此容城之名．南北並置．金初省南容城入北容城．明復遷於亙馬河南．即今治．清屬直隸保定府．

北魏

徐路、善占候。官容城令。世宗時、坐事繫冀州獄。別駕崔隆宗就禁慰問。路曰、昨夜驛馬星流。計赦即時應至。隆宗素信其言。遣人試出城候焉。俄而赦至。時人重之。魏書藝術附張淵傳

金

劉述、字繼先。容城人。素有大志。穎悟絕人。十六七、棄舉子業。金亡北渡。刻意問學。天文。歷數。陰陽。醫方之書。無不通。往來燕趙間。交游皆天下名士。元耶律中令某、執政翰林承旨王百一。以名士薦之。不就。至順天。隱居教授。杜門絕交。至元五年己卯卒。畿輔通志列傳

429 完縣 戰國燕曲逆邑．漢曲逆縣．後漢改曰蒲陰．北齊省蒲陰．置北平縣．金改曰永平．升爲完州．明廢州爲完縣．屬保定府．清因之．

元

王孚、字公信。永平人。幼失父母。卓然能自立。稍長。獵水濱。挽大蛇登岸。張弓射

之。蛇跳躑死。人稱其勇。嘗獨行過大樹下。見石上有遺金。坐守之。日且暮。有婦人號而至。爭詢其故。擲與之。從許衡游。通天文。卜筮。兵法。遊學洙泗間。學益進。所至人師禮之。用憲臺薦。教授冀州。以恩封從事郎。泰定四年丁卯卒。年七十有九。畿輔通志列傳

民國

高士林、字薰齋。縣之新興村人。孝友篤行。持躬醇謹。幼歲卽嗜讀。弱冠應童子試。輒列前茅。爲縣庠生。歲試考取一等。食廩餼焉。言笑不苟。有古人風。教授生徒。循循善誘。成就者甚衆。性溫厚謙和。無疾言厲色。與人無忤。生平無隻字入公門。鄉鄰咸親敬之。博極羣書。尤通易理。每與人卜筮。預斷如神。身軀魁偉。寡交遊。閉戶課生。終日不出門一步。民國十八年己巳。無疾而逝。壽七十餘。卒之前。遍訪戚友鄰里。談笑竟日始歸。若預知其死而辭行者然。其虛靈不昧。有如此者。民國完縣志勸學

430 雄縣 戰國時燕易邑・漢置易縣・晉易城縣・唐改置歸義縣・五代周置雄州・宋改縣曰歸信・賜郡名曰易陽・金仍曰雄州・明初省歸信縣入州・改州爲縣・屬直隸保定府・清因之・

清

龐柄、字斗樞。平居重然諾。喜讀書。尤好兵家言。精奇門六壬五行類占諸術。人

呼爲龐神仙。與新城王餘佑交最篤。後徙居壽州東村。（一云流寓獻縣東小過村。）有田二百畝。手種棗千株。結茅數間。見者呼爲高士。其致以六行爲先。六藝次之。文爲末。一時從其化者甚衆。既老、思歸里。以所居之田置爲義學。留惠村人。五公山人爲之記。（乾隆獻縣志流寓、徐世昌畿輔先哲傳高士、民國雄縣志隱逸）

清 趙風翔、字羽伯。別號丹崖子。律之曾孫也。年二十、有文名。讀書會意。輒筆記之。有廣言、觀物、聽音、紀異四種筆記。尤精於易。著易學指掌六卷。深有得於京房康節。其卜筮故稱神驗。（民國雄縣志方技）

431 安州（宋順安軍。金升爲安州治高陽。在今直隸高陽縣東。後徙治葛城。明清皆屬直隸保定府。民國改爲安新縣。）

明 呂雯、字天章。景泰癸酉舉鄉試。成化丙戌、吏部奉旨、簡國子生有才望能文者。授監察御史。雯居首選。既入臺中。直諫有聲。人所畏憚。精天文地理奇門六壬之術。詔監軍征遼。指授方略。同總兵官趙輔、進戰有功。陞通政司參議。弘治初。拜兵部左侍郎。卒於官。賜祭葬。舉祀於鄉。（圖書集成藝術典術數部名流列傳）

北魏

432 安定縣（漢侯國。後漢初。馬武從世祖。擊尤來五幡等。進至安定。卽此。尋廢。故城在今河北東鹿縣西北。）

鄧淵、字彥海。安定人。性貞素。言行可復。博覽經書。長於易筮。太祖（卽道武帝。）定中原。擢爲著作郎。出爲蒲丘令。誅剪姦猾。盜賊肅清。入爲尙書吏部郎。淵明解制度。多識故事。與尙書崔宏參定朝儀律令音樂。及軍國文記詔策。多淵所爲。從征平陽。以功賜爵漢昌子。加中壘將軍。後因定陵侯叛、有罪誅。太祖疑淵知情。遂賜淵死。既而悔之。時人咸愍惜焉。（魏書本傳北史本傳作彥海）

433 高陽縣（漢置。縣在高河之陽。故城在今直隸高陽縣東二十五里。明遷豐家口。卽今治。明清皆屬直隸保定府。）

明

韓允、號平齋。善形家言。忠謹不妄語。一時宦貴雅重之。而顧祕其術。不以語諸兒。曰、是術以心受。諸兒心不肖。我終不以術禍吾兒。嘗爲賈進士王父、塋兩河西南來下合襟於濡。而地不至濡。尙未竟一舍。負癸抱丁。嘗有所封識而去。後十年、欲有事而忘其處。他師下不可得。則走拉平齋於京師。走地上立按其處。發畚而舊杙見。（杙。音弋。橜也。）爲之記曰、秋桂在酉。春榜在辰。昌於其子。大於其孫。後一一符焉。

其諸孫若孫、以明經顯。雍正高陽縣志方技

434 正定縣本戰國時中山國。東垣邑。漢初置東垣縣。高帝更名眞定。宋金皆爲眞定府治。元爲眞定路治。明爲眞定府治。清改正定。仍爲府治。今屬河北省。城瀕滹沱河北岸。京漢鐵路經之。

唐 金梁鳳不知何許人。天寶甲午、客於河西。今直隸正定縣治善相人。時裴冕爲河西留後。在武威。武威故城。在今甘肅鎮番縣北。梁鳳、輒言不半歲兵起。君當以御史中丞除宰相。又言一日向雒。雒縣。卽今四川廣漢縣治。一日向蜀。四川省。古時爲蜀地。故簡稱四川省爲蜀。一日向朔方。朔方郡。故治在今陝西橫山縣治西。此時公應當國。冕懼其言深謝絕之。俄而祿山反。冕以御史中丞召。因問三日之兆。答曰、雒日卽滅。蜀日不能久。朔方日愈明。冕志之。肅宗卽位。而冕遂相。薦梁鳳於帝。拜都水使者。梁鳳在河隴。謂呂諲曰、諲。音因。敬也。君且輔政。須受一大驚怖。乃得。諲後至。驛責讓驛長榜之。榜。音邦。笞掠也。驛吏武將。性粗猛。持弓矢兩發。幾中。諲逾牆得免。明年知政事。李揆、盧允、毀服紿謁梁鳳。不許二人語以情。梁鳳曰、李自舍人閱歲爲相。盧不過郎官。揆已相。擢允吏部郎中。其驗多類此。爾後佯聾以自晦。新舊唐書方技附袁天綱傳。圖書集成藝術典相術部名流列傳

435 靈壽縣（戰國時爲中山國地・漢置靈壽縣故城在今靈壽縣西北十里・今名靈壽村・晉移今治・清屬直隸正定府・）

清　牧犢翁、靈壽人逸其姓名翁起於牧犢、故稱焉。翁早孤貧。爲人牧。而性穎慧。聞見輒能識。八九齡時、驅犢至村塾傍。聞童子讀書聲。悉默誦之。然未解何書。問訊塾師。師曰、四子書也。匄（匄・音蓋・求也・）其本。因以童子擻書授之。復爲點次。翁且牧且讀。遂悟四書奧義。既長。築瓜廬自居。聞藏書者。卽婉轉乞借。借未逾宿。已成誦。不數年、經史墳典。以及輿圖讖緯。周髀縱橫。醫卜諸事。靡不博洽。於是縉紳士大夫、始知牧犢翁名。邀與遊。亦不拒。皁帽芒屩。傲岸自適。或諷以儒冠。曰、我齊民也。奚借此。又勸其著書。翁言六經而外。盡糟粕耳。聞者歎服。嘗偕友朋、訪華陽蕪蔞雪浪劍石舊跡。捫古碑碣讀之。有歎賞其文者。閱十餘年。舉以難翁。翁誦之不爽毫髮。其强記若此。一日遍詣親故。辭謂旦暮且死。皆哂其狂。翌晨攜酒往候之。審死故。翁曰、易有之。天地盈虛。與時消息。而況人乎。余諳天官家言。間以律呂氣候按之。一身呼吸。爲數若干。屈今午、數止矣。數止安得不死。乃盡出平日親舊贈遺圖書箋箑之屬。一一返之。泊午、翁入戶不出。衆視已死。年七十餘。翁廬前一柏。爲其父手植。日盤礴其下。落實輒拾之。久而數石。世稱其至孝云。徐世昌畿輔先哲傳高士

436 元氏縣 戰國趙元氏邑・漢置元氏縣・後漢因之・故城在今元氏縣西北・北齊廢・隋復置・移於今治・清屬直隸正定府・

明

薛仲義、山西河津人。素善卜。子貞爲元氏敎諭。媳齊氏、一夕夢一峨冠紫衣人謁見。已而生瑄於學舍。仲義聞其啼聲洪大。遂推之。曰、此兒必振吾宗矣。時洪武乙巳八月初六日也。瑄自幼卽能詩賦。人皆以天才目之。高陵呂氏、所謂紫衣兆母氏之夢。泣聲動祖。義之卜者是也。及長。瑄究心洛閩。微源至忘寢食。其修己治人。以復性爲主。嘗曰、自考亭以還。斯道大明。無煩著作。直須躬行耳。由永樂辛丑進士。陞禮部侍郎。兼翰林學士。以老歸。卒年七十有二。贈禮部尚書。諡文清。隆慶壬申、允廷臣請。從祀先聖廟庭。元氏爲立專祠。明史儒林光緒元氏縣志流寓

清

平章、別號封麓老人。習堪輿。名公鉅卿。交薦舉焉。時衍聖公大母卒。奉諭旨、擴林建坊。厚幣以迎。章爲辨方正位而去。酬金帛不受。人咸稱贊之。光緒元氏縣志方技

437 贊皇縣（本漢房子縣地・北齊爲高邑縣地・隋析置贊皇縣・宋省入高邑・尋復置・清屬直隸正定府・今爲河北省・）

唐　李德裕、字文饒、贊皇人、少力學、卓犖有大節、敬宗時、爲浙西觀察使、武宗時、由淮南節度使入相、當國六年、弭藩鎭之禍、決策制勝、威權獨重、宣宗立、爲忌者所構、貶崖州司戶、卒、著有次柳舊聞會昌一品集、集中載有折羣疑相論、堪爲論相之圭臬、其言曰、夫相之相、在乎清明、將之相、在乎雄傑、清明者、珠玉是也、爲天下所寶、雄傑者、虎兕是也、（兕・音祀・獸名・犀之雌者・頂只一角・文理細膩・其皮堅厚・可以制甲・）爲百獸所伏、然清者必得大權、不能享豐富、雄者必當昌侈、不能爲大柄、兼而有之者、在乎粹美而已、余頃歲莅淮海屬縣、有盱眙山多珉玉、剖而爲器、清瑩洞澈、雖水晶明冰不如也、而價不及凡玉、終不得爲至寶、以其不粹也、清而粹者天也、故高不可測、清而澈者泉也、故深亦不可察、此其大略也、余嘗精而求之、多士以才爲命、婦人以色爲命、天賦是美者、必將有以貴之、才高者雖孟嘗眇小、蔡澤折頞、亦居萬人之上、色美者、雖鉤弋之拳、李夫人之賤、亦爲萬乘之偶、然不如清而粹者、必身名俱榮、福祿終泰、

張良是也。擇士能用此術。可以拔十得九。無所疑也。唐書本傳會昌一品集外集

438 易州古燕之下都。隋移南營州。及昌黎郡於此。改曰易州。尋置易縣爲州治。改上谷郡。唐復曰易州。元初省入州。尋復置易縣。仍爲州治。明初省縣入州。清升直隸州。屬直隸省。民國改州爲縣。俗稱西易州。

金

麻九疇、字知幾。易州人。幼有神童稱。博通五經。尤長於易春秋正大初、特賜進士。累遷應奉翰林文字。資性野逸。高蹇自便。遂謝病去。元兵起。爲軍士所得。病死。年五十九。疇初因經義學易。後喜邵堯夫、皇極書。因學算數。又喜卜筮射覆之術。晚更喜醫。與名醫張子和游。盡傳其學。且爲潤飾其所著書。爲文精密奇健。詩尤工緻。金史文藝清一統志易州人物畿輔通志列傳

明

萬民英、字汝豪。號育吾。嘉靖己酉舉人。庚戌三甲進士。授南直隸武進知縣。遷河南道御史。巡皇城山海諸關。擢山東僉事。改福建興泉兵備。以復崇武功。晉參議。尋以復興化。晉俸一級。致仕歸里。居三十年。著有三命通會星學大成相字心學諸書。畿輔通志列傳乾隆易州志方技○阜按。曩纂命譜。目錄中載有萬民英造。謂民英爲大寧都司。茂山衛右所軍籍。湖廣江夏人。所據之書。惜不記憶。今閱四庫提要子部術數類二載。有星學大成。明萬民英

撰。民英字育吾。大寧都司人。並無湖廣江夏字樣。查地名辭典。大寧路。明爲大寧都指揮使司。封寧王權於此。大寧故城。在熱河平泉縣東北。一百八十里。別有大寧新城。在平泉縣北一百里。由是觀之。民英雖是大寧衞軍籍。其爲湖廣江夏人。仍無疑義。今乾隆易州志。載民英者。蓋彼歷官河南道御史。此寓賢之通例也。

439 定州 定。戰國中山國地。漢置中山國。治盧奴縣。後魏爲中山郡。置定州。高齊改州治盧奴縣。曰安喜。隋改定州曰博陵郡。唐仍曰定州。宋升爲中山府。明初復改定州。以州治安喜縣省入。清爲直隸州屬直隸。民國改縣。宋時州人以造瓷著。世稱定瓷。宣和政和間。瓷尤佳。

北魏

李先、中山盧奴人。本字同。魏高祖名。改字容仁。先少好學。善相。卜及兵法。風角。師事清河張御。御奇之。初爲苻丕尚書右主客郎。慕容永、聞其名。迎爲謀主。勸永據長子城。永遂稱制。以先爲黃門郎。祕書監。封高密侯。及垂滅。永乃徙中山。皇始初。先於井陘歸順。魏太祖、召問久之。曰、朕久聞長子城、有李先者。卽卿耶。先起謝。太祖曰、卿知朕否。先曰、陛下聖德膺符。澤被八表。臣安敢不知。太祖後問先祖父、及先所服官。先具言之。未幾。以先爲丞相衞王府左長史。魏書本傳光緒畿輔通志雜傳

元

田忠良、字正卿。中山人。好學。通儒家雜家言。劉秉忠、薦於世祖。召見。謂侍臣曰、雖以陰陽家進。必將爲國用。令試星曆遁甲諸書官之司天。帝問用兵江南。困於

襄樊。累年不決。奈何。對曰、在西平矣。十一年甲戌、問南征將士能渡江否。奏曰、明年正月、當奏捷。二十年癸未、帝將征日本。召忠良擇日出師。忠良曰、僻陋海隅、何足勞大戈。不聽。後果無功。延祐中、歷官光祿大夫。卒贈太師。謚忠獻。（清一統志定州人物）

440 深澤縣（漢置深澤縣。屬中山國。又置南深澤縣。屬涿郡。後漢省深澤。以南深澤爲安平國。後魏曰深澤。故城在今直隸深澤縣東南三十五里。北齊廢。隋復置深澤縣。徙今治。清屬直隸定州。）

清 王植、字槐三。深澤人。康熙辛丑進士。官至邳州知州。撰皇極經世書解十六卷。廣引諸家之說。以相發明。其考究頗爲勤摯。邵子之數。雖於易爲別派。然有此一家之學。亦不可磨滅於天地之間也。（四庫子部術數類一）

441 深州（隋置。治安平。卽今直隸安平縣治。尋廢。唐復置深州。治陸澤。在今直隸深縣北。改曰饒陽郡。尋復爲深州。宋移治靜安。在今深縣南二十五里。金元因之。明省靜安入州。徙治吳家莊。卽今深縣治。清爲直隸州。屬直隸省。民國爲深縣。）

清 馬金西、杜家莊人。姿英異。幼業儒。兼精騎射。尤通占卜諸書。與一時士大夫遊。咸敬禮之。康熙間、授轅門千總。後歸。專力占驗。談言皆中。州侯郭、爲額旌之。曰知未來事。雍正初、壽七十三歲而終。（道光深州志方技）

清　趙雲孫、字瑤草。深州人。髫年入學。嗜古好奇。旁通奇門六壬。嘗云、武侯木牛流馬。亦人所能耳。見觀象臺渾天儀。別爲積算一法。簡而能精。卒祀鄉賢。（畿輔志列傳）

443 安平縣（漢置。高帝封鄂千秋爲侯邑。自晉至北齊。皆爲博陵郡治。淸屬直隸深州。）

隋　李德林、字公輔。安平人。幼聰敏。年數歲。誦左思三都賦。十餘日便度。高隆之見而歎異之。年十五。誦五經、及古今文集。日數千言。俄而該博墳典。陰陽緯候。無不通涉。善屬文詞。覈而理暢。北齊天保中、擧秀才。累官通直散騎侍郎。典機密。周武帝克齊。授內史上士。後佐隋文帝、定大計。及卽位。授內史令。陳平、授柱國。爵郡公。被譖。出爲懷州刺史。年六十一卒於官。著文集五十卷。行於世。（隋書北史本傳）

443 饒陽縣（本越饒邑。後漢置饒陽縣。故城在今縣東北。北齊移治搴口城。在今縣南。隋移今治。淸屬直隸深州。）

清　劉元龍、字凝焉。饒陽人。父君前、早卒。母患癰口吮之。居喪盡禮。初應童試不利。卽棄去。篤志經學。撰先天易貫五卷。自稱歷三十年乃成書。首卷卽數以言理。首河圖。次洛書。附以妙合而凝之圖。次卷卽象以言理。首變卦圖。次八卦圖。綜卦圖。

附以致知格物圖四卷五卷、卽六十四卦以言理。標舉伏羲大象。孔子大象傳。附以錯卦互卦之解。蓋惟講陳邵之學者也。其謂易不爲卜筮而作。所言似高、而實不然。夫聖人立敎。隨時寓義。初不遺於一事一物。三代以上無鄙棄一切。空談理氣之學問也。故詩之敎。理性情。明勸戒。其道至大。而謂詩非樂則不可。春秋之敎、存天理。明王政。其道亦至大。而謂春秋非史則不可。聖人準天道以明人事。乃作易以牖民。理無迹寓以象。象無流準以數。數至博而不可紀。求其端於卜筮而吉凶悔吝進退存亡於是見之。用以垂訓示戒。曰蓍曰龜。經有明文。曰揲。曰扐。扐音勒·著者著著指間也· 傳亦有成法。豈取盡性至命之書。而褻而玩之哉。俗儒但見拋珓擲錢之爲卜筮。珓音敎·杯珓占吉凶之器·古以玉爲之·今用兩蚌殼·或竹根爲之·亦作筊· 又見夫方技之流。置義理而談趨避。遂以爲侮我聖經。乃務恢其說。欲離卜筮而談易。然則四聖人中、周公居一。公作周官。以三易掌之太卜。無乃先不知易乎。是猶觀優伶歌曲、而謂聖人必不作樂。觀小說傳奇、而謂聖人必不作史也。乾隆元年丙辰卒。門人私謚曰、純靜先生。四庫經部易類存目三畿輔通

志列傳

444 南樂縣（漢樂昌縣．後漢廢．後魏改置昌樂縣．隋省．唐復置昌樂縣．五代唐．改曰南樂．明清皆屬直隸大名府．）

清　魏養志。南樂人。方正自守。精君平業。且善醫。游卜於市。每多奇中。工小楷。動必以禮。鄉黨中凡與接談、皆悚然起敬。

清　高澂揚、字清宇。南樂生員。精堪輿術。先世以單丁。澂揚病之。於霧雨星月之下。杖履策蹇。覓得一地。父卒葬其中。後遂舉五丈夫子。其長子、亦育五男。（以上咸豐大名府續志方技）

445 長垣縣（本魏之首垣邑．漢置縣．故城在今長垣縣東北十里．隋時移置故匡城北．改名曰匡城．唐分匡城置長垣縣．尋省．宋初改匡城爲長垣．在今縣西南．金初遷縣於柳家村．在今縣東北．明又遷於蒲城．即今縣也．清屬直隸大名．）

唐　李嗣眞、匡城人。博學曉音律。兼善陰陽推算之術。弱冠明經。時賀蘭敏之受詔於東臺修撰。奏嗣眞弘文館參預其事。敏之恃寵驕盈。嗣眞知其必敗。謂所親曰、此非庇身之所也。因咸亨年、京中大饑。乃求出補義烏令。無何、敏之敗。修撰官皆連坐流放。嗣眞獨不預焉。調露中、爲始平令。風化大行。萬歲通天年、至桂陽。自筮

死日預託桂陽官屬備凶器。依期果卒。撰有明堂新禮。孝經指要。詩品、書品、畫品等書。舊唐書方技

清　侯靜遠、字玉書。生員。讀書明理。克己愛人。精堪輿家言。識者多禮聘之。長垣縣續志稾嘉慶長垣縣志方技

446　邢臺縣　商時邢都・周初爲邢國・秦置信都縣・項羽改曰襄國・晉併作任縣・隋改龍岡邢州・宋又改曰邢臺・明清皆爲直隸順德府治・京漢鐵路經之・

唐　李元凱、邢州人。博學。善天文律歷。然性恭愼。口未嘗言人過。鄉人宋璟、年少時師事之。及作相。使人遺元凱束帛。將薦舉之。皆拒而不答。景龍中、元行沖爲洺州刺史。邀元凱至州。問以經義。因遺之衣服。元凱辭曰、微軀不宜服新麗。但恐不能勝其美。以速咎也。行沖乃以泥塗汚而與之。不獲己而受。及還。乃以己之所蠶素絲五兩。以酬行沖曰。義不受無妄之財。年八十餘終。唐書隱逸太平御覽逸民

元　劉秉忠、初名侃。字仲晦。其先瑞州人。曾祖官邢州。因徙家焉。年十七、爲邢臺節度府令史。旋棄去。隱武安山中。從浮屠法。更名子聰。世祖在潛邸、僧海雲、邀與入

見。大悅之。屢承顧問。秉忠於書無所不讀。尤邃於易及邵氏經世書。至於天文地理律曆三式六壬遁甲之屬。無不精通。論天下事。如指諸掌。癸丑。從世祖征大理。明年征雲南。每贊以天地之好生。王者之神武不殺。故克城之日。不妄戮一人。己未。從伐宋。復以雲南所言。力贊於上。所至全活不可勝計。中統元年庚申。世祖即位。問以治天下之大經。養民之良法。秉忠采祖宗舊典。參以古制之宜於今者。條列以聞。於是下詔建元紀歲。立中書省。宣撫司。朝廷舊臣。山林遺逸之士。咸見錄用。文物粲然一新。時人稱之爲總書記。至元元年甲子。拜光祿大夫。位太保。參預中書省事。更賜今名。詔以翰林學士竇默之女。妻之。賜第奉先坊。秉忠既受命。以天下爲己任。事無巨細。凡有關於國家大體者。知無不言。言無不聽。帝寵任愈隆。燕間顧問。輒推荐人物。可備器使者。凡所甄拔。後悉爲名臣。十一年甲戌。秋八月。秉忠無疾端坐而卒。年五十九。帝聞驚悼。謂羣臣曰。秉忠事朕三十餘年。小心慎密。不避艱險。言無隱情。其陰陽術數之精。占事知來。若合符契。惟朕知之。他人莫得聞也。贈太傅、封趙國公、諡文貞。後改諡文正。追封常山王。秉忠自幼好學。至老不衰。雖位極人臣。而齋居蔬食。終日澹然。不異平昔。自號藏春散人。每以吟咏自適。其詩蕭散閒淡。類其爲人。有長春集。玉尺經行世。無子。以弟秉恕子蘭璋後。元史本傳四庫提要子部術數類存目二

清　張成瀚、字濂滋。幼有異稟。經史之外。醫卜星相。靡不殫究。尤邃於天文。同治壬戌、中第十七名舉人。銓授舒城。瀚日坐堂皇。案無留牘。解組後、著有四書輯解、綱鑑摘要等書、藏於家。光緒邢臺縣志列傳

清　包儀、字羽修。拔貢生。自順治辛卯、至康熙己酉。七經下第。貧不自存。薄游廊城。獲皇極經世書。至江寧。寄食僧寺。玩求其旨。著易原就正十二卷。儀之學、既從邵子入。故於陳摶先天圖、信之甚篤。其書發揮明簡。詞意了然。謂洛書無與於易。每爻皆註所變之卦。用左氏筮法。其學雖兼講先天。而實則發明易理者爲多。其盛推圖學。特假以爲重焉耳。四庫全書提要經部易類六光緒邢臺縣志列傳

447 廣宗縣（漢王國。後漢爲縣。後魏置廣宗郡。治廣宗縣。中興中。又分立南北二廣宗。尋罷。北齊郡廢。隋改縣曰宗城。故城在今直隸威縣東二十里。元分平鄉廣宗縣。明清皆屬直隸順德府。）

明　檝大經、字守道。廣宗人。少聰明。日記數萬言。篤志聖賢之學。嘗言學不在尋行數墨。當自身心始。舉正德丁卯鄉試。先後郡守高其行誼。以禮敦聘。皆謝不往。年三十二卒。凡經史百家兵農醫卜之說。皆究極精微。尤深於禮。著家禮注釋諸書。皆未脫藁。所遺詩文幾五百篇。（畿輔通志列傳）

清　鄭暎、字光斗。油堡人。監生。天資穎悟。博覽卜筮星相堪輿各家言。皆能窺其奧旨。隣里偶有爭執。力爲排解。不辭勞怨。値歲荒。有鬻妻子者。暎聞而阻之。代爲撫養。（同治廣宗縣志列傳）

448 沙河縣（本漢襄國縣地。隋析龍岡地。置沙河縣。以縣南沙河爲名。故城在今縣東一里。五代梁移今治。明初爲河水衝圮。移治西山小屯。尋還故治。清屬直隸順德府。）

元　張文謙、字仲謙。沙河人。幼聰敏。善記誦。蚤從劉秉忠。洞究術數。晚交許衡。尤粹於義理之學。累官左丞。以安國便民爲務。後拜樞密副使。以疾卒於位。年六十八。（元史本傳）

清 裴升明、字宜中。歲貢生。贊善人。竭力事親。母嘗病臥九年。晨昏扶持。未嘗稍衰。衣服茵褥有垢穢。必親浣濯。母卒後。事父尤勤。冬溫夏凊。供饌必精。歡言笑語以悅親心。父壽九十餘乃終。性篤學。壯歲窮經。惟精於易。遠方多有問卜者。持躬嚴謹。不衣冠。不見客。身不入城市者。四十餘年。初艱於嗣。晚得三子。論者以爲孝之所感焉。邑尊溫公、廣文趙公聞其品望。議舉鄉飲大賓。而公旋卒。年七十有八。乾隆沙河縣志孝友

清 王鍾玉、字崑圃。與弟鍾秀同列邑庠。性明敏。而志又甚銳。肄業龍岡書院者七載。赴秋試者十三次。終不得悉於有司。僅以明經終。平生博覽羣書。尤邃於易。又旁精歧黃堪輿卜蓍等術。晚年闢廬象山之北。優游終老。乾隆沙河縣志鄉型

449 鉅鹿縣、漢南䜌縣地・隋置鉅鹿縣・舊治東府亭・城在今縣北・唐移於今縣南・宋大觀二年河決・陷鉅鹿縣・詔遷於高地・即今治・明清皆屬直隸順德府・

漢 路溫舒、字長君。鉅鹿人。父使牧羊。截澤蒲爲牒。編用寫字。稍習善。求爲獄小吏。又受春秋。通大義。舉孝廉。累官臨淮太守。治有異跡。卒於官。溫舒從祖父受曆數

天文以爲漢厄三七之間（張晏曰・三七二百一十歲也・自漢初至哀帝元年・二百一年也・自平帝崩・二百十一年・）上封事以豫戒成帝時谷永亦言如此及王莽簒位欲章代漢之符著其語焉（漢書本傳藝術典術數部紀事）

北魏

魏寧、鉅鹿人以推祿命徵爲館客武成帝、以己生年月、託爲異人問之寧曰、極富貴今年入墓武成驚曰、是我寧變辭曰、若帝王自有法又有陽子術語人曰謠言盧十六雉十四犍子拍頭三十二且四八天之大數太上之祚恐不過此旣而武成崩年三十二（北史藝術北齊書方技）

450 唐山縣（春秋時・晉柏人邑・漢置柏人縣・東魏改爲柏仁・唐改曰堯山・金改唐山・明清皆屬直隸順德府・民國十七年・改爲堯山縣・）

清

樊騰鳳、字凌虛西良村人像貌魁梧聲若洪鐘嗜學不屑時藝精易數占休咎驗如桴鼓（桴・音浮・擊鼓杖也・）時當明季四海鼎沸鳳有撥亂反正志然靜驗己運難以有爲遂閉戶潛修留心韻學著有五方元音學者宗之（光緒唐山縣志學行）

451 内邱縣（漢置中邱縣・避諱改曰内邱・明清皆屬直隸順德府・京漢鉄路經之・）

明

喬中和、字還一内邱人崇禎中、由拔貢生官至太原府通判撰大易通變六卷

一名焦氏易林補。取焦贛易林、刪其詞之重複者。而以己意補綴其闕。凡一千餘首。四庫子部術數類存目二

清

452 曲周縣漢侯國。尋置縣。晉省。後魏改曲安縣。北齊省。隋復置曲周縣。尋廢。唐復置。故城在今直隸曲周縣東北四十里。蓋宋時移今治。明清皆屬直隸廣平府。

劉逢源、字津逮。貢生。少好讀書。經史星數河洛之學。悉能解會。喜談兵。好擊劍。一時名士、皆從之遊。所著有積書岩、及漫興等稿。同治曲周縣志

453 邯鄲縣春秋時衞邑。後屬晉。戰國屬趙。敬侯自晉陽徙都於此。秦置邯鄲郡。漢高帝立張耳為趙王。都邯鄲。邯山名。鄲盡也。邯山至此而盡。故名。後漢仍為趙國治。東魏時廢。改易陽為邯鄲。故城在今直隸邯鄲縣西南十里。呼為趙王城。隋復置。徙今治。明清皆屬直隸廣平府。

清

楊上林、字御園。賦性聰敏。家道寒窘。安貧知命。平日研究氣功。得道家修養之術。故年逾古稀。而精神壯健。素精易學。手不釋卷者二十餘年。深明吉凶消長之理。其推造命卜休咎多奇中。遠近交譽為神卜。且為人占算時。每言因人發勉。其向善消禍。大有成都君平之風。

清

高德亮、字采邦。庠生。少潛心奇門遁甲等書。得其深奧。鄉人每以歲之豐歉。事

之吉凶。請其占驗。無不談言微中。此外於子平堪輿諸書。亦頗有研究云。乾隆邯鄲縣志藝術

清　王天河、素精周易。善占卜。爲人筮休咎。輒有奇驗。其子青田、字葵心。庠生。繼父業。亦以卜名於時。

清　王朝清、字眞庵。庠生。性敏捷。少習舉業。因不第。遂潛心於星沙龍脈之學。知命之後。閱歷既深。經驗亦富。心卽有所獨得。每爲鄉人看地。輒取遠大之勢。絕不沾沾於小巧局面。察視日久。所有邯武一帶之山川形勢。罔不羅列胸中。故經其所看之地。所點之穴。雖無鉅大富貴之表徵。然亦莫不平正通達。家道稱小康焉。以上乾隆邯鄲縣志藝術

454　斥邱縣　春秋時。晉乾侯邑。漢侯國。後爲縣。闞駰云。地多斥鹵。故曰斥邱。高齊改置成安縣。而故城廢。其地在今成安縣東南三十里。

晉　黃泓、字始長。斥邱人。父沈、善天文祕術。泓習其業。永嘉之亂。避居幽州。聞慕容廆。廆。音匯。廦也。廦。音璧。牆也。法政修明。虛懷引納。乃率宗族歸之。廆待以賓禮。引爲參軍。指說成敗。事皆如言。及皝嗣位。皝。戶廣切。音幌。氣容貌。遷左常侍。領史官。石季龍攻皝。將走遼東。泓

曰、賊有敗氣。不過二日必潰。宜嚴爲追擊之備。銑曰、今寇盛言敗。何也。泓曰、勿疑。及期季龍果退。銑益奇之。及慕容儁僭號。署爲進謀將軍太史令、關內侯。許敦害其寵。詔事慕容評。設異議以毀之。乃以泓爲太史靈臺諸署統。泓待敦彌厚。不以毀己易心。慕容暐敗。以老歸家。歎曰、燕必中興。其在吳人。恨吾年過不見耳。年九十七卒。卒後三年。僞吳王慕容垂興焉。（晉書藝術雍正河南通志方技光緒畿輔通志雜傳）

後唐

455 成安縣（春秋晉乾侯邑。漢置斥丘縣。北齊置成安縣。唐復曰斥丘。五代後唐。復曰成安。明清皆屬直隸廣平府。）

劉叟、成安人。後唐莊宗敬皇后父。黃鬚。善醫卜。自號劉山人（五代史唐家人傳光緒廣平府志藝術）

北魏

456 武城縣（戰國時趙邑。漢置東武城縣。晉去東字曰武城。故城在今山東武城縣西北。齊移縣於故信成縣。在今北平清河縣西。）

崔長謙、武城人。休弟、亶子、名愍。以字行。幼聰敏。爲青州司馬。賊圍城二百日。長謙讀書不廢。凡手抄八千餘紙。天文律曆醫方卜相風角鳥言。靡不開解。晚頗以酒爲損。棄散騎常侍。使梁將行。謂人曰、我戹在吳國。（戹。音厄。困也。）忌在酉年。今恐不免。及還。未入境卒。年二十八。贈南青州刺史。（北史附崔逞傳）

北魏

崔浩、字伯淵。北史云：字伯深。武城人。少好學。博覽經史。玄象陰陽百家之言。無不該覽。研精義理。時人莫及。弱冠爲通直郎。轉著作郎。後擢爲司徒。太宗好陰陽術數。聞浩說易及洪範五行善之。因命浩筮吉凶。參觀天文。考定疑惑。浩綜覈天人之際。舉其綱紀者數家多有應驗。恆與軍國大謀。甚爲寵密。是時有兔在後宮。檢無從得入。太宗怪之。命浩推其咎徵。浩以爲當有隣國貢嬪嬙者。嬙、音牆。婦官名。善應也。明年姚興果獻女。魏書本傳圖書集成術數部名流列傳

北齊

崔冏、冏、俱永切。與炯同。光也。字法峻。武城人。景哲子。幼好學。汎覽經傳。多技藝。尤工相術。仕魏爲司空參軍。齊武平中、爲散騎常侍。假儀同三司。從幸晉陽。謂中書侍郎李德林曰、比日看高相王以下文武官人相表。俱盡其事。口不忍言。惟弟一人。吏應富貴。當在他國。不在本朝。吾不及見也。冏性廉謹。恭儉自修。所得俸秩。必分親故。終鴻臚卿。臨終誡其二子。曰、夫恭儉福之輿。傲侈禍之機。乘福輿者、浸以康休。蹈禍機者、忽而傾覆。汝其戒之。吾沒後。歛以時服。祭無牢餼。棺足周屍。瘞不洩露而已。

及卒。長子修、遵父命。北史附崔逞傳宣統山東通志藝術

清

457 威縣漢鉅鹿縣地。後漢廣宗。石趙建興。隋宗城。唐宗州。金改洺水縣。元自井陘移威州來治。省洺水。入威州。明降爲威縣。屬廣平府清因之。

徐雋甲、威縣武庠生。性溫和。拳勇堪輿卜筮悉精通。光緒廣平府志藝術

北魏

458 清河縣後漢清河國。故城在今直隸清河縣東。北齊始移清河縣於故信成縣。改曰武城。隋改武城縣曰清河。在今縣北。唐徙今治。明清皆屬直隸廣平府。

魏道虔、清河人。長於陰陽卜筮之術。肅宗時、爲奉車都尉。趙法逞、顯祖高祖時、以占卜知名。張裕、以占相之術名。魏書光緒廣平府志藝術

唐

459 滏陽縣北周置。明省。今屬北平磁縣治。

李傑、本名務光。滏陽人。擢明經。好讀相人書。觀色察形。難逃神鑑。聽斷精詳。人吏愛之。爲河南尹時。有寡婦告其子不孝者。傑物色非是。謂婦曰、子法當死。無悔乎。答曰、子無狀。寧其悔。乃命市棺還斂之。使人迹婦出。與一道士語。頃持棺至。傑命捕道士按問。乃與婦私。不得逞。傑殺道士。內于棺。傑官至御史大夫。封武威縣子。開元六年戊午卒。帝悼之。特贈戶部尚書。新唐書本傳相法證驗

後唐

460 冀州（古九州之一・今河北山西二省・及河南黃河以北・遼寧遼河以西之地・釋名・冀州地有險易・帝王所都亂則冀治・弱則冀強也・周漢皆有冀州・後漢冀州刺史治鄗故城在今河北柏鄉縣・北漢末治鄴・故城在今河南臨漳縣西南・魏移置信都・即今河北冀縣治・晉治房子・故城在今河北高邑縣西南・南朝宋治歷城・即今山東省治・後魏復治信都・歷代因以其地為冀州清時州・屬直隸・民國改為冀縣・〇鄗・音皓・）

周元豹、燕人。世為從事。元豹少為僧。其師有知人之鑒。從遊十餘年。盡悴無憚。師知其可教。遂傳其祕旨。既長還鄉歸俗。時盧程猶為道士。與同志二人謁焉。元豹退謂鄉人張殷袞曰、適二君子明年花發、俱為故人。唯彼道士、他年甚貴。來歲二子果零落於趙魏間。又二十年、盧程登庸於鄴下。後歸晉陽。張承業信重之。言事數中。明宗時為內衙都指揮使。承業俾帝易衣。列於諸校之下。以他人詐之曰、此非也。元豹指帝於末綴曰、骨法非常。此為內衙太保歟。咸服其異。或問帝之前程。惟云末後為鎮州帥。時懿皇后夏氏方侍巾櫛。時有忤旨。大犯檟楚。（檟・音賈・或作榎・楸也・檟楚・二木名・古用為扑撻之具・字亦作夏楚・）元豹偶見之曰、此人有藩侯夫人之位。當生貴子。赫怒因解。其言竟驗。太原察判司馬揆、不同舍。留其居。忽謂揆曰、公五日之內。奉使萬里。未見回期。揆、數日後。酒酣。坐為衣領扼之而卒。明宗自鎮帥入纂。謂侍臣曰、周元豹昔曾言朕事。頗有徵。可詔北京津置赴闕。趙鳳曰、袁許之事。元豹所長。若詔至輦下。卽爭問吉凶。恐近於妖惑。乃令就賜金帛。官至光祿卿。年八十而卒。又嘗與蜀高祖預說符命嗣主之事。至於雲龍將相。其言無不符驗。（光緒順天府志方技）

北魏

殷紹、長樂人。（長樂、卽今河北冀縣治。）少聰敏。好陰陽術數。遊學諸方。達九章七曜。世祖時、爲算生博士。給東宮西曹。以藝術爲恭宗所知。太安四年夏、集成四序堪輿。具表上之。遂大行於世。（魏書術藝　光緒冀州志藝術）

遼

樂先生、居燕山。（燕山、在河北燕山縣東南。）設卜肆。常勝軍校龐太保妻、耶律氏。特就樂問命卦成。樂驚曰、平生所閱人。無如夫人之貴。非后妃、不足以當之。今服飾若此。何也。耶律笑曰、吾夫一營卒耳。近以微功、方遷首隊。猶未免飢寒。安望王侯。樂曰、夫人不大貴。吾當焚五行之書。既而金人滅遼。首領烏珠至燕。見耶律氏美、納之。而殺其夫。後封越國王妃。妃方頤修頷。明眸華髮。權略過男子。烏珠驚畏之。先公在燕時、熟識其狀。予奉使日、接伴使曰、工部侍郎龐顯忠。蓋耶律在龐氏時所生也。（夷堅志　光緒畿）

輔通志方技

遼　王白、冀州人。明天文。善卜筮。晉司天少監。太宗入汴得之。應歷十九年己巳。即保甯元年。王子札穆、原作只沒。以事下獄。其母求卜。白曰、此人當王。未能殺也。毋過憂。景宗即位。釋其罪。封甯王。果如其言。宋太祖收晉。水浸河東之軍。晉危。使殿直程再榮、入遼求援。叩於白曰、敝邑危蹙不保。白曰、晉必無患。南兵五月十七日當回。晉次日必大濟。再榮因問他日安危之數。白曰、後十年晉破。破即掃地矣。是年宋師果不克晉。迨後十年。當太平興國四年己卯。方平晉壘。凡決禍福多此類。保寧中歷彰武興國二軍節度使。撰百中歌行於世。年八十卒。遼史方技光緒畿輔通志雜傳

明　陳後、字啓光。號厲齋。詩文書畫。與兄復齊名。尤精堪輿之學。用薦任欽天監博士。子漢、繼其業焉。光緒畿輔通志方技及畫史彙傳

461 南宮縣漢置。呂后封張敖子偃爲南宮侯。齊廢。隋復置。故城在今直隸南宮縣西北。明時縣城爲漳水所圮。遷於舊城東三里之飛鳳岡。即今縣。清屬直隸冀州。

清　牛秀山。字蔚然。大屯村人。簡樸渾厚。精通易數。爲人卜休咎輒奇中。時有君平

之。目。

清　杜延球、邑庠生。字磬玉。孝昌村人。品格卓異。生平訓徒。多所成就。後研窮周易。格。太乙經六壬尤探其妙同治壬戌、鄉黨避亂、問卜。言東南吉後果如其言與胞姪孫紀墀、批四柱。摩其頂曰、早入泮池。後果然。以上道光南宮縣志方技

清　劉芳、字信庵。歲貢生。幼聰穎。篤志好學。生平於書無所不讀。而性情高曠。不慕榮利。四赴京兆試。三薦不售。每值大比。或有勸駕者、則曰功名身外物。得失何關。吾豈老死而後止者、比也。設帳授徒。計六十年。遊其門者、多所成就。尤邃於易旁通六壬奇門之學。人有疑難事。就決輒奇中。然初不欲以此見也。生平著有易學入門。左傳提綱待梓。年八十三卒。人稱通儒。道光南宮縣志列傳

清　王松齡、字鶴籌。天資聰敏。業歧黃。外科尤精。燒五色丹、獨得金鑑不傳之祕。兼通。術數以指訣符呪救人急。又神於黃帝宅經及靑烏子所授諸書。爲人卜吉無不驗。殆古方士之流亞也。道光南宮縣志方技

462 新河縣（漢堂陽縣。後晉蒲澤。宋初爲新河鎭。置縣於此。尋省。元初復置。故城在今直隸新河縣西。河溢城圮。因移今治。清屬直隸冀州。）

清　焦日茂、善卜易斷無不驗人比之嚴君平管公明云。

清　劉君佑字顧三精歧黃術斷生死無或爽者又習青烏術爲人遷葬地亦有驗（光緒新河縣志藝術）

463 棗強縣（漢置。亦作棗彊。爲侯邑。後漢省。其地棗木強盛。故名。故城在今直隸棗強縣東南。北齊自故城移於今縣東三十里廣川城。隋又移於今縣東南。金河溢城圮。移今治。清屬直隸冀州。）

清　張希載、字又厚性溫厚終身與人無爭以讀書作文爲樂尤工書法得之者如獲珍璧。然數奇屢試不售。遂棄舉子業習奇門術以卜休咎十不失一年逾九十。猶爲蠅頭書道光初與族弟克玉、族子元修、族弟際盛、皆年逾九十。元旦四人同堂。人稱四老以爲盛朝之人瑞云。（嘉慶棗強縣志補正）

清　王昌、字禹聞寧紹臺道坦、弟也。候選州同性行醇粹。六齡喪母哀毀如成人。父疾。侍湯藥衣不解帶。比歿。徧擇吉壤安於高原著有地理八書。事兄如父。雖隔數千里。有吉凶事必稟命而行。家居務勤儉。讀書通大義。時與人談忠孝節義事。如懸河東瀉。人皆樂聽之。居恆以名義自敦。常曰、時無古今。在人自立耳。矜已長、莫若稱人善。揚人惡、莫若摘已過。語多爲儒者所未至。嘉慶棗强縣志列傳

漢

464 廣川縣 漢置。城中有長河爲流。故名。漢爲侯邑。後漢置廣川王國。後燕慕容垂。嘗於此置廣川郡。尋廢。北齊縣廢。故城在今棗强縣東三十里。

董仲舒、廣川人。少治春秋。孝景時、爲博士。下帷講誦三年。不窺園圃。武帝時、以賢良對天人三策。爲江都相。後爲膠西王相。以病免。仲舒治國。以春秋災異之變推陰陽所以錯行。故求雨閉諸陽。縱諸陰。其止雨反是。行之一國。未嘗不得所欲。嘗言、仁人正其誼不謀其利。明其道不計其功。爲漢醕儒。免官家居。朝廷如有大議。常遣使及廷尉、就其家問之。年老以壽終於家。著有春秋繁露行於世。前漢書本傳

北魏

465 趙州 後魏置。趙郡。隋置欒州。唐改曰趙州。尋復曰欒州。又改趙州。尋曰趙郡。復曰趙州。宋升爲慶源府。金復曰趙州。改曰沃州。元復曰趙州。治平棘。明省平棘入州。淸爲直隸州。屬直隸省。民國改爲趙縣。

耿玄、鉅鹿宋子人。善卜占。坐於室內。有客叩門。玄已知其姓字。幷所齎持。及來問之意。其所卜筮。十中八九。別有林占。世或傳之。而性不和俗。時有王公欲求其筮者。玄則拒而不許。每云、今既貴矣。更何所求而復卜也。欲望意外乎。代宗法禁

嚴切。王公莫不驚悚而退。故多見憎忿。不爲貴盛所親。官至鉅鹿太守。顯祖高祖時、有渤海高道𨔶、並有名於世。世宗肅宗時、奉車都尉周恃、魏郡太守章武高日光、任玄智、雍州潘捺、並長於陰陽卜筮。故玄於日者之中、最爲優洽。魏書藝術光緒趙州志方技

宋

馬韶。趙州平棘人。平棘、故城、在今河北趙縣北。 習天文三式。開寶中、太宗以晉王爲開封尹。禁私習天文。太宗親吏程德玄、與韶善。以禁故、不與韶往來。九年丙子冬十月十九日、既夕。韶忽造德玄。德玄恐甚。詰其所以來。韶曰、明日乃晉王利見之辰。韶故以相告。德玄惶遽、入白太宗。太宗命德玄、以人防守之。將聞於太祖。及詰旦、太宗入謁。果受遺踐阼。阼、音祚、遇韻、天子之位曰阼。書爲天下主。 韶以赦獲免。踰月、擢韶爲司天監主簿。太平興國二年丁丑、遷太僕寺丞。改祕書省著作佐郎。歷太子中允祕書丞。出爲平恩令。召還。復舊官。判司天監事。就遷太常博士。淳化五年甲午、坐事謫博興令。移長山令。秩滿歸鄉里。卒於家。宋史方技光緒畿輔通志雜傳

平棘縣漢封林摯爲侯邑。後爲縣。後漢時謂之南平棘。晉亦曰平棘。故城在今直隸趙縣南。後移今趙縣治。明省。

隋　李士謙、字子約。平棘人。少孤。事母以孝聞。年十二。魏廣平王、辟爲參軍。後脫身詣學。研精不倦。遂博覽羣籍。兼善天文術數。北齊時、屢徵辟。皆不就。及隋有天下。畢志不仕。家富於財。躬處節儉。每以賑施爲務。有兄弟分財不均。至相鬩訟。士謙出財補其少者。令與多者埒。兄弟更相推讓。卒爲善士。嘗出粟數千石。以貸鄉人。値年穀不登。悉召債家對之燔契。歲大饑、罄家資爲糜粥。全活萬計。收埋骸骨。所見無遺。趙郡民德之。撫其子孫曰、此李參軍遺惠也。開皇八年戊申、卒於家。會葬者萬餘人。相與樹碑於墓。隋書隱逸・清一統志人物

北魏

467 高邑縣漢鄗縣・後漢改爲高邑・故城在今直隸柏鄉縣北・北齊徙高邑於漢房子縣界・即今治・清屬直隸趙州・京漢鉄路經之・

眭夸、一名旭。高邑人。少有大度。不拘小節。耽好書傳。未曾以世務經心。好飲酒。浩然物表。高尙不仕。寄情邱壑。少與崔浩莫逆之交。浩爲司徒。浩通玄象百家之言・官司徒・詔總理史務・作國書三十卷・立石以彰直筆・國人憤嫉・稱於帝・誅之・奏徵爲中郎。辭疾不赴。或謂夸、吾聞有大才者必居貴仕。子何獨在桑榆乎。遂著知命論以釋之。及卒。葬日、赴會者如市。無子。北史隱逸圖書集成人事典命運部紀事○明

西村畸人小隱書敬虛子曰。予嘗考論古今隱逸傳。至北史見睦夸。著知命論。於是喟然嘆曰。嗚呼。命也者。稟於有生之初者也。死生壽夭。貧賤富貴。以至存亡得喪。榮辱顯晦。蓋皆一定。人不可得而易。亦非人之可能而易也。知命則不怨天尤人。而修身以待之。由是於一切儻然之遇。來莫之迎。去莫之將。且復安於命。而無所用易矣。是故知命者大快活法也。安命者大休歇事也。小隱者未達乎此。而欲與天為徒。得乎。

續通典禮典。宋太祖乾德元年詔云。先代帝王載在祀典。或廟貌猶存久廢牲牢。或陵墓雖存不禁樵採。其太昊氏等各置守陵五戶歲春秋祀以太牢。

續通典禮典。金制。前代帝王三年一祭。以仲春之月祭伏羲於陳州。又洪武元年三月以太牢祀三皇。初仍元制以三月三日九月九日通祀三皇。

清朝通典禮典。聖祖仁皇詔定祭典。上自伏羲下逮有明。凡曾在位者。除無道亡國之君皆得奉主入廟。

歷代卜人傳卷二十二終

丹徒馬步洲校

中國歷代卜人傳卷二十三

潤德堂叢書之八

鎭江袁阜樹珊編次

山東省一

山東省、在我國東部。爲沿海各省之一。古青兗二州。兼徐豫二州之地。春秋時爲齊魯諸國地。故別稱曰魯。秦置齊郡。漢爲青兗徐三州地。唐分屬河南、河北兩道。宋初分屬京東、河北兩路。金改京東爲山東。始有山東之名。以在太行山之東也。元置燕南、河北、山東諸道。直隸中書省。明置山東布政使司。清置山東省。民國仍之。其地突出海中。北臨渤海。東北及東南皆濱黃海。南界江蘇。西南界河南。西北界河北省。會曰歷城縣。

468

歷城縣、戰國齊歷下邑・漢置歷城縣・明清皆爲山東濟南府治・民國廢府・仍以歷城爲省治・今道廢・有商埠在城西五里溝・清光緒三十年・自行開放・津浦鐵路經之・膠濟鐵路終點於此・

明

周繼、字志齋。嘉靖乙未進士。授任邱知縣。歷任太僕卿。應天巡撫。捌條鞭法。捌音・

創・通作創・造法創業也・疏奏報可。天下便之。時劉汝國叛。旋經勦復。上賜銀幣勞之。遷南京戶部侍郎。歷官愛士恤民。本諸天性。課試諸生。講藝談道無倦期。士習翕然丕變。尤精陽宅之術。萬曆丙戌、署應天府印。謂儒學文廟、坐乾朝巽。而學門居左屬震。廟後尊經閣高大主事。廟門與學門。皆受乾金之尅。陽宅以門爲氣口。生則福。尅則禍。於是以抽爻換象補瀉之法修之。於坎位起高樓曰青雲樓。高於尊經閣。以洩乾金之氣。而以坎水生震巽二木。以助二門。之氣。又於廟門前豎亘坊與學門之坊並峙。以益震巽之勢。於離位造聚星亭。使震巽二木生火。以發文明之秀。又以泮池河水不蓄。於下流造木橋以遏之。修理甫畢。遷應天巡撫。語人曰、十年間、春闈必首占三榜。秋試必中至十餘人。及戊子鄉試、中者僅三人。榜出。繼愕然。乃下檄委一縣佐。撤去學門磚屏。易以木。語人云、來春口都不發大魁。吾即不信吾術。己丑、焦竑果殿試第一。乙未、朱之蕃亦殿試第一。戊戌、顧起元亦會試第一。殿試第三。人皆以爲神。著陽宅書若干卷乾隆歷城縣志方技

清　賈延齡、字宇九。濟南府歷城縣人。九歲而孤。賴母馬氏、撫以成立。警才駿發。每思以文學繼家聲。授室後食指日繁。乃棄儒就商。雖改業、而上承母訓。課子讀書。未嘗寬假。延齡在鹺綱、垂三十年。爲歷任運司所倚重。性慷慨。好施與。於地方善舉。無不爲衆人之倡。費數千金。不少吝。如建義學。捨棺木。施義田。建節孝祠。皆相繼舉辦。添建學院考棚號凳。改修貢院號舍。費款尤鉅。大吏爲請於朝。加級紀錄。至今士林尤感頌之。其他輕財好義。難以枚舉。平居肆力學問。精醫卜堪輿。著有地理切要陽宅知要若干卷。藏於家。子二、長懋官、利津縣訓導。次重熙、道光甲辰科舉人。（宣統山東通志人物補遺）

清　嚴組璋、字笠樵。歷城人。咸豐戊午第二名舉人。屢上春官不第。進效力神機營。以功敍知縣。分發安徽。歷署廬江、蕪湖、石埭、霍邱。補來安等縣知縣。盡心民事。案無留牘。所在循聲卓著。洊保直隸州。（洊、音薦。再也。）遂引疾歸家。以著述自娛。有四書講義。兼通醫卜。尤精星學。光緒癸卯卒。（宣統山東通志人物）

469 章邱縣（漢陽丘菅二縣地。北齊徙置高唐縣於此。隋改曰章丘。取縣南章丘山爲名。宋置淸平軍。後軍廢。仍爲縣。明淸皆屬山東濟南府。膠濟鐵路。經其南境。）

明　張可壽、字福同、李氏舊僕也、李氏原籍江南海州、其先人爲方正學之友。永樂初癸未、遇禍死。幼子顯、甫離襁褓。可壽竊負逃居章邱大溝涯。復徙舊軍鎭。始至。無以爲生、乃賣卜以給顯長。居人知其故。無敢與爲婚者。其妻田氏欲子之。可壽曰、乘人之危不仁、干主之分不義。不仁不義、吾不爲也。以女妻之。家亦稍裕。其後李氏子姓蕃衍。春秋奉祀、必及於張。（道光章邱縣志義行）

470 鄒平縣（漢置。晉省。故城在今山東鄒平縣北。隋自梁。鄒城移平原縣。入鄒平城。改爲鄒平。唐移於今縣北孫家鎭。宋移治濟陽城。即今治。漢梁鄒城也。明淸皆屬山東濟南府。）

元　安仁甫、鄒平人、家黃山下、樂耕讀、訓子孫以農圃醫卜、不習詞章之學。嘗建二亭。一曰山朝。一曰野市。年七十餘而卒。（道光鄒平縣志隱逸　宣統山東通志隱逸）

471 長山縣（漢於陵縣地。南朝宋。僑立武强縣。隋改曰長山。明淸皆屬山東濟南府。膠濟鐵路經其南。）

元　張公直、苑城人、通諸子百家、尤精曉天文地理之學。好吟咏。縣舉爲陰陽訓術。未幾辭去。杜絕人事、隱居南村、種植槐柳成行。人號其所居爲槐行。至正間、累徵不起。詔旌其門。仍復其家。

明　李第、黃山前里人。幼嗜學。精形家言。嘗遇異人、得黃白術。子孫求其道。輒拒之。曰、人富則侈。侈則忘其性之所有。恐爾等禍及身也。卒不傳。抱道自重。劉相國安岳陽、曾貽以多金。堅辭不受。年八十餘。終於家。子萬祚、爲諸生。亦藝園隱居。壽九十六。

清　聶庭、字子清。澤遠子。居城南長白之東麓。世業儒。庭獨善青烏家言。能不惑於禍福之說。乃棄舉業。以布衣終。晚好藝菊。每風日晴佳。招二三知舊。相與吟賞。爲笑樂。視世間榮利。泊如也。子三人、皆有行誼。長兆元、邑庠生。（以上嘉慶長山縣志隱逸）

472　新城縣（元以長山縣之驛臺地置。明清皆屬山東濟南府。民國改爲桓臺縣。）

清　齊克昌、字駿發。性聰穎。精天文地理壬遁風角諸書。棄諸生。入欽天監。以漏刻科博士。與修協紀辨方布算。精確占次。多奇中。累陞至監副。在監摺奏多祕。人不得聞。亦不令子孫習星卜事。年老退休。著有朱註詳解。卒年八十一歲。（民國新城縣志人物）

清　陳源長、字子魯。新城人。諸生。負奇氣。精風角占及六壬太乙之術。鄂文端、勦黔省諸苗時。嘗與參軍事。晚年絕口不以語人。年八十餘卒。

清　何觀光、字子尚。號太癡。新城人。廩生。幼有神童之目。精於星卜之學。何端簡、甫垂髫。爲卜其科第官階。一一不爽。布算至六十四。擲筆曰、惜不能逾此。後果如其言。自謂終於某時。至期無疾而逝。

清　王恂、字誠菴。新城人。淸癯恬淡。好老子書。有道士來居宅畔。廟中人、呼麻道人。多異跡。恂師事之久。出書四卷授恂。竟去不見。恂試其術。輒驗。逢大旱爲壇誠禱。是日天無纖翳。正午有雲如片席冉冉至。仰叱之。傾刻四布、大雨如注。濟上旱甚。桑中丞招之往。甘澍應時降。酧以金帛不受。漁洋山人、以神庥立應額其門。北平黃崑圃、延爲卜地。有靈驗。歿之前日。戒其養子勿他出。晨飯後、沐浴衣冠。卓午、仰臥而瞑。以上道光濟南府志方技〇珊按。河北省唐縣之王恂。乃是元人與此迥異。不得以姓名相同而忽之。

473　齊河縣漢祝阿縣地。唐禹城縣地。宋置耿濟鎮。金分置齊河縣。明清皆屬山東濟南府。津浦鐵路經之。

明 王思理、字東泉。孝友端方。尤精星學。子二、澤祿、澤福、均有行誼。

清 袁泉、字朝宗。廩生。研窮周易。孜孜不倦。年六十。兩目忽盲。而數學愈精。與人言休咎多驗。以上民國齊河縣志儒行

474 濟陽縣春秋齊著邑。漢置著縣。北齊省。隋唐爲臨濟縣地。宋爲章丘縣地。金初。析章丘臨邑二縣地。置濟陽縣。明清皆屬山東濟南府。

清 張爾岐、字稷若。號蒿庵。濟陽人。明季諸生。入清隱居敎授。不求聞達。身愈困。學愈篤。凡天人性命。無不畢究。旁通壬遁。又善風角。嘗曰、學者一日之志。天下治亂之源。生人憂樂之本。尤精三禮。有儀禮鄭注句讀。儀禮考注訂誤。周易說略。春秋傳義。夏小正傳注。蒿庵集。蒿庵閒話等書。又著有風角書八卷。載入清史稿藝文術數類占卜之屬。清史稿儒林山東通志人物

清 王祖蘭、優廩生。邃於易。精六爻課。每爲人卜未來事。所談休咎。無不應。民國濟陽縣志藝術

475 長清縣漢置盧縣。北齊廢。隋改置長清縣。故城在今山東長清縣東南三十里。宋徙城於縣之刺榆。即今治。明清皆屬山東濟南府。津浦鐵路經其東。

元 李堅、長清人。號麻衣先生。長於風鑑。嘗賣卜於長安市。壽夭窮通。無不切中。來

遊長清、每以藥濟人。或預告人休咎、無不驗。年逾百歲。一日過石凋鋪、謂人曰、某日吾葬此。至期果化去。按長清縣東山、有麻衣洞、是其隱處。（道光濟南府志方技）

476 泰安縣、（漢博、嬴、奉高三縣地。宋曰奉符。金爲泰安州治。明省縣入州。屬山東濟南府。清雍正十三年、升州爲府。設泰安縣爲府治。民國廢府留縣。津浦鐵路經之。）

晉

汶上老人、善風鑑。羊祜、字叔子、泰山南城人。嘗遊汶水之濱、遇老人謂之曰、孺子有好相。年未六十、必建大功於天下。既而去、莫知其所之。祜後建平吳之策。卒時年五十八。後二歲而孫皓平、羣臣上壽、帝執爵流涕曰、此羊太傅之功。因以剋定之功、祭告祜廟。以此而驗汶上老人之言、則已素定於六十年前矣。功名之際、豈可僥倖。其或成哉。又嘗有善相墓者、言祜祖墓有帝王氣、若鑿之則無。祜遂鑿之、相者見曰、猶出折臂三公。後祜因墮馬折臂、位至三公。信乎墓之有吉凶不誣也。（晉書羊祜本傳、古今類事相兆墓兆門）

宋

開懷道民、精星命之學。東平王編修、贈詩有云、開懷道民、以隻履爲標榜、鬻命資身。其曠達妙趣、有起人者。達磨隻履、投西歸。一隻迺爲汝所持。汝持此隻將奚爲。十方三世包無遺。大撓十干十二支。衍作六十花參差。釋迦佛亦不出斯。丈六身外還屬誰。七十九年略可推。無始刼來何從知。可滿盛著瑯琊兒。任汝胎年月日時。烏窠披上、麤繒衣。龍尾引入黃金墀。平川亥野觀游絲。東西南北隨風飛。水流雲在俱遲遲。凡度眼者都忘機。一物今古常光輝。無頭無尾無骨皮。無男無女無妾妻。無肝無膽無心脾。大率一切皆無之。太空赤立孤悽悽。珞琭忽見全如癡。何況呂李楊徐奚。我命居申西南維。我身在未正值西。臘月三十日到來。此身此命成煙霏。倦起卦盤收卦棊。梅軒共看花陰移。（宋王質雪山集）

清　郭載騋、字御青。古博人。（博、春秋齊邑、在今山東泰安縣東南、左傳哀公十一年、公會吳子伐齊克博、漢置博縣、）懷慶府推官。究心六壬二十年。彙集六壬大全十二卷。康熙甲申刊印行世。其自序云、六壬向無耑刻。抄本皆魯魚胷字。不堪入目。較正刊行海內者。自暘谷關先生三式始。路阻。難購得。余究心此道。業二十年。彙集大全一書成帙。因旅橐蕭然。難以行刻。梓人徐振南者。願求其稿以登梨。因繕寫付之。余奉簡書。復有中州之役。不知其刻能竟否。

若集中畢法賦、正舛訂訛。分類抬頭。使觀者較若列眉。又課經集、彙括諸家。更無剩義。余之心血幾爲嘔盡。壬書中從無此精研者矣。友人覽是編曰、汝素研精此道。能占之百不失一乎。余曰不然。占有應否。中有說焉。余揣以經營事理爲主。不過信杳茫也。現前事理。苟屬一定。其宜行宜止。觀事理爲動靜。其成敗聽之天而已。如舍定理而別圖。卽爲妄占。妄則不誠。不誠則不明。事有宜占者。有不宜占者。宜占者事理有兩在者也。不宜占者。事理無兩在者也。又事關鴻鉅。疑心亟切則宜占。事屬緩慢。心不亟切。則不宜占。嘗有人以不緊要之事。因閑談而漫求占。問者之心已不誠。占者亦漫應之。兩人之心俱不誠。是無物也。無物則無形見。所以課體亦茫無端緒。大約天下事、皆象心爲之。未有無心而有事者也。如人閉目凝神。雖坐靜一室。而室外步履音響。洞垣如見。如心偶他馳。人過吾前而不見。聲震吾耳而不聞。是心一不在。雖面前形聲、且不見不聞。而況傳課中隱深之義乎。卜筮家、每云心不誠。則神不告。非幻冥之神不告。乃吾自心之神不出現也。上徹九天下透重淵。皆人心靈爲之舍自己心靈、而求課象。必不得之數也。余持是說以告占驗家。百不失一矣。請以質之海內同志者。六壬大全自序○四庫提要子部術數類云・大六壬大全十二卷・編修勵守謙家藏本・不著撰人名氏・卷首題懷慶府推官郭載騋校・蓋明代所刊也・珂家藏原刻本・有自序・載明康熙甲申季秋・古博郭載騋御青甫・題于白門邸中字樣・具見勵藏之本・佚去載騋自序・故提要疑爲明刊也・

清　張永爵、字錫侯。學青烏家言。天文地理星緯諸書。研心考究。占驗無不奇中。年九十餘。步履視聽、如少壯時。晚號竹溪老人。有奇門眞機四卷。今佚。民國泰安縣志方技

477 萊蕪縣 春秋齊嬴縣・唐移置萊蕪縣於此・清屬山東泰安府・

明　董從、字大同。邑諸生。工詩善書法。爲人豪邁亢簡。不合時趨。恥爲佔畢餖飣之業。喜投壺圍棋。又善形家言。間嘗賣漿鬻卜。卒年六十有二。彭城吳某題其墓曰、詞壇高士。民國萊蕪縣志隱逸

478 肥城縣 漢置肥城縣・後漢省・晉復置・後魏曰肥城・唐省・元復置・清屬山東泰安府・縣境產桃・俗名肥桃・實大味甘・液亦較常桃爲多・

清　尹匯瀛、字福山。幼讀書。端重若成人。道光丁酉拔貢。旋舉順天鄉試、成進士。官工部主事。請假歸里。遂不復出。博覽羣書。肆力於詩古文詞。經史而外。於天文占

卜堪輿星相之書無所不究晚年尤通醫理居恆兀坐斗室如對大賓及與人接。盎然太和溢於眉宇。鄉黨奉爲矜式。年六十二卒。（光緒肥城縣志文學）

479 惠民縣（漢厭次縣地・宋移置信陽縣於此・明省・改置武定州・清雍正十二年・升武定爲府・屬山東省・置惠民縣爲府治・）

清　李壽淵、字靜洲年十五、補弟子員雍正壬子舉人博學多才。自經史詩賦文詞外。旁及陰陽象緯卜算堪輿之學多手錄成篇莫不究其奧旨年五十一歲卒。（乾隆惠民縣志文學宣統山東通志人物）

480 陽信縣（漢置・在今山東無棣縣界・北齊移治馬嶺城・在今陽信縣東・隋時又移治陽信縣南七里・宋徙今治・清屬山東武定府・）

宋　王訥、陽信人通星曆太宗時、王贊寧充史館編修壽八十。訥推其命孤薄無貴壽。謂寧曰、君生時其有貴星臨乎。寧曰然。予母嘗言生我時有王侯貴人避雨門前移時方去。（圖書集成星命部名流列傳）

宋　楊知、陽信人少遇異人、傳以風鑑。太宗微時、散行遇知。知謂曰、君其治世主乎。太宗却避。及登極。乃詔號眞人。卽泰山爲庵以居。後莫知所之。

明

張希儒、字太宇。陽信人。由歲貢任臨淸訓導。出遊陌上。遇一貧衲。邀與共飲。衲感之。授以風鑑術。言人休咎皆奇驗。邑紳李如檜、遷冏卿。親友郊餞。希儒歸語人曰、可惜此老登鬼錄矣。聞者驚愕。後旬日而訃至。邑人曾明昌、爲諸生時。希儒見而奇曰、年非大比。而面有桂花。其瓣不完。既而泰昌改元。昌得恩拔。馬素融、劉進古、爲諸生。同硯席。希儒異曰、兩貢同時。爲不解也。後順治辛卯、馬准恩貢。劉以歲貢。同時之言果驗。（以上咸豐武定府志藝術）

淸

朱崇英、字映陽。邑增生。其父庠生百揆。通曉地理。崇英能世其學。精管輅課。每丁大比年、元夜起課。問科第。毫髮不爽。壽八十三而終。（乾隆陽信縣志方技）

481 厭次縣（秦置。漢改曰富平。後漢復故。明統志。載厭次在陵縣東北三十里。卽今神頭鎭。此秦及西漢之厭次也。山東通志云。富平在陽信東南三十里。乃今桑落墅。此東漢之厭次也。）

漢

東方朔、字曼倩。厭次人。武帝初、朔上書、高自稱譽。帝偉之。令爲常侍郎。帝欲爲上林苑。朔進諫。迺拜朔爲太中大夫、給事中。復爲中郎。復上書、陳農戰彊國之計。不見用。因著論設客難。已又設非有先生之論。朔之文辭、此二篇最善。朔待詔金馬門。稍得親近。上嘗使諸數家射覆。置守宮盂下。射之、皆不能中。朔自贊曰、臣嘗受易。請射之。迺別著布卦而對曰、臣以爲龍又無角。謂之爲蛇又無足。跂跂脈脈善緣壁。是非守宮卽蜥蜴。上曰善。賜帛十匹。復使射他物。連中。輒賜帛。前漢書本傳圖書藝術典射覆部紀事

482 無棣縣 卽春秋時齊之無棣邑。管子所謂北至無棣者。隋置縣治此。在今山東無棣縣北三十里。唐因之。宋仍治此。治平中移於今城。卽五代周所置保順軍也。金廢軍。元分其地屬滄棣二州。俗謂之東西二無棣縣也。而縣治入於棣州。明初以東無棣。改置海豐縣。又以直隸之西無棣。改置慶雲縣。清因之。民國改海豐縣爲無棣縣。沿海魚鹽殷富。其地亦曰拓。有移治大山街之議。

明

王守分、字西安。精歷算及形家言。充陰陽學訓術。進士高知彰、贈詩有曰、士庶喜吾談造化。鬼神畏我破天機。年至八十終。子希哲、嗣其職。民國無棣縣志隱逸

483 濱州 五代周置。宋曰濱州勃海郡。金曰濱州。明屬山東濟南府。清因之。民國改爲濱縣。

後漢

郭鳳、渤海人。官博士。好圖讖。善說災異吉凶占應。先自知死期。豫令弟子市棺斂具。至其日而終。後漢書方術附謝夷吾傳

清

薛嵋、字對峯。居家以孝友著。讀書三月。卽棄去。博通詩古文詞。兼及堪輿易象

篆刻諸技寡知交而交必以誠嘗有故人子廢學者減餐以供、勿恤也每為人相地必度其德克堪與否利不能動勢亦不為之屈暇時布衣草屨行吟城隅有古隱士風一日有以私事相干者投數十金擯弗受其高風亮節類如此（咸豐濱州志隱逸）

484 利津縣、（漢濕沃縣地・隋蒲臺縣地・唐渤海蒲臺二縣地・金為永利鎮・尋升為利津縣・清屬山東武定府・）

明

李登仙、字見田仁義鄉一圖人自幼即好談玄講易究心康節數學諸書長而遨遊四方寄情山水得異人傳授遂出口詩文隨風珠玉每意到即筆不停寫言言奇中不占驗而前知有不可徒以數學測者登仙嘗遊晉中與太史朱滄起交指點何地吉何方得全至逆闖變起與數符合朱氏得全家無恙為著異人傳以行世時田都督宏遇、聞其名、延之署中適流寇掠河陝諸省撥馬日馳數百里報軍中機宜登仙曰、安用是今日寇攻某城擊某寨我兵與戰勝負若何皆遠在千百里外報知悉如登仙言都督得以奏之上大喜進都督服俸都督欲奏登仙姓名於上登仙不許（光緒利津縣志仙技）

清　李神仙者、利津人。占卜多奇中。順治間、霑化李吉津、宮詹呈祥。寓京師日。嘗問以前程事。李書一聯云、洗耳自同高士潔。披襟不讓大王雄。後半載、吉津以建言流徙出關。途次永平。有一秀才迎道側。具刺、自言貧苦求資助。視其名、則高士潔也。大駭歎。及出關、一守備王姓、遠來相迓。因爲誦聯句。王駭曰、雄卽某小字也。吉津太息以爲定數不爽如此。康熙壬寅、詔許生還。一日偶舉此事語長洲尤展成太史。尤又駭曰、此詩乃余昔年戲作論語詩中之一也。清王士禎池北偶談

485 霑化縣 隋浦臺縣地・宋置招安縣・金改名霑化・清屬山東武定府・

清　溫其中、不知何許人。善相宅。至一家云、牆橫曲木。北堂病母。其家驚以爲神。延至家、應手而母病愈。王令君、宅多鬼。延其中。至、遍相其宅。以手畫地。命掘之。得白骨二合。棺而窆。妖遂寂然。其術之神異皆此類也。

清　范峻、字景坡。庠生。服習象緯堪輿陰陽方脈律呂諸書。邑城舊有五門。南門東有小南門。久塞。峻請於邑令復舊制。曰、利文明也。著有易經講義十卷。邑令童均

爲之序。藏於家。

清　郭景曜、字曾照。下鄒莊人。庠生。性好靜。與人無爭。處鄉里、恂恂時。人皆敬之。入庠後。手不釋卷。尤邃於易。凡易之註釋。多所發明。善風鑑卜筮。非有意習其業。蓋自天文地理之學。推測而得者也。以上民國霑化縣志方技

436 商河縣隋置滴河縣。宋改曰商河。清屬山東武定府。

清　蘇雲山、三教堂人。精堪輿學。有延請者。無論遠近。輒步隨之。不索謝。又多識前言往事。喜劇談。言必忠孝節義。能令人鼓舞感泣。家素豐。自奉儉約。戚友稱貸無難色。適病甚。合家惶懼。欲備後事。雲山曰、勿須。吾命今未合終。後十年乃其時耳。至時忽偃臥不起。召家人至。悉取積年債券令焚之。或勸其以遺後人。曰、爲後人斷此葛藤。卽所以遺之也。舉首環顧。家人俱在。連曰好好。遂卒。壽七十三歲。

清　李毓華、字協庵。胡家營人。天資穎敏。弱冠遊庠。旋補增廣生。鄉試屢薦未售。遂無志進取。精星命學。爲人推算。無不應驗。

清　李懷敬、字修齋。胡家營人。幼業儒。中年廢讀。精數學。尤善卜筮。言輒驗。

清　劉寶璋、字劍南。燕莊人。歲貢生。任萊蕪教諭。年老致仕。閉戶修養。精奇門。能驅六丁六甲之神。談未來之事。無不應驗。無疾而終。人以爲仙去。著有數學正宗。

清　李爽、精於數學。知人死生先時。知年歲豐歉。壽九十四歲。以上道光商河縣志方技

487 高苑縣 戰國齊千乘狄邑地·漢置千乘縣·南朝宋·僑置長樂縣·北齊移縣治被陽城·隋改曰會城·又改曰高苑·宋改曰宣化軍·尋廢軍爲縣·明清皆屬山東青州府·

清　何一鳳、高苑人。邑庠生。年二十七。棄妻子。游名山。嘗寓蒙城西陽埠口。晦跡隱名。以賣卜養身。號百開子。著丹臺鶴韻一卷。後不知所終。康熙青州府志方技

488 博山縣 本淄川縣之顏神鎭地·漢爲萊蕪縣地·北魏以後·爲貝丘縣地·元初·嘗置行淄川縣於此·尋縣廢·以鎭淄益都·明設通判駐此·清雍正十二年·始析益都淄川萊蕪地·置博山縣·屬山東青州府·膠濟鐵路之支線·自張店經淄川達此·今有自闢爲商埠之議·縣境產製玻璃之原料白沙·故於清光緒三十二年·創辦玻璃公司·所出之貨·雖不能與歐美各國較·而在中國·却爲絕大之玻璃廠·與江蘇之耀徐並稱·所出之平面玻璃·及玻璃器·曾於南洋勸業會·得一等獎·惜用人濫而開支巨·所出玻璃·又瑩潔不足·損失太多·連年虧折·至清宣統二年遂停辦·地亦產煤·舊時並產鐵·

明　趙祜、字玉沙。歲貢生。性簡淡。讀書深默。甚有檢裁。父應時、嘗以貢士爲蘭陽主簿。家故淡薄。祜又躭讀。不措意生產。益貧落。或至齋時已過。妻孥尙懸釜以待。有

不堪者。輒顧笑曰、姑徐徐。無妨我讀也。居常晏坐一室。冬夏不謝衣冠。禹步徐行。意閒閒。既無惰容。亦無窘步。以此人未或窺其際焉。晚好青烏家言。雖已策名。閉戶不仕。追摹伏讀著地理紫囊書傳於世。四世孫其昌。中康熙己酉亞魁、己未成進士。（民國博山縣志隱逸）

489 濟寧州（春秋任國。漢任城縣。後漢置任城國。後魏任城郡。金移濟州治任城。元初。仍曰濟州。徙治鉅野。又升為濟寧府。還治任城。尋復徙。後復置濟州。屬濟寧府。升為濟寧路。明改路為府。又降為州。清升為直隸州。屬山東省。民國改縣。地濱運河。南通江淮。北連河濟。為南北水陸之襟要。民國十年。自闢為商埠。津浦鐵路。有支線自滋陽縣達此。）

明 王泰、濟寧衛人。嘗遇一老嫗。授以陰陽大旨一篇。由是言人禍福。屢發屢中。人以為神。都御史馬昂、嘗微服訪泰。泰愕然以為大貴人也。公某月日、必陞兵部尚書。果然。漕運都御史王洪、就問。泰曰、此去赴京。必有大禍。後洪以笏擊死亂政毛長隨於朝。果被謫戍遠方。泰又曰、公至某處。當有詔命仍理漕運。果如所言。指揮盧彬、金帶自東復開者三。泰曰、今夕決有鋒刃之禍。是夕彬入舍人王鸞家。為鸞所殺。其神妙如此。（圖書集成藝術典卜筮部名流列傳）

清　郭一標，號次立。業儒有行，敎授生徒。夏一葛，冬一褐，所食不過粗糲，所居僅蔽風雨，數十年如一日，泊如也。庭花窗草，簷鳥盆魚，悠然有得。精於易，晨夕把玩，手自編摩。每謂弟子鄭與僑言，大易三百八十四爻，總不外一潛字，會得乾之初體，六十四卦一以貫之可也。爲文爾雅溫醇，自成一體，然每試多不利。或勸其刓方技俗，（刓音元，削去廉隅也。）則曰，文心聲也，違心殉人可乎。以此終不遇，終不悔。年老病終。常作笑容，家人問所笑何事，復大笑而卒。有大易日抄傳於世。（民國濟寧州志隱逸）

490 兗州（屬山東省，故治即今滋陽縣。）

唐　伊愼，字寡悔，兗州人。通春秋戰國策、天官、五行書，以善射爲折衝都尉，授連州長史。討梁崇義、李希烈，署愼漢南北兵馬使，不受。襄漢平，希烈愛其才，數饋遺，欲縻止之。卒以計免。明年希烈反，嗣曹王皐得而壯之，拔爲大將，以功封南兗郡王。卒諡壯繆。（宣統山東通志名臣）

491 曲阜縣（魯周國名，姬姓，文王第四子，周公旦所封也。周公位冢宰，留相天子，乃封其長子伯禽，爲魯侯，都於曲阜，即今山東曲阜縣。伯禽十三世，傳至隱公息姑元年，春秋託始於此。又二百四十有二年。爲哀公蔣之十四年。西狩獲麟。春秋以終。後九君至頃公讎。爲楚所滅。

周　楚丘之父、掌龜卜。魯季友、莊公母弟也。將生。桓公使卜楚丘之父卜之。曰、男也。其名曰友。間於兩社。爲公室輔。季氏亡則魯不昌。又筮之、遇大有䷍之乾䷀。曰、同復於父。敬如君所。及生。有文在手曰友。遂以名之。嗟夫季友之生。爲魯國輔佐。固係於天命。而友之名先見於楚邱之卜與季友之手。自然成文。名亦由天定耶。春秋左傳閔公二年古今類事卜兆

492 寧陽縣春秋魯闡邑。漢置寧陽侯國。後爲縣。故城在今山東寧陽縣南。晉省。北齊移置平原縣於此。隋改曰龔丘。宋又改曰龔縣。今復曰寧陽縣。即今治。明淸皆屬山東兗州府。

明　王賢、字惟善。寧陽人。幼遇異人。授以靑囊書。遂精其術。永樂中、爲成祖卜壽陵。後累官至順天府尹。宣統山東通志方技

493 滕縣周時滕薛小邾三國地。戰國時爲齊地。漢置蕃縣。隋改曰滕縣。宋兼置滕陽軍。金置滕陽州。改滕州。仍治滕縣。明州廢縣存。屬山東兗州府。淸因之。津浦鐵路經之。

明　王恭臨、字南軒。別號海華子。才敏異書。讀一過。卽上口。乾隆丙午。施食拯餓者。時歲荐饑。刼掠蠢動。相戒不入王善人村。既入黌爲國學生。因究心周易六壬天

官靈樞青鳥之籍。尤精於占數。（道光滕縣志方術）

清　劉有源、字宗海。滕縣人。嘉慶丙子舉人。邃於經學。尤精四子書。於宋元以來諸說。析剔轇轕。獨標要義。嘗言讀書貴心得。不然縱多記先儒傳注。猶糟粕耳。少習六甲壬遁甘石星經及靈樞素問等書。皆不以此自炫。鄒嶧之士、及其門者。多知名於時云。（宣統通志儒林）

後漢　494　平陸縣（戰國時齊邑。孟子之平陸。即此。漢置東平陸縣。南朝宋。去東字曰平陸。故城在今山東汶上縣北。元嘉中。移樂平縣寄治於此。隋復改樂平爲平陸。唐改名中都。即今汶上縣治。）

王輔、字公助。平陸人。學公羊傳授神契。常隱居野廬。以道自娛。辟公府。舉有道。對策。拜郎中。陳災異。甄吉凶有驗。拜議郎。以病遜。建光元年辛酉、公車徵輔不至。卒於家。（後漢書樊英傳注）

後漢　495　魚臺縣（春秋魯。棠邑地。戰國爲宋方與邑。秦置方與縣。唐改曰魚臺。因縣北有魯君觀魚臺。故名。清屬山東濟寧州。）

單颺、字武宣。山陽湖陸人。（後漢置湖陸縣。故城在今山東魚臺縣東南六十里。）以孤特清苦自立。善明天官算術。舉孝廉。遷太史令侍中。出爲漢中太守。公事免。後拜尚書。卒於官。初熹平末戊午、黃龍見譙。光祿大夫橋元。(通志橋作喬。)問颺。此何祥也。颺曰、其國當有王者興。不及五十年。龍當復見。此其應也。魏郡人殷登密記之。至建安二十五年庚子春、黃龍復見譙。其冬魏受禪。(後漢書方術宣統山東通志藝術)

後漢

496 沂州(秦置瑯邪郡。後魏置北徐州。北周改曰沂州。隋廢郡。尋改州為瑯邪郡。後復曰沂州。雍正二年。升為直隸州。十二年又升為府。置蘭山縣。為山東沂州府治。民國廢府。改縣曰臨沂。)

趙彥、瑯邪人。少有術學。延熙庚子、瑯邪賊勞丙與泰山賊叔孫無忌殺都尉。攻沒瑯邪屬縣。殘害吏民。朝廷以南陽宗資為討寇中郎將。杖鉞將兵。督州郡。合討無忌。彥為陳孤虛之法。以賊屯在莒。莒有五陽之地。(謂城陽。南武陽。開陽。陽都。安陽並近莒。)宜發五陽郡兵。(郡名有陽。謂山陽。廣陽。漢陽。南陽。丹陽郡之類也。)從孤擊虛以討之。資具以狀上詔書遣五陽兵到。彥推遁甲。教以時進兵。一戰破賊。燔燒屯塢。徐兗二州。一時平夷。(後漢書方術宣統山東通志藝術)

後漢

王成、乃南鄭李固門生。固官太尉。受梁冀虛誣。死於獄中。成有古人之節。遂將固幼子燮。乘江東下。入徐州界內。時燮年甫十三。令燮姓名為酒家傭。而成賣卜於市。各為異人。陰相往來。燮從受學。酒家異之。意非恆人。以女妻燮。燮專精經學。

十餘年間。梁冀既誅。大赦天下。並求固後嗣。燮乃以本末告酒家。酒家具車重厚遣之。皆不受。遂還鄉里。後王成卒。燮以禮葬之。感傷舊恩。每四節爲設上賓之位而祠焉。後漢書附李固傳　清一統志山東省沂州府流寓

劉宋

顏延之、字延年。少孤貧。好讀書。文章之美。冠絕當時。累官始安、永嘉二郡太守、祕書監光祿勳。孝建三年丙申卒。時年七十三。謚曰憲。著大筮箴云。余因談易。偶意蓍龜。友人有請決遊宦務志。卦有咎占。故作大筮箴以悟焉。先王設筮。大人盡慮。卦遭同人。變而之豫。先號後笑。初暌未遇。時至運來。當在三五。功畢官成。幾乎衍數。慶在坤宮。災在坎路。不出戶庭。獨立無懼。違此而動。投足失步。無惰爾儀。寧骨有知。無曰余逆。神筮不豫。南人司箴。敢告馳騖。宋書本傳　顏光祿集

劉宋

王微、字景元。臨沂人。少好學。善屬文。工書。兼解音律及醫方卜筮陰陽術數之事。宋文帝以其善筮。賜以名蓍。初爲始興王友。父憂去職。微素無宦情。服闋。辭不就辟。又妙解天文。知當有大故。常住敝屋一間。尋書玩古。遂足不履地。牀席皆生

塵埃。惟當坐處獨淨。如此者十餘年。所著文集傳於世。卒贈祕書監。宋書本傳南史附王宏傳

清

宋之韓、字奇玉。沂州人。孝弟嗜學。精天文地理。以明經教授東昌。稱職。陞瀘州通判。五子諸孫。俱顯於時。乾隆沂州府志文學

明

497 蒙陰縣春秋魯蒙邑。漢置蒙陰縣。故城在今山東蒙陰縣西南十五里。後魏置新泰縣。東魏改曰蒙陰。故城在今縣東十里。元復置今治。清屬山東沂州府。

公家臣、字東塘。蒙陰人。隆慶戊辰翰林編修。謫廣平推官。陞南戶部主事。過里中。轉墓至黃山下。謂子鼐曰、字孝與。此佳地。歿而葬此可矣。鼐言怪之。既抵南。病作。鼐往迎。至徐州。見夢曰、吾不歸矣。黃山葬地。無過趙氏北墻下。鼐大驚。起赴。家臣已卒滁州。蓋卽見夢之夕也。既尋得地。葬有日矣。卽不知所言趙者何。鼐臥柩側。夢一蒼頭馳告曰、闕前過一石橋。奈何相與往視之。儼然古塚。堂宇宏麗。朱扉四啓。隙中見一燈熒然。已而朱扉開。燈爆有聲。光大起如晝。北壁有銘。而闕其角。曰、宋貴主葬處也。生嘉祐至道間。一轉爲某官。再轉爲戶部主事。推官云、旁有書四廚。劍四。鼐拔劍舞。遂覺。覺而悟宋貴主之爲趙氏也。越數日方葬。而甘泉出。芝草

生。至萬曆辛丑、鼐成進士、改庶吉士。授編修。累官禮部侍郎。引疾歸。卒謚文介。明史附公鼐傳明朱國禎湧幢小品

408 莒州 周爲莒國。漢置莒縣。文帝封朱虛侯章爲城陽王。以莒爲都。金置城陽州於此。後改名莒州。明省縣入州。淸因之。屬山東沂州府。民國改州爲縣。

明

趙同、汀水人。少力學。有遠志。硏窮經術。尤邃於易。檃聚漢宋傳注。冥思若索者三年。夜夢兩人至榻前。扣之曰、子猶未悟耶。其一曰茲悟矣。遂笑而去。旣寤。思之洞然。遂善易。卜休咎。奇中。乃攜一童。游淮海徐揚。仿君平垂簾故事。得貲盈數。歸而鳩工鑿石。築橋於村東五里許。寬平堅實。行旅便之。工甫竣。無疾而逝。初自筮終身。遇同人、辭曰、同人于野。遂取名同。字子野。著有易解心悟。今佚。民國莒縣志藝術

409 東莞縣 漢置爲侯國。晉時屬慕容燕。亦曰團城。魏改爲南青州。仍治團城。隋改爲沂水。即今山東沂水縣治。

北周

孫僧化、東莞人。識星分。案天占言災異。時有所中。普泰中、爾朱世隆、惡其多言。遂繫於廷尉。免官。永熙中出帝召僧化、與中散大夫孫安都。共撰兵法。未就。而帝入關。遂罷。元象中、死於晉陽。北史附張深傳術數宣統山東通志方技

500 陽都縣春秋時陽國・漢置陽都縣・永和十二年・徐州刺史荀羨攻陽都・克之・縣尋廢・故城在今山東沂水縣南・

諸葛亮、字孔明。陽都人。少孤。避難荆州。躬耕隴畝。先生詣亮、三往乃見。後從先主、敗曹操於赤壁。收江南。及成都平、策爲丞相。先主崩。受遺詔。輔後主。建興初、封武鄉侯。領益州牧。志在攻魏。以復中原。乃東和孫權。南平孟獲。而後出師北伐。六出祁山。與魏相攻戰者累年。後以疾。卒於軍。年五十四。謚忠武。亮性長於巧思。損益連弩。作木牛流馬。推演兵法。作八陣圖。咸得其要。著有諸葛武侯十六策一卷。將苑一卷。平朝陰府二十四機一卷。六軍鏡心訣一卷。八陣圖一卷。兵機法一卷。六壬類苑一卷。相書一卷。相山訣一卷。大堂明鑑一卷。惜均罕見矣。三國蜀志本傳宋鄭樵通志藝文略

〇蜀志本傳注・蜀記云・曹公遣刺客見劉備・方得交接・開論伐魏・形勢甚合・備計稍欲親近・刺者尙未得便・會旣而亮入・魏客神色失措・亮因而察之・亦知非常人・須臾客如廁・備謂亮曰・向得奇士・足以助君・補益・亮問所在・備曰起者其人也・亮徐歎曰・觀客色動而神懼・視低而忤數・姦形外漏・邪心內藏・必曹氏刺客也・追之・已越牆而走・〇圖書集成藝術典術數部紀事・上先主書云・亮算太乙數・今年歲次癸巳・罡星在西方・又觀乾象・太白臨於雒城之分・主於將帥多凶少吉・原註太乙飛鈴云・先主自涪攻雒城・亮遣馬良上先主書・已而軍師龐統中流矢死・〇陰符經注云・亮曰・天垂象・聖人則之・推甲子・畫八卦・考蓍龜・稽律曆・則鬼神之情・陰陽之理・昭著乎象・無不盡矣・

501 **曹州** 春秋曹國。後魏置西兗州。北齊改爲曹州。在今山東曹縣西北七十里。今移治古乘氏。即今荷澤縣。明移州還治曹縣。界安陵鎮。又徙治盤石鎮。尋降州爲曹縣。別置曹州。以曹縣屬之。即今曹縣治。清雍正十三年。升州爲曹州府。置荷澤縣爲府治。民國廢府爲縣。

隋

蕭吉、字文休。梁武帝兄也。博學多通。尤精陰陽算術。江陵覆亡。遂歸周、爲儀同。周宣帝時。吉以朝政日非。上書切諫。不納。及隋受禪。進上儀同。兼太常。考定古今陰陽書。開皇間、帝陰欲易太子。吉先上言。太子當不安位。帝異之。由是每被顧問。獻皇后崩。上令吉擇葬所。歷筮山原。至一處。曰卜年二千。卜世二百。圖而奏之。退告族人平仲曰、二千者。三十字也。二百者。取三十二運也。太子得政。隋其亡乎。當有眞人出治之矣。煬帝嗣位。拜太府少卿。加開府。嘗行經華陰。見楊素冢上有白氣屬天。密言於帝曰、其後素家當有兵禍滅門。未幾而元感以反族誅。其言果驗。著五行大義。金海。相經要錄。宅經。葬經。樂譜。相手版要訣。太一立成。並行於世。隋書藝術　宣統山東通志藝術

元

郭翁、曹州人。以賣卜南遊定遠。有富人女瞽、而卜所偶。翁占之曰、此貴人也。當

在腹。請娶之。期年而生子子興。興從明太祖攻常州寧國。下之。又從徐達取中原。克汴梁。封鞏昌侯。宣統山東通志方技

歷代卜人傳卷二十三終

江都沈薇閣校

俞曲園湖樓筆談卷七。嘗讀孟子、至孟獻子、有友五人焉。樂正、裘牧仲、其三人則予忘之矣。未嘗不廢書而歎也。曰樂正、裘牧仲、幸而爲孟子所記憶。從此姓名千古矣。其三人者、不幸而不爲孟子所記憶。則遂湮沒無聞矣。在孟子當日不過一沈吟間。而傳與不傳。卽繫乎此。人知富貴窮賤。有命存焉。而不知身後之名。亦自有命。不然彼五人者。何以有傳有不傳哉。淸、俞樾、茶香室四鈔、引宋、陳昉、穎川小語云。俗言三平二滿。蓋三遇平二遇滿。皆平穩得過之日。五角六張。五遇角六遇張。其日不穩多乖。按三平二滿。余向不解。今乃知五角六張之例耳。

宋、寇宗奭、本草衍義。以針貫燈心浮水上亦指南。然常偏丙位。蓋丙爲大火。庚辛金受其制。故如是。

明、郎瑛、七修類稿。燕、水鳥也。故名元鳥。其來去皆避社日。不以戊己日取土爲巢。書戊己於巢則去。皆因土尅水故也。

曲園續鈔載、宋、范石湖詩集、有一題云丙午新年六十一歲。俗謂之元命。作詩自貺。按六十一歲爲元命。今無此說矣。

宗、俞琰、席上腐談。欲知時辰陰陽。當別以鼻。鼻中氣、陽時在左。陰時在右。亥子之交。兩鼻俱通。丹家謂玉洞雙開、是也。

宋、邵康節公、擊壤集、「題爲乾坤吟。」用九見羣龍。首能出庶物。用六利永貞。因乾以爲利。四象以九成。遂爲三十六。四象以六成。遂爲二十四。如何九與六。能盡人間事。

中國歷代卜人傳卷二十四

潤德堂叢書之八

鎭江袁阜樹珊編次

山東省二

502 單父縣（春秋時魯邑．秦置單父縣．南朝宋．改爲離狐縣．北齊廢．隋復置單父縣．故城在今山東省單縣南一里．明爲單縣徙今單縣治．）

漢 呂公、名文字叔平。（史記索隱．引相經．）單父人善沛令避仇從之客因家沛焉。沛中豪傑吏。聞令有重客皆往賀。蕭何爲主吏主進。（索隱鄭氏云．主賦斂禮錢也．）令諸大夫曰。（正義曰．大夫．客之貴者總稱之．）進不滿千錢。坐之堂下。高祖爲亭長。素易諸吏。乃紿爲謁曰、賀錢萬。實不持一錢。謁入。呂公大驚。起迎之門。呂公者、好相人。見高祖狀貌。因重敬之。引入坐。蕭何曰、劉季固多大言。少成事。高祖因狎侮諸客。遂坐上坐。無所詘。酒闌。呂公因目固留高祖。（正義．不敢對衆顯言．故目動而留之．）高祖竟酒。後呂公曰、臣少好相人。（集解張晏曰．古人相與語．多自稱臣．自卑下之道．若今人相與語．皆自稱僕．）相人多矣。無如季相。願季自愛。臣有息女。（正義．息．生也．謂所生之女也．）願爲季箕帚妾。（妾乃婦人謙卑之稱．不得泥作副室爲妾解也・酒罷。呂媼怒呂公曰、公始常欲奇此女與貴人。沛令善公求之不與。何自妄許與劉季。呂公曰、此非兒女子所知也。卒與劉季。呂公女乃呂后也。生孝惠帝。魯元公主。史記高祖本紀宣統山東通志藝術

503 聊城縣本齊聊攝地・漢置聊城縣・故城在今山東聊城縣西北十五里・宋徙今治・明清皆屬山東東昌府治・

清

郭從風、精於卜數。言無不中。世人每欽仰之。蓋其懿行尤有足多者。宣統縣志懿行

504 堂邑縣漢發干縣地・隋置堂邑縣・故城在今山東堂邑縣西十里・宋圮於水・因東徙今治・明清皆屬山東東昌府・

晉

步熊、字叔羆。陽平發干人。少好卜筮數術。門徒甚盛。熊學舍側、有一人燒死。吏持熊諸生。謂爲失火。熊曰、已爲卿卜得其人矣。使從道南行。當有一人來問得主未者、便縛之。吏如熊言。果是耕人。自言草惡難耕。故燒之。忽風起延燒。實不知草中有人。又鄰人兒遠行。或告以死。其父母號哭制服。熊爲之卜。剋日當還。如期果至。趙王倫聞其名。召之。熊謂諸生曰、倫死不久。不足應也。倫怒、遣兵圍之。熊使諸生、著其衰南走。倫兵悉赴捉之。熊密從北出得脫。後爲成都王穎所辟。晉書藝術宣統山東通志藝術

清

505 茌平縣漢置。應劭曰。茌山名。縣在山之平陸。故曰茌平。故城在今山東茌平縣西三十里。

紀法程、字憲書。鄉飲大賓。精堪輿術。學師張存素、贈以詩云、德沛茌山驛。風高重邸城。於今稱大老。自昔重耆英。蓋紀實也。康熙茌平縣志方技

506 清平縣漢置貝邱縣。北齊省。隋復置。又改曰清平。故城在今山東清平縣西四十里。宋漯河決。壞城。徙治明靈寨。即今治。明清皆屬山東東昌府。

唐

呂才、清平人。少好學。善陰陽方技之書。貞觀己丑、魏徵等、盛稱才、學術之妙。即徵才、令直引文館。太宗嘗覽周武帝所撰三局象經。不曉其旨。太子洗馬蔡允恭。年少時嘗爲此戲。太宗召問。亦廢而不通。乃召才、使問焉。才尋繹一宿。便能作圖解釋。允恭覽之。依然記其舊法。與才正同。由是才遂知名。累遷太常博士。太宗以陰陽書。近代以來。漸致訛僞。穿鑿既甚。拘忌亦多。遂命才與學者十餘人。共加刊正。削其淺俗。存其可用者。勒成五十三卷。并舊書四十七卷。十五年書成。詔頒行之。舊唐書方技○圖書集成卜筮部引夢溪筆談云。呂才謂卜宅。祿命。卜葬之說。皆以術爲無驗。術之不可恃。信然。而不知彼皆寓也。神而明之。存乎其人。故一術二人用之。則所占各異。人之心本神。以其不能無累。而寓之以無心之物。而以吾之所以神者胥之。此術之微。難可以俗人論也。

明　邢修業、嘉靖辛卯舉人。遇異人授象緯占候。談休咎輒驗。海內名人過清者。必訪之。曾襄愍巡撫時。以邊材薦。弗就。

清　張君勝、善卜筮。同里有張欽者、娶婦。入室卻走。父母問故。曰、吾入室。吾見厲鬼。不見新婦也。强之不可。如是者年餘。父母憂之。請君勝卜。君勝曰、此親迎日、犯凶煞耳。用雌雄二鷄。庚辛西方土。甲乙東方水。如法鎮之。令欽入房。則嫣然一新婦也。始重行婚禮。未久生子女矣。（以上民國清平縣志方技）

507 莘縣（春秋時。衞莘邑。漢置陽平縣。晉省入樂平。後魏復置。北齊改爲樂平。隋復改曰陽平。又改曰清邑。置莘州。旋廢州。改縣曰莘縣。唐復置莘州。旋亦廢。縣仍曰莘。明清皆屬山東東昌府。）

明　敖山、字靜之。莘縣人。登鄉試第一。成化戊戌進士。官江西提學副使。江西故多文學。山釆摭諸子百家之疑。及古今變故之難。彙爲文目。以策諸生。其說多先儒所未及。晚年日手皇極經世一編。妙契邵子不傳之旨。著有先天手冊。燦然稿。（宣統山東通志儒林）

508 高唐州（漢靈縣地。後魏分置高唐縣。唐改曰崇武。尋復故。五代梁。改曰魚邱。後唐復故。晉又改曰齊城。漢初復故。元置高唐州治此。明初省縣入州。屬山東東昌府。清因之。民國改州爲縣。）

晉　華嶠、字叔駿。高堂人。少有令聞。武帝以嶠博聞多識。凡治禮。音律天文數術。南省文章門下撰集。皆典統之。初嶠以漢紀煩穢。慨然有改作之意。會爲臺郎。典官制事。由是得徧觀祕籍。遂就其緒。成漢後書。文質事核。有遷固之規。元康三年癸丑卒。追贈少府。謚曰簡。（晉書附華表傳　清一統志山東省濟南府人物）

唐　乙弗宏禮。高唐人。當隋煬帝居藩。召令相己。宏禮賀曰。大王骨相非常。必爲萬乘之主。所戒在德而已。及即位。召天下道術人。置坊以居之。仍令宏禮總攝。帝見海內寖亂。內懷憂恐。嘗謂宏禮曰、昔卿相朕。其言已驗。且占相道術。朕頗自知。卿更相朕。終當何如。宏禮逡巡不敢答。帝迫曰、不言且死。宏禮曰、臣本觀相書。凡人之相。有類於陛下者。不得善終。臣聞聖人不相。知凡聖不同耳。自是帝嘗遣使監之。不得與人交言。初泗州刺史薛大鼎、隋時嘗坐事沒爲奴。及貞觀初、與數人詣之。大鼎次至。有請於宏禮。曰、君奴也。欲何所相。咸曰、何以知之。宏禮曰、觀其頭目。直是賤人。但不知餘處何如耳。大鼎有慚色。乃解衣視之。宏禮曰、看君面。不異前

言。占君自腰以下當爲方嶽之任。其占相皆此類也。貞觀末己酉、卒。新舊唐書方技宣統山東通志藝術

清　華玉書、字素文。貢生。德州封大受述其卜地論云、擇地必先論其主勢之强弱。風氣之聚散。水土之淺深。穴道之偏正。力量之全否。然後可以較其地之美惡。其說蓋本於考亭已。光緒高唐州志方技

509 恩縣漢東陽縣地。晉以後爲武城鄃二縣地。隋析置歷亭縣。金徙恩州治此。在山東恩縣西四十里。俗呼舊縣城。元以州治歷亭。縣省入。明降爲恩縣。移今治。清屬山東東昌府。

漢　宋景、清河人。以歷紀推言水災。從學者甚衆。

清　楊蘭芳、字典庭。廪貢生。精於陰陽象數之學。弟春芳、增生。與蘭芳同生。倡修族譜。爲宗黨所推重。以上宣統恩縣志方技

510 德州元置陵州。明降爲陵縣。永樂間。改德州爲陵縣。以故陵縣爲德州。屬山東濟南府。清因之。民國改爲德縣。

明　李誠明、字思伯。本商河人。自其祖始遷於德。中萬歷舉人。博極羣書。以至天文地理戰陣推步術數之學。無不通曉。皆有獨解。與世俗所守師說不同。而內行純備。孝友過人。乾隆德州志人物

明　鮑雲鳳、德州人。少以奇童稱。精究天文地理。推驗如神。隱居不仕。自號雲峯先生。（宣統山東通志藝術）

清　李源、字星來。德州人。（亭林稱源爲北李家）順治丙戌進士。授河間令。有能稱。罷歸。爲人和易謙退。好讀書。至老不倦。於古今河渠漕屯、兵農諸事。討論尤精。濟南府志稱源歸里後。築退庵。因以自號。植花竹。購圖書。善談易數。崑山顧先生聞而歎曰。今之管輅也。（鄞陳康祺郎潛二筆）

511 德平縣（漢置平昌縣。後漢曰西平昌。晉因之。後省。後魏復置平昌縣。五代唐。改曰德平。宋省爲鎮。尋復置。明清皆屬山東濟南府。）

清　葛傳鼇、字景溪。增生。具軼才。殫洽賅藝術。凡君平景純所著。以及五行三命之書。靡不講求。問卜者日踵其門。無倦色。時多德之。子本徽、廩生。（光緒德平縣志人物）

512 平原縣（古平原邑。齊西境地。屬趙。趙惠文王。封弟勝爲平原君。漢置縣。並立平原郡於此。後魏并省。尋復置縣。故城在今山東平原縣南二十五里。今縣治城。北齊所築也。清屬山東濟南府。津浦鐵路經之。）

周　平原君、對趙王曰。（趙惠文王。封弟勝。爲平原君。）澠池之會。（澠。音繩。蒸韻。俗讀如泯。誤。戰國韓邑。後屬秦。史記六國年表云。趙惠文王二十年。與秦會澠池。漢置澠池縣、亦作黽池．與澠池水源南北相對．曹魏移西蠡城．在今河南洛寧縣西．唐移於雙橋．卽今治．隴秦豫海鐵路經之．臣察武安君之爲人也。小頭而銳。瞳子黑白分明。眡瞻不轉。眡音嗜．與視通．小頭而銳者、斷敢行也。瞳子黑白分明者、見事明也。眡瞻不轉者、執志彊也。可與持久。難與爭鋒。廉頗爲人勇鷙而愛士。知難而忍恥。與之野戰、則恐不如守足以當之。王從其計。圖書集成相術部紀事引春秋後語

魏

管輅、字公明。平原人。少神穎。與鄰兒戲。輒畫地作天文圖象。夜觀星辰。不能寐。父母禁之不止。常曰、家雞野鵠。猶尚知時。況於人乎。父爲瑯邪卽邱長。輅年十五。從之官。太守單子春。聞其名。召之。置酒高會。子春及衆士、論難鋒起。各欲窮折之。而輅人人剖對。沛若有餘。四坐咸服。及長。體性寬大。多所含受。憎己不讎。愛己不褒。每欲以德報怨。常謂忠孝信義。人之根本。不可不厚。廉介細直。士之浮飾。不足爲務。自言知我者稀。則我貴矣。安能斷江漢之流。爲激石之淸。樂與季主論道。不欲與漁父同舟。此吾志也。然貌粗醜。無威儀而嗜酒。故人多愛之而不敬也。始從利漕人郭恩字義博．、學易數十日。論難踰於師。分蓍布卦。言輒奇中。又從恩學仰觀。

曰、君但告我墟落處所耳。至推運會論災異。知不可以言傳。未一年、恩反。從輅問易及天文事。太息言、聞君至論。忘我篤疾。明闇之不相逮。何其遠也。清河太守華表。召輅爲文學掾。安平趙孔曜、薦輅於冀州刺史裴徽曰、輅仰觀天文。則同妙甘公石申。俯覽周易。則齊思季主。今明使方垂神幽藪。流精九皐。輅宜蒙陰和之應。得及羽儀之時。徽於是辟爲文學從事。引與相見。大友善之。徙部鉅野。遷治中別駕。正始九年戊辰年三十六。六當作九。舉秀才。十二月二十八日、至洛。吏部尚書何晏請之。鄧颺在坐。晏謂輅曰、聞君著爻神妙。試爲一卦。知位當至三公否。又問連夢見青蠅數十頭。來在鼻上。驅之不肯去。有何意故。輅曰、夫飛鴞天下賤鳥。及其在林食椹。則懷我好音。況輅心非草木。敢不盡忠。昔元凱之弼重華。宣慈惠和。周公之翼成王。坐而待旦。故能流光六合。萬國咸寧。此乃履道休應。非卜筮之所明也。今君侯位重山岳。勢若雷電。而懷德者鮮。畏威者衆。殆非小心翼翼。多福之仁。又鼻者艮。天中之山。高而不危。所以長守貴。今青蠅臭惡而集之焉。位峻者顚。輕豪者亡。不可不思害盈之數。盛衰之期。是故山在地中曰謙。雷在天上曰壯。謙則裒多益寡。壯則非禮勿履。未有損己而不光大。行非而不傷敗。願君侯上追文王六爻之旨。下思尼父彖象之義。然後三公可決。青蠅可驅也。颺曰、此老生之常譚。輅答曰、夫老生者見不生。常譚者見不譚。晏曰、過歲更當相見。輅還邑舍。具以此言語舅氏。（夏大夫也・）舅氏責輅言太切至。輅曰、與死人語。何所畏耶。舅大怒。謂輅狂悖。歲朝、西北風大。塵埃蔽天十餘日。聞晏颺皆誅。然後舅乃服。輅隨軍西行。過毋丘儉墓下。倚樹哀吟。精神不樂。人問其故。輅曰、林木雖茂。無形可久。碑誄雖美。無後可守。玄武藏頭。蒼龍無足。白虎銜尸。朱雀悲哭。四危皆備。法當滅族。不過二載。其應至矣。卒如其言。後得休。過清河倪太守。時天旱。倪問輅雨期。輅曰、今夕當雨。是日暘燥。晝無形似。府丞及令在坐。咸謂不然。到鼓一中。星月皆沒。風雲並起。竟成快雨。於是倪盛修主人禮。共爲歡樂。輅以課卦知鬼神變怪。以鳥言知前物。諸堪輿、骨相、占夢、射覆、無不奇中。至正元二年乙亥。弟辰謂輅曰。（劉侯云・辰・孝廉才也・仕宦至州主簿從事・太康之初物故・）

大將軍待君意厚冀當富貴乎。輅長歎曰、天與我才不與我壽恐四十七八間不見女嫁兒娶婦也辰問其故。輅曰吾額無生骨眼無守睛鼻無梁柱脚無天根背無三甲腹無三壬此皆不壽之驗天有常數不可得諱但人不知耳是歲八月、爲少府丞。明年丙子二月卒年四十八。八當七〇三國魏志方技宣統山東通志藝術〇輅別傳松之案。輅自說云。本命在寅。則建安十五年庚寅生也。至正始九年戊辰。應三十九而傳云三十六。以正元三年丙子卒。應四十七。傳云四十八。皆爲不相應也。〇輅別傳曰。旣有明才。遭朱陽之運。于時名勢赫弈。若火猛風疾。當塗之士。莫不枝附葉連。賓客如雲。無多少。皆爲設食。賓無貴賤。候之以禮。京城紛紛。非徒歸其名勢而已。然亦懷其德焉。向不夭命。輅之榮華。非世所測也。弟辰。嘗欲從輅學卜及仰觀事。輅言卿不可教耳。夫卜非至精不能見其數。非至妙不能覩其道。孝經詩論。足爲三公。無用知之也。於是遂止。子弟無能傳其術者。辰敍曰。夫晉魏之士。見輅道術神妙。占候無錯。以爲有隱書及象甲之數。辰每觀輅書傳。惟有易林風角。及鳥鳴仰觀星書。三十餘卷。世所共有。然輅獨在少府官舍。無家人子弟隨之。其亡沒之際。好奇不哀。喪者盜輅書。惟餘易林風角及鳥鳴書還耳。夫術數有百數十家。其書有數千卷。書不少也。然而世鮮名人。皆由無才。不由無書也。裴冀州何鄧二尚書。及鄉里劉太常潁川兄弟。以輅稟受天才。明陰陽之道。吉凶之情。一得其源。遂涉其流。亦不爲難。常歸服之。輅自言。與此五君共語。使人精神淸發。昏不暇寐。自此而下。殆白日欲寢矣。又自言當世無所願。欲得與魯梓愼。鄭裨竈。晉卜偃。宋子韋。楚甘公。魏石申。共登靈臺。披神圖。步三光。明災異。運蓍龜。決狐疑。無所復憾也。辰不以闇淺。得因孔懷之親。數與輅有所諮論。至於辨人物。析臧否。說仁義。彈曲直。拙而不工也。若敷皇羲之典。揚文孔之辭。周流五曜。經緯三度。口滿聲溢。微言風集。若仰眺飛鴻。漂漂兮影沒。若俯臨深溪。杳杳兮精絕。偪以攻難。而失其端。欲受學求道。尋以迷昏。無不扼腕椎指。追響長歎也。昔京房雖善卜。及風律之占。卒不免禍。而輅自知四十八當亡。可謂明昧相殊。又京房目見。遘讒〻黨。耳聽靑蠅之聲。面諫不從。而猶道路紛紜。輅處魏晉之際。藏智以樸。卷舒有時。妙不可求。愚不見遺。可謂知機相邈也。京房上不量萬乘之主。下不避佞諂之徒。欲以天文洪範。利國利身。困不能用。卒陷大刑。

可謂枯龜之餘智．膏燭之末景．豈不哀哉．世人多以輅疇之京房．辰不敢許也．至於仰察星辰．俯定吉凶．遠期不失年歲．近期不失日月．辰以甘石之妙不先也．射覆名物．見術流連．東方朔不過也．觀骨形而審貴賤．覽形色而知生死．許負唐舉不超也．若夫疏風彩而探微候．聽鳥鳴而識神機．亦一代之奇也．向使輅官達爲宰相大臣．膏腴流於明世．華曜列乎竹帛．使幽驗皆舉．祕言不遺．千載之後．有道者必信而貴之．無道者必疑而怪之．信者以妙過眞．夫妙與神合者．得神則無所惑也．恨輅才長命短．道貴時賤．親賢遐潛．不宣於良史．而爲鄙弟所見．追述既自闇濁．又從來久遠．所載卜占．事雖不識．本卦据拾殘餘．十得二焉．至於仰觀靈曜．說魏晉興衰．及五運浮沈．兵甲災異．十不收一．無源何以成河．無根何以垂榮．雖秋菊可採．不及春英．臨文慷慨．伏用哀慙．將來君子．幸以高明．求其義焉．○皐讀管輅傳後．曾妄記數語．錄存就正．著爻神妙早知名．可惜尙書惡貫盈．苦口常譚難救藥．先生未免太多情．○一統志山東省濟南府祠墓．引元和郡縣志云．管輅祠．在平原縣西南一里．○安徽通志徽州府流寓．引江南通志云．漢．管輅．平原人．嘗學道祁門山中．今有管公廟．

梁

劉峻、字孝標本名法武。平原人。好學家貧耕讀不輟。齊永明中、奔江南。聞有異書。必往借。崔慰祖、謂之書淫。天監初壬午、典校祕書安成王秀、引爲戶曹參軍。使撰類苑未成。以疾去。因遊東陽紫巖山築室居焉。吳會人士多從之學。爲山棲志。文甚美。武帝引見峻占對失旨。不見用。乃著辨命論、相經序、以寄懷。普通二年辛丑卒時年六十。門人謚曰、玄靖先生。辨命論曰、命也者、自天之命也。定於冥兆。終然不變。鬼神不能預。聖哲不能謀。觸山之力無以抗。倒日之誠弗能感。短則不可緩之於寸陰。長則不可急之於箭漏。至德未能踰。上智所不免。是以放勛之世。浩浩襄陵。太乙之時。焦金流石。文公疐其尾。疐音至。頓也。跲也。仆也。宣尼絕其糧。顏回敗其叢蘭。冉耕歌其芣苡。夷叔斃淑媛之言。子輿困臧倉之訴。聖賢且猶若此。而況庸庸者乎。至乃伍員浮屍於江流。三閭沉骸於湘渚。賈大夫沮志於長沙。馬都尉皓髮於郎署。君山鴻漸。鎩羽儀於高雲。敬通鳳起、摧迅翮於風穴。此豈才不足而行有遺哉。近世有沛國劉瓛、瓛弟璡、並一時之秀士也。瓛則關西孔子。通涉六經。循循善誘。服膺儒行。璡則志烈秋霜。心貞崑玉。亭亭高竦。不雜風塵。皆毓德於衡門。並馳聲於天地。而官有微於侍郎。位不登於執戟。相繼殂落。宗祀無饗。因斯兩賢。以言古則。昔之玉質金相。英髦秀達。皆擯斥於當年。韞奇才而莫用。候草木以共凋。與麋鹿而同死。膏塗平原。骨填川谷。堙滅而無聞者。豈可勝道哉。此則宰衡之與皂隸。容彭之與殤子。猗頓之與黔婁。陽文之與敦洽。咸得之於自然。不假道於才智。故曰。死生有命。富貴在天。其斯之謂矣。又曰、所謂命者、死生焉。貴賤焉。貧富焉。理亂焉。禍福焉。此十者天之所賦也。愚智善惡。此四者人之所行也。相經序曰、夫命之與相猶聲之與響聲動乎幾響窮乎應雖壽夭參差賢愚不一其間大較可得聞矣若乃生而神睿弱而能言八彩光眉四瞳麗目斯實天姿之特達聖人之符表洎乎日角月偃之奇龍棲虎踞之美地靜鎮於城纏天關運於掌策金槌玉枕磊落相望伏犀起蓋隱轔交映井宅既兼食匱已實抑亦帝王卿相之明效也及其深目長頸頹顏蹙頞（頞音頞鼻莖也）蚍行鷙立猳喙鳥咮筋不束體血不華色手無春荑之柔髮有寒蓬之悴或先吉而後凶或少長乎窮乏不其悲歟至如姬公凝貧圖之容孔父眇棲遑之跡豐本知其有後黃中明其可貴其間或躍馬膳珍或飛而食肉或皂隸晚侯初形未正銅巖無以飽生玉饌終乎餓死因斯以觀何事非命（梁書文學劉戶曹文集）

隋

明克讓、字弘道平原人少儒雅善談論博涉書史所覽將萬卷三禮論語尤所研精龜筴曆象咸得其妙年十四、釋褐湘東王、法曹參軍歷官散騎侍郎高祖受禪拜太子內舍人轉率更令進爵為侯詔與太常牛宏等修禮議樂當朝典故多

所裁定。卒年七十。上甚傷惜焉。隋書本傳北史文苑淸一統志山東省濟南府人物

明　趙見庚、字又白。姿性穎邁。博涉羣書。於天文地理六壬遁甲等家。靡不該貫。崇禎丙子。選貢。時國步多艱。競欲辟贊幕府。經略范志完、延請尤殷。見庚、以親老堅辭。甲申三月十九日。忽慟哭幾絶。人怪問之。曰、國亡君殉矣。奈何不數日。驚問果至。嘗製渾天儀。運之室中。悉合。乾隆平原縣志方技

淸　周廷琳、諸生。善風鑑卜筮。每赴省考試。不攜川資。擇地設卜肆。得資約敷一日之需。卽止。名動一時。

淸　徐元吉、道光年間人。才學見稱一時。精堪輿術。說理多純正。不專爲術家言。按皐此與湖南臨湘縣之徐元吉不同。蓋彼爲明人。此爲淸人也。

淸　王德純、龐莊人。善奇門六壬之術。嘗赴戚友之約。席未終。匆遽欲歸。主人留之不得。須臾傾盆雨至。過日問之。則其時已到家。衣並未溼也。以上民國平原縣志人物

513　陵縣漢置安德縣。後魏於縣置安德郡。隋郡廢。置德州。改爲平原郡。唐宋皆置德州平原郡。金曰德州。明改陵縣爲德州。而以故德州爲陵縣。屬山東濟南府。淸因之。

明

康瀚、字孔昭、號晴峯。丕揚三子。年十二、補博士弟子。明末、不應舉。於天文地理陰陽術數諸書。無不通曉。醫卜尤精。一日決王生於七月七日應卒。至期無恙。生曰、先生得無遺算乎。及暮、生與弟果俱斃於賊。（道光陵縣志人物）

後漢

514 臨邑縣（漢漯陰縣。南朝宋僑置臨邑縣於此。故城在今山東臨邑縣北三十五里。宋移治孫耿鎮。即今治。明淸皆屬山東濟南府。）

襄楷、字公矩。平原隰陰人。（今臨邑境內。）好學博古。善天文陰陽之術。桓帝時、宦官專朝。政刑暴濫。又比失皇子。災異尤數。延熹九年丙午、楷自家詣闕上疏。言災異頻仍。皆臣下作福作威。拒諫誅賢。刑罰急刻所致。宜修德省刑。以廣螽斯之祚。書奏不省。十餘日、復上書言宜承天意。理察冤獄。爲劉瓆成瑨除罪。追錄諫臣李雲杜衆等子孫。又天官宦者星。不在紫宮而在天市。明當給使主市里也。今反處堂伯之位。實非天意。詔下有司處正。尚書奏楷、假借星宿。僞託神靈。造合私意。誣上罔事。請下司隸正罪。收送洛陽獄。帝以楷言雖激切。然皆天文恆象之數。故不誅。靈帝即位。太傅陳蕃、舉方正。不就。鄉里宗之。每太守至。輒致禮請。中平中、與荀爽、鄭康

成、俱以博士徵。不至。卒於家。（後漢書本傳宣統山東通志藝術）

清　李至果、字光陽。以拙於舉子業。年七十。未能掇一芹。而應童子試。不少沮。一題下、沈思獨往。至欹側其冠。頂童然禿。猶爬搔不止。學使者憐之。請之朝。以耆壽榮其身。顧獨精易理。凡飛符納甲卦氣之說。靡不洞曉。占驗輒奇中。人有以星學叩者。據易理以斷。不爲詭隨語。以是名重搢紳間。（同治臨邑縣志方術）

後周

515　東平縣（漢置須昌縣。晉徙東平國來治。南朝宋。爲東平縣。北齊郡廢縣徙。隋復置須昌縣。宋曰東平府。元改爲東平路。明降爲州。清屬山東泰安府。）

王朴、字文伯。東平人。幼好學。善屬文。少舉進士。爲人明敏多材智。非獨識當世之務。至於陰陽律曆。莫不通。焉事周世宗、爲樞密使。世宗用兵所向克捷。朴之籌畫爲多。所著有大用欽天歷。及律準。並行於世。又著太清神鑒六卷。所引各書篇目。大都皆宋以前本。其綜核數理。剖晰義蘊。亦多微中。（新舊五代史本傳四庫提要子部術數類二）

516　東阿縣（春秋齊穀邑。後漢穀城縣。宋移東阿縣治南穀鎮。在今山東阿縣南十二里。又移利仁鎮。亦在今縣境。金又徙新橋鎮。在今縣北八里。明徙今治。清屬山東泰安府。產阿膠。爲補劑上品。名著全國。商標用東阿縣印。）

明　崔勉、東阿諸生。有相人術。奇中。以貢至京師。大雪。飲酒市樓。有夫婦行乞者上樓。勉相其夫曰、爾貴人也。當繫玉帶。奈何行乞。相其妻、亦貴人夫人。乃探囊中金數銖與之。曰、第以爲一飧費。卽當貴。無忘我。乞者乃袁都督彬也。（袁彬。江西新昌人。字文質。正統末。以錦衣校尉。扈駕北征。土木之變。從官奔散。獨彬隨侍不離左右。比入沙漠。夜與帝同寢。及還京。代宗僅授錦衣試百戶。英宗後辟。以平曹欽功。遷擢都指揮僉事。彬在職久。行事安靜。官終前軍都督。著有北征事跡。）時隸禁旅。貧極。問勉姓名。頓首謝去。後彬以校尉扈駕北征。還爲都督。一日有指揮。走謁勉求相。勉聞其叩門聲。卽匿不出。其僕怪之。勉曰、此人已無頭矣。尙何可相。不數日。北邊警至。指揮戰死。又道中嘗逢一屠兒妻。勉相其當貴受封。同行者笑。勉曰、君他日第訪之。問其姓名而去。已而屠死。一貧生取之。生後來登第。他如此類甚衆。不可殫述。（圖書集成相術部名流列傳）

517　平陰縣（春秋時齊邑。漢爲肥城與盧縣地。後漢爲盧縣地。隋析置榆山縣。改曰平陰。清屬山東泰安府。）

金　王廣道、字醇德。平陰人。能文章。精祿命。東阿閻生、少從廣道學。廣道嘗告之曰。汝今年二十五。卻後二十年。當喪明。作舉子不濟。辛壬癸甲之術可養生。試以吾

言學之閫卽學祿命。年五十果喪明。而藝亦精。自言七十當有子。得年八十。卒如其言。（金元好問續夷堅志）

明　張繼業、字東山。居大留村。爲王府審理。謝事杜門。有亭園花木之樂。善相陽宅。著有陽宅十書。

清　張春滋、字蘭畹。談天道人其別號也。少應童子試。不售。慨然曰、何須此浮名爲哉。遂棄制藝。致力於古文經史之學。於諸子百家之說。靡所不覽。晚年精星象數術之學。取古人天文諸書。會其意而變通之。作星象圖星象說。能發前人所未及。故號談天道人云。（以上光緒平陰縣志隱逸）

518 壽張縣（漢東郡范縣地・隋唐宋爲壽張縣地・故城在今山東東平縣西南・金大定間・遷於今壽張縣之竹口鎭・尋復舊治・元因之・明初始遷今治・屬山東兗州府・清又因之・）

清　孫性存、字泰初。廩生。精通先天畫卦。太極兩儀四象八卦。口講指畫。爲一鄉易學之先。（光緒壽張縣志雜志）

519 范縣（漢置范縣・北齊廢・隋復置・故城在今山東范陽東南二十里・明徙今治・清屬山東曹州府・）

宋　張昭、字潛夫。范縣人。未冠、遍讀九經。盡通其義。後至贊皇。遇程生者、授以史學。五七年間。能馳騁上下數千百年事。著十代興亡論。處亂世。躬耕。負米養親。後唐莊宗時、署府推官。同光初癸未、加監察御史。天成戊子、拜右補闕史館修撰。爲紀年錄二十卷。莊宗實錄三十卷。歷周、晉。累遷兵部尚書。嘗撰周祖實錄。及五朝實錄。宋初拜禮部尚書。封陳國公。致仕。開寶五年壬申、卒。年七十九。昭博通學術。書無不覽。兼善天文風角太乙卜相兵法釋老之說。尤好纂述。自唐晉至宋。專筆削典章之任。著嘉善集五十卷。名臣事迹五卷。（宋史本傳）

清　兌裕菴、增生。嗜易學。旁通風角。問卜者踵相接。咸豐十一年辛酉、土寇欲幕之、不食卒。注解東方朔太乙數。六壬畢法賦等書。（光緒范縣志孝義）

520　文登縣（漢不夜縣。後漢省。北齊置文登縣。明清皆屬山東登州府。）

明　叢蘭、字廷秀。文登人。幼嗜讀書。自天官三式兵鈐醫術算數。靡不討索。登宏治進士。官戶科給事中。論中官梁芳、陳喜、汪直、韋興罪。芳等以廢。正德初、進左通政。

出理延綏屯田。奏陳十事。劉瑾大惡之。矯旨嚴責。瑾誅。擢戶部左侍郎。巡視廬鳳滁和。擊斬趙景隆。召還論功。增俸一級。歷遷南京工部尚書。卒。贈太子少保。（明史本傳、清一統志山東省登州府人物）

漢

521 掖縣（春秋萊國地。戰國齊夜邑。漢置掖縣。唐以後為萊州治。明清皆為山東萊州府治。）

費直、字長翁。東萊人。治易。為郎。至單父令。長於卦筮。亡章句。徒以彖象繫辭十篇文言解說上下經。授琅邪王璜平中。（師古曰。中讀曰仲。）其本皆古字。號古文易。（前漢書儒林、光緒掖縣續志經儒）

後漢

522 平度縣（漢郁秩縣。後漢為膠東侯國。北齊為長廣縣。隋改曰膠水。明於縣置平度州。省膠水縣入之。屬山東萊州府。清因之。民國改州為縣。）

公沙穆、字文義。（義亦作乂。）北海膠東人。家貧賤。自為兒童不好戲弄。長習韓詩、公羊春秋。尤銳思河洛推步之術。遊太學。無資糧。乃變服為陳留吳祐賃舂。祐善知人。與穆語。大驚。遂定交杵臼間。後舉孝廉。為繒相。繒侯劉敞、多不法。穆苦辭諫敞。敞涕泣。多從所規。遷宏農令。縣界有螟蟲食稼。百姓惶懼。穆設壇以身禱天。暴雨霽。

而螟蟲消。永壽元年乙未、霪雨大水。三輔以東。莫不湮沒。穆明占候。預告百姓徙居高地。故宏農人獨得免害。遷遼東屬國都尉。善得吏人歡心。年六十六卒。官子宇、字允慈。亦爲善士、舉孝廉。至上谷太守。後漢書方術傳　宣統山東通志藝術

後漢

523 都昌縣漢爲侯國・後爲縣・故城在今山東昌邑縣西二里・建安初・北海相孔融・以黃巾之亂・出屯都昌・南朝宋徙治淸州・此城遂廢・

逢萌、字子慶。都昌人。家貧給事縣爲亭長。時尉行過亭。萌候迎拜謁。既而擲楯歎曰、亭長主捕盜賊・故執楯也・大丈夫安能爲人役哉。遂去之長安學。通春秋經。時王莽殺其子宇。萌謂友人曰、三綱絕矣。不去禍將及人。即解冠掛東都城門。歸將家屬浮海客於遼東。萌素明陰陽。知莽將敗。有頃。乃首戴瓦盎。盎・盆也・哭於市曰、新乎新乎。王莽爲新都侯・及篡號新・萌故哭之・因遂潛。及光武即位。乃之琅邪勞山。在今萊州・即墨縣東南・有大勞小勞山・養志修道。人皆化其德。後詔書連徵不起。以壽終。初萌與同郡徐房、平原李子雲、王君公、相友善。並曉陰陽。懷德穢行。房與子雲養徒各千人。君公遭亂獨不去。儈牛自隱。儈謂平會兩家買賣之價・時人謂之詔曰、避世牆東王君公。嵇康高士傳曰・君公明易爲郎・數言事不用・乃自汙與官婢通・免歸詐狂・儈牛口無二價也・○後漢書逸民傳

明

524 膠州（春秋介國。漢置黔陬縣。後漢爲黔陬侯國。隋置膠西縣。元於縣置膠州。明省膠西入州。屬山東萊州府。清因之。尋爲直隸州。民國改縣。膠濟鐵路經之。）

朱震、字東野。衞人。精堪輿。高密李時中、日照卜甯一、德州宋弼、景州張芝馨、任邱李堪、皆稱其理。明學博得先儒宗風。異乎時師。年九十六。見客不扶杖。迎送如常。

明

楊廷玉、字鳳岡。祖居治南石梁莊。以先世兄弟五人禦流賊。皆被害。因專習形勝及卜筮之術。（正德六年辛未。流賊劉六等。寇膠州。陷靈山衞。過石梁。楊文緒。與弟文表。文斜。文禮。文綫。截殺賊數人。賊衆被執。俱焚死。）崇禎壬午之變。廷玉與守州城。城中乏水。廷玉指三處掘之。俱獲甘泉。無飢渴之患。衆心始安。趨避之方。尤多奇驗。後舉鄉飲大賓。元孫永昆、字裕亭。父鉅、專攻相宅術。永昆自幼得指授。言休咎。無不奇中。（以上道光膠州志藝術）

525 高密縣（故齊邑。漢文帝十六年。封齊悼惠王子邛爲膠西王。都高密。隋末廢。故城在今山東高密縣西南。唐於義城堡置高密縣。尋併高密膠西兩縣。移就夷安城。即今治。明清皆屬山東萊州府。今膠濟鐵路經之。民國十二年。自闢爲商埠。）

後漢

鄭玄、字康成。北海高密人。八世祖崇。哀帝時尚書僕射。玄少爲鄉嗇夫。（前漢書曰。鄉有嗇夫。）

掌聽訟收賦稅也。得休歸。常詣學官。不樂爲吏。父數怒之。不能禁。遂造太學受業。師事京兆第五元先。始通京氏易公羊春秋三統歷九章算術。又從東郡張公祖。受周官禮記左氏春秋古文尚書。以山東無足問者。乃西入關。師事扶風馬融。融素驕貴。玄在門下三年。不得見。乃使高業弟子傳授於玄。玄日夜勤誦。未嘗怠倦。會融集諸生考論圖緯。聞玄善算。乃召見於樓上。玄因從質諸疑義。問畢辭歸。融喟然謂門人曰。鄭生今去。吾道東矣。年七十、嘗疾篤自慮。以書戒子益恩曰、吾家舊貧。不爲父母昆弟所容。去廝役之吏。游學周秦之都。往來幽幷兗豫之域。獲覲乎在位通人處逸大儒。得意者咸從捧手。有所授焉。遂博稽六藝。粗覽傳記。時覩祕書緯術之奧。年過四十。乃歸供養。假田播殖。以娛朝夕。及舉賢良方正有道。吾自忖度。無任於此。但念述先聖之元意。思整百家之不齊。亦庶幾以竭吾才。故聞命罔從。今我告爾以老。歸爾以事。將閒居以安性。覃思以終業。家事大小。汝一承之。咨爾煢煢一夫。曾無同生相依。其勗求君子之道。研鑽勿替。敬愼威儀。以近有德。顯譽成於僚友。德行立於己志。若致聲稱。亦有榮於所生。可不深念耶。可不深念耶。吾雖無紱冕之緒。頗有讓爵之高。自樂以論贊之功。庶不遺後人之羞。末所憤憤者。徒以亡親墳壠未成。所好羣書。率皆腐敝。不得禮堂寫定。傳於其人。日西方暮。其可圖乎。家今差多於昔。勤力務時。無恤饑寒。菲飲食。薄衣服。節夫二者。尚令我寡憾。若忽忘不識。亦已焉哉。年七十四。知命當終。遺令薄葬。註有易書詩禮。又著中候乾象曆。天文七政論等書。凡百餘萬言。子益恩、舉孝廉。孔融爲黃巾所圍。益恩赴難隕身。孫名小同、高貴鄉公時、爲侍中、嘗詣司馬文王。文王有密疏、未之屏也。如廁還。問之。鄉見吾疏乎。答曰、我不見。文王曰、寧我負卿。無卿負我。遂酖之。後漢書列傳乾隆濰縣志高士

526 即墨縣 漢不其縣地・隋置卽墨縣・明清皆屬山東萊州府・膠濟鐵路橫貫西南境・設有車站四處・

後漢

王仲、不其人。好道學。明天文。文帝時、濟北王興居反。欲委兵師仲。推驗天象。深知不可。乃脫身浮海。奔樂浪山家焉。後興居敗。祀鄉賢。後漢書循吏附王景傳宣統山東通志方技同治即墨縣志隱逸

527 益都縣（漢置廣縣。晉廢。尋於縣界築東陽城。爲青州治所。北齊始置縣。曰益都。明清皆屬山東青州府治。膠濟鐵路。車站在城北八里。）

東晉

郭大夫、齊人。善相水土。劉裕既夷廣固城。（廣固城。在今山東益都縣西北八里。堯山之陽。廣固城有大澗甚廣固。故謂之廣固。隆安中。南燕慕容德。都於廣固。劉裕克廣固。毀其城隍。而改築東陽城。）大夫勸羊穆之、築東陽城爲青州。後人爲大夫立廟於靈門山前。今瀰水東岸有郭璞墓碑。土人以爲卽大夫之塋也。（光緒益都縣志藝術）

宋

傅霖、青州人。少與張詠同學。霖隱居不仕。詠既顯。求霖者三十年不可得。眞宗時、詠知陳州。乃來謁。閽吏曰。傅霖請見。詠責之曰。傅先生天下賢士。吾尙不得爲友。汝何人敢名之。霖笑曰、別子一世。尙爾耶。是豈知世間有傅霖者乎。詠問、昔何隱。今何出。霖曰、子將去矣。來報子爾。詠曰、詠亦自知之。霖曰、知何言。翌日別去。後一月而詠卒。（宋史附張詠傳）

宋

李之才、字挺之。青州人。（宋史爲青社人。）天聖庚午、同進士出身。爲人朴且率。自信無少矯厲。師河南穆修。（穆修。字伯長。鄆州人。詳見宋史文苑。）性莊嚴寡合。雖之才、亦頗在訶怒中。之才事之亦謹。卒能受易。修之易受之种放。（种放。字名逸。洛陽人。詳見宋史隱逸。）放受之陳摶。源流最遠。其圖書象數變通之妙。秦漢以來。鮮有知者。之才初爲衞州獲加主簿。權共城令。時邵雍居母憂、於蘇門山、百源之上。布裘蔬食。躬爨以養父。之才叩門來謁。勞苦之曰、好學篤志。果何似。雍曰、簡策之外。未有適也。之才曰、君非迹簡策者。其如物理之學何。他日則又曰、物理之學學矣。不有性命之學乎。雍再拜。願受業。於是先示之以陸淳春秋。意欲以春秋表儀五經。既可語五經大旨。則授易而終焉。其後雍卒以易名世。之才器大難乎識者。後龍圖閣直學士吳遵路、調兵河東。辟之才澤州簽署判官。澤人劉羲叟、從受曆法。世稱羲叟曆法。遠出古今。上有楊雄張衡所未喩者。實之才授之。在澤轉殿中丞。暴卒於懷州官舍。慶曆乙酉二月也。之才歸葬青社。邵雍表其墓。有曰、求於天下。得聞道之君子李公以師焉。（宋史儒林　乾隆齊乘人物）

明

翟珂、字荆陽。益都人。父進賢。鴻臚寺序班。萬歷中、以攻江陵得罪。下獄、幾死。珂爲人尙氣節。兄子有逋債。嘗鬻田産償之。敎諸子姪、多成立。出遊洛間。遇一羈官不能歸。傾囊助之。其人感泣曰、無以報厚德。有家傳相地祕訣一書。今以奉子。珂一覽卽通解。隨試輒驗。有濱州生員劉鎭魯者。負文名、久不售。家貧。父死無以爲葬。珂爲購一地。曰、葬此遇丙則發。歲丙子、果舉於鄉。晚年隱居山中。詩酒自娛。著有俯察祕旨。靑囊註解。藏於家。（咸豐靑州府志藝術）

明

王起陽。益都人。生員。學皇極經世書。天文地理星緯諸家。研心考究。占驗無不奇中。嘗編竹作渾天儀。璣衡旋轉。一如銅蓋。識者稱之。（康熙靑州府志方技　咸豐靑州府志藝術）

清

劉公言、益都人。字德白。明季諸生。肆力詩古文辭。尤邃於星命之學。推人壽夭貴賤。不失毫髮。晚年賣卜自給。所著五行之書數種。鏤版行世者。惟投老吟一卷。斗數九辨一册而已。（耆獻類徵初編）

清

薛鳳祚、字儀甫。北海人。（天步眞原自序・北海卽今山東益都縣治・清史稿據疇人傳國朝三・謂薛爲淄川人非是・又西洋附三・謂薛爲靑州人尙確・蓋益都淸屬靑州府也）少從魏文魁游。主持舊法。順治中、與法人穆尼閣談算。始改從西學。盡傳其術。因著曆學會通十餘種。又序刻天步眞原三卷。其言曰、魚生於水。而鱗介爲波紋之象。鳥生於林。而羽毛有枝葉之形。又土脈紆曲。皆作本地北極出地之度。木理迴旋。

皆向本地北極出地之方。有形有生皆然。而況於人。夫養生者吐故納新。欲令形氣不朽。呼者飮食之氣。亦卽人原稟兩間之氣也。吸者天地之氣。亦卽隨時五行推移之氣也。則原生吉凶與其流運禍福。有所從受。槪可睹已。譚命多家、除煩雜不歸正道者不論。近理者有子平五星二種。子平專言干支。其法傳於李虛中。近世精於其道者。譚理微中。可以十得七八。至於五星出自欽察。而所傳之法甚略。如論格不過有日出扶桑。卯 日朝北戶。巳 日帝居陽。午 日遇白羊。戌 日帝朝天。亥 五法。論午宮格。不過有日帝居陽。日 太陰升殿。月 南枝向暖。木 水名榮顯。水 孛騎獅子。孛 木蔽陽光。木 六法外、顧寥寥也。予於諸書多曾講求。終不能自信於心也。竊思其法傳之西域。嘗讀洪武癸亥、儒臣吳伯宗譯西法天文。似稱稍備。而十二宮分度有參差不等者。乃獨祕之。予久求說而不解。不知其玄奧正在於此。壬辰、予來白下。暨西儒穆先生閒居講譯。詳悉參求。益以愚見、得其理爲舊法所未及者。縷晰細分。皆指諸掌。豈非爲此道特開生面乎。命之理聖人不輕言。而爲益世敎。未嘗無也。窮通有定。擇術在人。或爲五帝之聖焉而死。或爲操莽之愚焉而死。涼薄時有益堅之念。赫弈時有飲冰之思。人能知命。即可寡過。予喜得其理。恐寫本流傳易湮。勉力付梓。有志此道者。尚留意於斯。天步眞原自序　疇人傳國朝三。清史稿疇人　宣統山東通志儒林

528　臨淄縣古營丘地。周封太公望爲齊國。獻公自薄姑徙都此。秦滅齊。因故城置齊郡。其後項羽封田都爲齊王。漢有天下。封庶長子肥爲齊王。皆即故城都焉。漢置臨淄縣。爲齊郡治。後漢作臨菑。并爲青州治。後魏廢。隋復置。明清皆屬山東青州府。膠濟鐵路經之。車站在淄河店。距城南二十里。淸一統志云。縣北八里有故城。即齊城也。

周

太公望。姜姓。呂氏。名尙。字子牙。東海上人。其先爲唐虞四岳。佐禹治水有功。封於呂。尙其苗裔也。從祖封。曰呂尙。窮困年老。居東海之濱。聞西伯善養老。乃西歸周。釣於渭。西伯將出獵。卜之曰。田於渭陽。將大得焉。非龍非彲。非虎非熊。所獲霸王之輔。遂獵渭濱。至磻溪。見老父坐茅以漁。西伯問曰。叟樂此耶。尙曰。君子樂得其志。小人樂得其事。今吾甚有似也。西伯曰。何謂也。尙曰。緡微餌明。小魚食之。緡調餌香。中魚食之。緡隆餌豐。大魚食之。夫魚食其餌。乃牽於緡。人食其祿。乃服於君。故以餌取魚。魚可殺。以祿取人。人可竭。以家取國。國可拔。以國取天下。天下可

畢。微哉。西伯曰、若何而天下歸之。尚曰、天下非一人之天下。乃天下之天下也。同天下之利則得天下。擅天下之利則失天下。天有時。地有財。能與人共之者仁也。仁之所在。天下歸之。免人之死。解人之難。救人之患。濟人之急者德也。德之所在。天下歸之。與人同憂同樂同好同惡者義也。義之所在。天下赴之。凡人惡死而樂生。好德而歸利。能生利者道也。道之所在。天下歸之。西伯悅。謂左右曰。得毋是乎。因載以歸、曰。吾先君太公云。當有聖人適周。周以興。子眞是耶。吾太公望子久矣。號曰太公望。西伯曰、王人者何上何下。何去何取。何禁何止。望曰、上賢下不肖。取誠信。去詐僞。禁暴亂。止奢侈。故民不盡力。非吾民。士不誠信。非吾士。臣不忠諫。非吾臣。吏不平潔愛民。非吾吏也。相不能調和陰陽。以安萬乘之主。正羣臣。定名實。明賞罰。樂萬民。非吾相也。又曰、王國富民。霸國富士。僅存之國富大夫。將亡之國富倉庫。西伯於是發倉廩。賑孤獨。以望爲師。望左右西伯。虞芮質成。諸侯來歸。天下三分有二。猶服事殷。西伯薨。武王卽位。號太公望爲師尚父。觀兵孟津。左仗黃鉞。黃鉞、天子之儀仗。鉞、斧也。以黃金爲飾。三代通用之以斷斬。右秉白旄。旄、注牛尾於竿首。軍中持以指揮者。以誓曰、蒼兕蒼兕。兕、音祀。蒼兕、舟楫官名。總爾衆庶。與爾舟楫。後至者斬。遂渡河。諸侯不期而會者八百。皆曰紂可伐也。武王曰、未可。還師。居二年。紂惡益甚。十三年正月甲子、王復會諸侯。誓師牧野。伐紂。紂師倒戈。攻於後以北。紂反走。登鹿臺自焚。明日武王立於社。大告武成。散財發粟。封墓釋囚。凡所與天下更始者。師尙父之謀居多。諸侯尊武王爲天子。踐位三日。問曰、惡有藏之約。行之得。萬世可爲子孫者乎。尙父對曰、黃帝顓頊之道。誌在丹書。王欲聞之。齋三日。王端冕。尙父亦端冕。奉書入。負屛而立。尙父道書之言曰、敬勝怠者吉。怠勝敬者滅。義勝欲者從。欲勝義者凶。凡事弗强則枉。弗敬則弗正。枉者滅廢。敬者萬世。藏之約。行之得。可以爲子孫常者。此言之謂也。且臣聞之。以仁得之。以仁守之。其量百世。以不仁得之。以仁守之。其量十世。以不仁得之。以不仁守之者。不及其世。王聞書之席。惕若恐懼。退爲諸銘以自儆。封尙父於營丘。曰齊。太公就國修政。因其俗。簡其禮。通商工之業。便魚鹽之利。人民多歸之。成王時、管蔡作亂。淮夷叛周。王使召康公命太公曰、東至海。西至河。南至穆陵。北至無棣。諸侯九伯。汝實征之。齊由是得專征伐。太公薨年百六十歲。子丁公呂伋嗣位。世爲侯。史記齊太公世家道統錄○皐按・史記齊太公世家・正義括地志云・天齊池・在青州臨淄縣東南十五里・封禪書云・齊之所以爲齊者・以天齊・據此・太公望應載入山東臨淄縣・至乾隆河南汲縣志載太公望爲流寓・殆別有所考耳・○漢王充論衡卜筮篇云・傳或言武王伐紂・卜之而龜熸・占者曰凶・太公曰・龜熸以祭則凶・以戰則勝・武王從之・卒克紂焉・熸・字彙補音未詳・○晉書戴洋傳引太公陰符云・六庚爲白獸・在上爲客星・在下爲害氣・年與命并必凶・當忌・○太公兵法云・凡出軍征戰・安營陣・量人地之宜・表十二辰・將軍自居九天之上・常背建向破・太歲・太陰・太陽・大將軍・

漢

甘公、應劭曰・甘石・齊人。即今山東臨淄縣・善說星者陳餘悉三縣兵襲常山王張耳。耳敗走。欲之楚。甘公曰、漢王之入關。五星聚東井。東井者秦分也。先至必王。楚雖強。後必屬漢。耳乃走漢。漢亦還定三秦。方圍章邯廢丘。耳謁漢王。漢王厚遇之。前漢書附張耳陳餘傳宣統山東通志藝術○皐按・世傳星經二卷・載甘公石申著・據此・甘公似字石申也・

漢

田何、字子莊。前漢書儒林傳・子莊・作子裝・齊人也。自孔子受易五傳至何。及秦焚學。以易爲卜筮之書。獨不焚。故何傳之不絕。漢興。何以齊諸田徙杜陵。杜陵縣・在今陝西長安縣東南・故號曰杜田生。以易受弟子東武王仲。漢書・王仲・作王同子中・周王孫。丁寬。齊服生。梁項生等。皆顯當世。

惠帝時。何年老家貧。守道不仕。帝親幸其廬以受業。終爲易者宗。（皇甫士安高士傳）

漢

淳于意、臨淄人。爲齊太倉長。世稱倉公。少喜醫方術。好數。（索隱謂好術數也。）高帝時、師同郡元里公乘陽慶。年七十餘。無子。使意盡去其故方。更悉以禁方予之。傳黃帝扁鵲之脈書。五色診病。（正義・八十一難云・五藏有色・皆見於面・）知人死生。決嫌疑。多驗。（史記本傳）

晉

左思字太沖。臨淄人。博學。兼善陰陽之術。作齊都賦、一年乃成。復賦三都、構思十年。門庭藩溷。皆著紙筆。偶得一句。卽便疏入。自以所見不博。求爲祕書郎。及賦成。張華歎爲班張之流。於是豪富之家。競相傳寫。洛陽爲之紙貴。（晉書文苑）

529 樂安縣（漢廣饒鉅定二縣・隋初移置千乘縣於此・金改曰樂安・明清皆屬山東青州府・民國改曰廣饒・）

魏

周宣、字孔和。樂安人。爲郡吏。善占夢。太守楊沛、夢人曰、曹公當至。必與君杖。飲以藥酒。使宣占之。是時黃巾賊起。宣對曰、夫杖起弱者。藥治人病。八月一日。賊必除滅。至期賊果破。後東平劉楨、夢蛇生四足。穴居門中。使宣占之。宣曰、此爲國夢。非君家之事也。當殺女子而作賊者。頃之。女賊鄭姜、遂俱夷討。以蛇女子之祥。足非虵之所宜。故也。文帝問宣曰、吾夢殿屋兩瓦墮地化爲雙鴛鴦。此何謂也。宣對曰、後宮當有暴死者。帝曰、吾詐卿耳。宣對曰、夫夢者意耳。苟以形言便占吉凶言未畢。而黃門令奏宮人相殺。無幾。帝復問曰、我昨夜夢靑氣自地屬天。宣對曰、天下。當有貴女子寃死。是時帝已遣使賜甄后璽書。聞宣言而悔之。遣人追使者不及。帝復問曰、吾夢摩錢文。欲令滅而更愈明。此何謂耶。宣悵然不對。帝重問之。宣對曰、此自陛下家事。雖意欲爾。而太后不聽。是以文欲滅而明耳。時帝欲弟植之罪。偪於太后。但加貶爵。以宣爲中郎屬太史。嘗有問宣曰、吾昨夜夢見芻狗、其占何也。宣答曰、君欲得美食耳。有頃出行。果遇豐膳。復又問宣曰、昨夜復夢見芻狗。何也。宣曰、君欲墮車折脚。宜戒愼之。頃之。果如宣言。後又問宣、昨夜復夢見芻狗。何也。宣曰、君家欲失火。當善護之。俄遂火起。語宣曰、前後三時。皆不夢也。而其占不同。何也。宣曰、芻狗者祭神之物。故君始夢、當得飮食也。祭祀既訖。則芻狗爲車所轢。(轢・音歷・車所踐也・)故中夢當墮車折脚也。芻狗既車轢之後、必載以爲樵。故後夢憂失

火也。宣之敍夢皆類此。十中八九。世以比建平之相。明帝末卒。三國魏志方技 乾隆山東通志方技

530 壽光縣 漢置。後漢爲侯邑。故城在今山東壽光縣東。南朝宋省。改置博昌縣。北齊廢博昌縣。隋復於博昌城。置壽光縣。即今治。明清皆屬山東青州府。

晉

劉敏元、字道光。北海人。北海郡。後漢徙治劇。在今山東壽光縣東南三十一里。厲己修學。不以險難改心。好星曆。陰陽術數。潛心易太玄。不好讀史。常謂同志曰、誦書當味義根。何爲費功於浮辭之文。易者義之源。太玄理之門。能明此者。即吾師也。永嘉之亂。自齊西奔同縣管平。年七十餘。隨敏元西行。及滎陽、爲盜所刼。敏元已免。乃還謂賊曰、此公孤老。餘年無幾。敏元請以身代。願諸君舍之。賊曰、此公於君何親。敏元曰、同邑人也。窮窶無子。依敏元爲命。諸君若欲役之。老不堪使。若欲食之。復不如敏元。乞諸君哀也。有一賊瞋目叱敏元曰、吾不放此公。憂不得汝乎。敏元奮劍曰、吾豈望生耶。當殺汝而後死。前將斬之。盜長遽止之。而相謂曰、義士也。害之犯義。乃俱免之。後仕劉曜。十六國。漢劉曜。爲中書侍郎、太尉長史。晉書忠義 清一統志山東省萊州府人物

531 昌樂縣 宋初析壽光縣置。元廢。故城在今山東昌樂縣西北十里。明初復置。移今治。屬山東青州府。清因之。膠濟鐵路經之。產綢頗著名。

清　趙希謙、字六吉。性耿介方正。家貧業儒。弗竟。去而學醫。尤精痘疹。凡遇險症。他人袖手不治者。每易危爲安。中年生計益窘。乃賣藥於市。日得百錢。粗糲外、則爲課兒誦讀。貧尤邃於易學及六壬諸書。爲人卜禍福多奇中。年七十三。偶染時疾。以冊授子而卒。其子開視。乃自擇葬期及示其子、安貧讀書之遺囑也。

清　張汝美、字秀甫。性狷介。（狷・音絹・褊急也・介也・有所不爲曰狷・）精堪輿術。時稱張仙眼。沒後鄉人高其行。爲立碑表墓。邑舉人閻兆麟、撰文紀實。

清　王曰琅、字環亭。詠諸好德。邃於易及星象六壬之術。占水旱吉凶多奇中。

清　趙滋鳳、字翔千。增廣生。精堪輿。博覽靑烏葬經。而尤以楊救貧四大局水法爲主。術益工。敦請者亦益衆。遊熱河。歷覽山水形勢。愛其風俗厚樸。遂家焉。

清　張允誠、字君實。性恬淡。博雅淹貫。精堪輿。四方聘請無虛日。然公雅不以此自喜。每勸人盡人事云。（以上嘉慶昌樂縣志方技）

532 安邱縣（漢侯國・後爲縣・故城在今山東安邱縣西南・隋改置牟山縣・改曰安邱・唐移治昌安・故城卽今治・仍曰安邱・改曰輔唐・五代梁・復曰安邱・後唐復曰輔唐・晉改曰膠西・宋復曰安邱・明淸皆屬山東）

後漢

青州府。

郎宗、字仲綏。北海安邱人。學京氏易。善風角星算六日七分。京氏、京房也。作易傳。風角、謂候四方四隅之風。以占吉凶也。星算、謂善天文星算數也。易稽覽圖曰、甲子卦氣起中孚。六日八十分日之七。鄭玄注云、六以候也。八十分爲一日之七者、一卦六日七分也。能望氣占候吉凶。嘗賣卜自奉。安帝徵之。對策爲諸儒表。後拜吳令。吳縣名。今蘇州縣。時猝有暴風。宗占知京師當有大火。記識時日。遣人參候。果如其言。諸公聞而表上。以博士徵之。宗恥以占驗見知。聞徵書至。夜懸印綬於縣庭而遁去。遂終身不仕。子顗、少傳父業。兼明經典。隱居海畔。延致學徒。常數百人。晝研經義。夜占象度。勤心銳思。朝夕無倦。州郡辟召舉有道方正。不就。後漢書郎顗傳、宣統山東通志藝術

春秋

533

諸城縣。漢置東武縣。隋改曰諸城。明淸皆屬山東青州府。

卜楚丘、魯掌卜太史。成季之將生也。桓公使卜楚丘之父卜之。曰、男也。其名曰友。在公之右。間于兩社。爲公室輔。季氏亡、則魯不昌。又筮之。遇大有䷍之乾䷀。曰、同復于父。敬如君所。及生。有文在其手。曰友。遂以命之。左傳閔公二年

春秋

梓慎、魯大夫。（春秋魯邑・在今山東諸城縣西南・）精於占候。昭公十八年夏五月、火始昏見。丙子風。梓慎曰、是謂融風。火之始也。七日、其火作乎。戊寅風甚。壬午大甚。宋衛陳鄭、皆火。梓慎登大庭氏之庫以望之。曰、此宋衛陳鄭四國也。不數日、四國皆來告災。（左傳宣統山東通志）

方技

漢

梁丘賀、字長翁。琅邪諸人也。以能心計。爲武騎從大中大夫。京房受易。（此非焦延壽弟子・爲課吏法者・）房者、淄川楊何弟子也。房出爲齊郡太守。賀更事田王孫。宣帝時、聞京房爲易明。求其門人得賀。賀時爲都司空令。坐事論免爲庶人。待詔黃門數人說教。侍中以召賀。賀入說。上善之。以賀爲郎。會八月、飲酎行祠孝昭廟。先敺旄頭劍挺墮墜。首垂泥中。刃向乘輿車。馬驚。于是召賀筮之。有兵謀不吉。上還。使有司侍祠。是時霍氏外孫、代郡太守任宣坐謀反誅。宣子章、爲公車丞。亡在渭城界中。夜玄服入廟。居郎間。執戟立廟門。待上至。欲爲逆。發覺伏誅。故事上常夜入廟。其後待明而入。自此始也。賀以筮有應。繇是近幸。爲大中大夫給事中。至少府。年老終官。（前漢）

534 書儒林 日照縣漢置海曲縣。後漢改爲西海縣。晉省。金置日照縣。清屬山東沂州府。

金

張行簡、字敬甫、莒州日照人。學淹經史。大定己亥進士第一。累官禮部尙書、翰林學士承旨太子太傅。贈銀青祿大夫。謚文正。行簡世爲禮官。於天文術數之學。皆所究心。著作頗多。有人倫大統賦一卷。專言相法。詞意頗爲明簡。薛延年序、謂其提綱挈領。不下二三千言。囊括相術殆盡。條目疏暢而有節。良非虛譽。金史列傳 四庫提要 子部術數類二

清

丁守存、字心齋。山東日照人。道光乙未進士。授戶部主事。充軍機章京。守存通天文歷算風角壬遁之術。善製器。時英吉利兵犯沿海數省。船礮之利。爲中國所未有。守存慨然講求製造。大學士卓秉恬、薦之。命繕進圖說。偕郎中文康、徐有壬、赴天津監造地雷火機等器。試之皆驗。清史稿藝術

歷代卜人傳卷二十四終

門生鎭江張南山校

中國歷代卜人傳卷二十五

潤德堂叢書之八、

鎮江袁阜樹珊編次

山西省一

山西省、在我國中部北境、黃河之東、古并州地。春秋時爲晉國地、故別稱曰晉。秦置太原、上黨、河東等郡。漢置并州。三國及晉仍之。唐置河東道。宋置河東路。元置河東及山西道、直隸中書省、山西之名始此。以在太行山之西、故名。明置山西布政使。清置山西省。民國因之。其地東界河北。西界陝西。南界河南。北界綏遠。省會曰陽曲縣。

535 陽曲縣漢末移置・在今山西太原縣北四十五里・應劭曰・河千里一曲・當其陽・故曰陽曲・後魏又移於今縣南四十里・隋改爲陽直・又移於今縣東北四十里・改名汾陽縣・煬帝復改爲陽直・移理木井城・（東魏孝靜帝築城・中有井・以木爲甃・因名・）唐改爲陽曲縣・仍移置陽曲廢縣・宋太宗滅北漢・墮太原城・移陽曲治唐明鎮・爲太原府治・卽今所・民國廢府・仍以陽曲爲山西省治・

清 傅山、初名鼎臣。字青竹。後改名山。字青主。一字仁仲。別字公之它。亦作公他。亦曰朱衣道人。又字嗇廬。陽曲人。明季諸生。提學袁繼咸、爲巡按張孫振所誣。孫振、閹黨也。山約同學曹良直等詣通政使、三上書訟之。巡撫吳甡、亦直袁。遂得雪。山以是名聞天下。山工書善藝。通百家之技。甲申後、衣朱衣居土穴養母。土下大定。始稍稍出。隱於黃冠。康熙戊午、（年譜誤作已未。）年七十餘。徵舉鴻博。至京。堅臥城西古寺。不與試。授中書舍人。以老病辭歸。家傳有禁方。乃以醫自活。着有霜紅龕集、及女科等書。（清史稿隱逸女科書序丁寶銓傅山年譜○清廷瓊颺陂餘話云。詩文字畫。皆有中氣。行乎其間。故有識者卽能覘人窮通壽夭。王椒畦文學浩。嘗述傅青主徵君一事。徵君偶於醉後作草書而臥。其子眉。字壽髦。亦能書。見而效之。濳以已書易置几上。徵君醒而起。見几上書。愀然不樂。眉請其故。徵君嘆曰。我昨醉後偶書。今起視之。中氣已絕。殆將死矣。眉驚愕。跽白易書事。徵君曰。然則汝不食麥矣。後果如言。蓋徵君精於理氣數之學。故能識微知著如此。）

536 太原縣（古唐國地。春秋爲晉陽邑。秦置晉陽縣。北齊分置龍山縣。隋改龍山曰晉陽。改舊晉陽曰太原。故城在今山西太原縣東北。宋改置平晉縣。明復曰太原縣。移治故唐城之南。卽今治也。明清皆屬山西太原府。）

春秋

辛廖、晉大夫。初、畢萬、卜筮仕於晉國。遇屯䷂之比䷇。辛廖占之曰吉。屯固比入。吉孰大焉。其後必蕃昌。震爲土。車從馬。足居之。兄長之。母覆之。眾歸之。六體不易合而能固。安而能殺。公侯之卦也。公侯之子孫。必復其始。後獻公賜畢萬魏。以爲大夫。及春秋之後。三家分晉。而魏爲諸候。後人以爲筮之驗也。左傳閔公二年史記晉世家及雍正山西通志藝術

春秋

史蘇、晉卜筮之史。獻公卜伐驪戎。史蘇占之曰、勝而不吉。公曰、何謂也。對曰、遇兆挾以銜骨。齒牙爲猾。猾·音滑·亂也·黠也·狡也· 戎夏交捽。捽·音卒·手持也·交對也·觸也· 卒捽是交勝也。臣敢云。且懼有口。攜民國移心焉。公曰、何口之有。口在寡人。寡人弗受。誰敢興之。對曰、苟可以攜。其入也必甘受。逞而不知。胡可壅也。公不聽。遂伐驪戎。克之。獲驪姬以歸。有寵。立以爲夫人。卒致禍亂。左傳僖公十五年雍正山西通志藝術

春秋

卜偃、晉掌卜大夫。獻公伐虢。虢·音國·周時虢名· 圍上陽。問於卜偃曰、吾其濟乎。對曰、克之。公曰、何時。對曰、童謠云、丙之晨。龍尾伏辰。均服振振。取虢之旂。鶉之賁賁。鶉·讀如純·爲名·形如鶉雛· 天策焞焞。焞·音暾·焞焞·無光耀也· 火中成軍。虢公其奔。其九月十月之交乎。如期滅之。左傳僖公五年雍正山西通志藝術

春秋　史援、趙史。初趙盾、夢見叔帶持要而哭。甚悲。已而笑。拊手且歌。盾卜之兆。絕而後好。史援占之。曰、此夢甚惡。非君之身。乃君之子。然亦君之咎。至孫趙將世益衰。後盾卒。子朔嗣。爲屠岸賈所誅。趙氏絕十五年、景公立盾孫武。（史記趙世家雍正山西通志藝術）

春秋　史趙、史墨、史龜、皆晉史。宋公伐鄭。晉趙鞅卜救鄭。遇水適火。（水火之兆。）占之諸史。史趙、史墨、史龜曰。是謂沈陽。（火陽得水故沈。）可以興兵。（兵陰類也。故可以興兵。）利以伐姜。不利子商。（姜。齊姓也。子商謂宋。）伐齊則可。敵宋不吉。史墨曰、盈。水名也。子、水位也。名位敵。不可干也。炎帝爲火師。姜姓其後也。水勝火、伐姜則可。史趙曰、是謂如川之滿。不可游也。鄭方有罪。救鄭則不吉。不知其他。乃止。（左傳雍正山西通志藝術）

春秋　姑布子卿、（姓姑布。字子卿。）時爲大夫。善相。見趙簡子。簡子偏召諸子相之。子卿曰、無爲將軍者。簡子曰、趙氏其滅乎。子卿曰、吾嘗見一子於路。殆君之子也。簡子召子毋卹。毋卹至。則子卿起曰、此眞將軍矣。簡子曰、其母賤。翟婢也。（翟。音狄。翟者。樂吏之賤者也。姓也。本音狄。後改音宅。）奚道貴哉。子卿曰、天所授。雖賤必貴。自是之後。簡子盡召諸子與語。毋卹最賢。簡

春秋

子乃告諸子曰、吾藏寶符於常山之上。先得者賞。諸子馳之常山。求無所得。毋卹還曰、已得符矣。簡子曰、奏之。毋卹曰、從常山上臨代。代可取也。簡子於是知毋卹果賢。乃廢太子伯魯。而以毋卹爲太子。（史記趙世家 雍正山西通志藝術）

師曠、字子野。晉主樂太師。能辨音以知吉凶。左傳襄十八年、晉人聞有楚師。師曠曰、不害。吾驟歌北風。又歌南風。南風不競。多死聲。楚必無功。師曠又見太子晉、曰汝聲清浮。汝面色赤。火色不壽。王子曰、後三年、上賓於帝。汝愼毋言。殃將及汝。師曠歸未及三年。告死者至。曠著有禽經。（左傳襄公 御覽方術相上）

後晉

馬重績、字洞微。少學數術。明太乙五紀八象三統大歷。居於太原。唐莊宗、每用兵征伐。必問之。重績所言無不中。拜大理司直。晉有天下。拜太子右贊善大夫。遷司天監。卒年六十四。（新五代雜傳道光 太原縣志藝術）

後晉

盧岳、太原人。少學星曆。且工相人。李周年十六、爲內邱捕賊將。以勇聞。（內丘、縣名。漢置中丘縣。避諱改曰內丘。明清皆屬直隸順德府。京漢鐵路經之。）是時梁晉兵爭。山東羣盜充斥。道路行者必以兵衞。適岳、將徙家太原。舍逆旅。徬徨不敢進。周意憐之。爲送之西山。有盜從林中射岳。中其馬。周大呼曰、吾在此。孰敢爾耶。盜聞其聲。曰、此李周也。因各潰去。周送岳至太原。岳謂之曰。子方頤隆準、眉目疎徹。身長七尺。眞將相也。吾占天象。晉必有天下。子宜留事晉。以圖富貴。周後仕唐歷晉。終開府尹。卒年七十四。贈太師。（五代史附李周傳。圖書集成相術紀事）

宋

石普、其先幽州人。徙太原。累官軍衛大將軍。有膽略。凡遇討伐。聞敵所至。卽馳赴之。頗通兵書。陰陽六甲。星歷推步之術。太宗厚遇之。（道光太原縣志藝術）

537 晉陽縣（古唐國。相傳帝堯始都此。周初滅唐。成王封其弟叔虞於此。後改國曰晉。左傳定公十三年。趙鞅入於晉陽以叛。漢置縣。故城卽今山西太原縣治。高齊移汾水東於此。置龍山縣。隋廢龍山縣。移晉陽縣理焉。唐高祖自晉陽起義。遂定天下。宋時縣廢。）

周

尹皋、趙史也。見月生齒齔。畢大星。（齔音紇。齧也。）占有兵象。趙君曰、天下共一畢。知爲何國也。下史於獄。其後公子牙謀殺君。如史所言。（困學紀聞。天道。引天文注。李氏家書。）王應麟按、太史公天官書。昔之傳天數者。趙尹皋。又謂皋、唐甘石。因時務論其書傳。尹史卽尹皋也。其占驗僅見於此。趙世家不載。（困學紀聞）

晉

郭琦、字公偉。晉陽人。博學。善五行。作天文志、五行傳。注穀梁、京氏易百卷。鄉人王游等、皆就學。武帝以爲佐著作郎。及趙王倫之亂。遂終身處於家。（清一統志太原府人物）

北魏

郭景尙、字思和。晉陽人。祚子。涉歷書傳。曉星歷占候。言事頗驗。初爲彭城王、中軍府參軍。累遷太尉從事中郎。孝明時、遷輔國將軍。中散大夫。轉中書侍郎。未拜而卒。（魏書附郭祚傳）

北魏

王叡、字洛誠。自云太原晉陽人。六世祖橫、張軌參軍。晉亂。子孫因居於武威姑臧。（姑臧。縣名。漢置。即今甘肅武威縣治。）父橋、字法生。解天文卜筮。涼州平。（涼州。漢置。今甘肅是。）家貧。入京。以術自給。歷仕侍御史。中散。卒。贈平遠將軍。涼州刺史。顯菱侯。諡曰敬。叡少傳父業。而姿容偉麗。景穆見而奇之。興安初、擢爲太卜中散。稍遷爲令。領太史。（魏書本傳雍正山西通志藝術）

五代

533

榆次縣（春秋晉魏榆邑。戰國屬趙曰榆次。漢置榆次縣。後魏省入晉陽。尋復置。北齊改置中都縣。隋復曰榆次。明清皆屬山西太原府。）

敬滌心、五代時。隱居南趙。能詩。精於易。常謂人言某歲眞主當興。天下自此大定。及宋太祖龍飛。與滌心所說。無不相應。其年七十餘。尙健。能飲酒斗許不醉。騎牛行山谷間。或臥石上。有出俗之意。滌心詩數篇。張丞相士遜家有之。記一聯云、水禽依釣客。風葉撲龕僧。亦有幽味也。同治榆次縣志隱逸

元

黨志善、陝西華陰人。通五經。尤精三命之術。仕元、至河南中書省參政。元末、避亂。更名鼎新。徙家榆次。占籍縣東陽里。雍正山西通志寓賢

539 祁縣春秋時、晉大夫祁奚邑。晉滅祁氏、分為七縣、以賈辛為祁大夫、漢置祁縣、明清皆屬山西太原府、

明

閻子貴、祁縣人。精通六壬。言無不應。又閻大節、通藝術。尤精於醫卜。光緒山西通志藝術

540 文水縣後魏置受陽縣、隋改為文水縣、因縣西文谷水為名、唐改武興、尋復為文水、故城在今山西文水縣東十里、宋因水患、徙南漳沱村高阜、即今治、明清皆屬山西太原府、

唐

武攸緒、則天皇后兄惟良子也。恬淡寡欲。好易莊周書。少變姓名。賣卜長安市。得錢輒委去。後更授太子通事舍人。累遷揚州大都督府長史。鴻臚少卿。后革命。封安平郡王。從封中岳。固辭官。願隱居。后疑其詐。許之。以觀所為。攸緒廬巖下。如素遁者。后遣其兄攸宜敦諭。卒不起。后乃異之。盤桓龍門少室間。冬蔽茅椒。夏居石室。所賜金銀鐺鬲野服。鐺、音當、鬴、有足曰鐺、鬴奉甫切、集韻、與釜同、鬲音歷、鼎屬、王公所遺鹿裘素幛癭栝塵皆

流積。不御也。市田穎陽。使家奴雜作。自混於民。開元十一年癸亥卒。新唐書隱逸光緒文水縣志隱逸

541 興縣漢汾陽縣地。北齊置蔚汾。隋改臨泉。唐曰合河縣。金升為興州。明降為縣。清屬山西太原府。

清

康文鐸、字聲山、一字振之。興縣人。嘉慶庚申舉於鄉。以校官用、中懷抑塞。託藝自遣。遂精於占卜。尤精六壬。名譟京師。林清之變。嘉慶十五年。李文成在河南。林清在直隸山東。各集徒黨。假名為天理教徒。上下人等。頗尊信之。於是林清賄其內監之徒弟。於北京宮廷內應。一時礮火相交。教徒大敗。林清被捕伏法。李文成後亦事敗焚死。仁宗詢問朝士。孰為精數學者。軍機大臣以文鐸名對。立召使之占。得課敬呈。後果應。遂拜文綺之賜。至今子孫猶什襲珍藏。光緒山西通志術數道光河南河內縣志流寓

542 介休縣漢置。界休縣。故城在今山西介休縣東南十五里。晉曰介休。後省。後魏復置。後周省介休。入平昌。隋改平昌曰介休。明清皆屬山西汾州府。

東漢

郭泰、字林宗。范曄以父名泰。故改作太。介休人。高士傳。介休作太原。家世貧賤。早孤。母欲給事縣廷。林宗曰、大丈夫焉能處斗筲之役乎。遂辭。就成皋屈伯彥學。三年業畢。博通墳籍。善談論。美音制。乃游於洛陽。與河南尹李膺相友善。於是名震京師。後歸鄉里。諸儒送者車千乘。林宗獨與膺同舟而濟。眾賓望之。以為神仙。嘗遇雨。巾一角折。時爭效

之稱爲林宗巾。其見慕如此。林宗善天文精藻鑒。蔡邕撰郭泰碑云・考覽六經・探綜圖緯・或勸林宗仕進者。對曰、吾夜觀乾象。晝察人事。天之所廢。不可支也。雖舉有道不就。或問汝南范滂曰、郭林宗何如人。滂曰、隱不違親。介推之類・貞不絕俗。柳下惠之類・天子不得臣。諸侯不得友。吾不知其他。後遭母憂。有至孝稱。林宗雖善人倫。而不爲危言覈論。故宦官擅政。而不能傷也。及黨事起。遂閉戶教授。子弟以千數。惟林宗及汝南袁閎得免焉。宦閎・字夏甫・汝南人・累徵聘辟召・皆不應・朋黨事作・乃築土室不爲戶・自牖納飲食・潛身十八年・黃巾賊起・攻沒郡縣・閎誦經不移・賊相約不入其閭・初林宗始至南州。過袁奉高。奉高名闐・汝南人・爲郡功曹・闐數辟公府之命・不修異操・而致名當時・不宿而去。從叔度、累日不去。黃憲・字叔度・汝南愼陽人・初舉孝廉・又辟公府・人勸其仕・憲亦不拒・暫到京師而還・竟無所就・天下號曰徵君・或以問林宗。林宗曰、奉高之器。譬之泛濫。雖淸而易挹。叔度之器。汪汪若千頃之波。澄之不淸。撓之不濁。不可量也已。而果然。林宗以是名聞天下。卒年四十二。會葬者千餘人。同志爲共刻石立碑。蔡邕爲文。既而謂涿郡盧植曰。吾爲碑銘多矣。皆有慚德。唯郭有道無愧色耳。郭林宗傳・載王柔・字叔優・柔弟澤・字季道・太原晉陽人・少時聞林宗有知人之鑑・往候之・請問才行所宜以自處・林宗笑曰・卿二人皆二千石才也・雖然・叔優當以仕宦顯・季道當以經術進・若違才易務・亦不能至也・叔優等從其言・叔優至北中郎將・季道代郡守・○後漢書列傳雍正山西通志藝術。嘉慶介休縣志藝術○漫笑錄。載李賓王利用。鄱易邪行君子也。嘗云。郭林宗作玉管通神。有四句云。貴賤視其眉目。安否察其皮毛。苦樂觀其手足。貧富觀其顱頰。

543 臨縣（漢離縣地。北周置烏突縣及烏突郡。隋改郡縣。俱曰太和。尋廢郡。唐改縣曰臨泉。金又改縣曰臨水。元仍曰臨泉。升為臨州。明初降為臨縣。屬山西太原府。後改屬汾州府。清因之。）

清

曹席珍、臨縣人。順治戊子舉於鄉。康熙癸卯、知竹溪縣。居十一年。遷知彝陵州。東赴任。而吳三桂反。湖南諸郡。同日告陷。席珍設法捍禦。力盡被執。及至房陵。將殺之。至期傳釋放。席珍採食豆花水芹等物。尋賣卜於市。（民國臨縣志文物）

544 長治縣（漢壺關縣。隋置上黨縣。明省。後復置。改曰長治。為山西潞安府治。清因之。縣境產綢。世稱潞綢。又產參。即所謂潞黨參也。）

唐

韓凝禮、上黨人。明易學。揲蓍奇中。明皇如京。命凝禮揲。一蓍翹立。三起三偃。凝禮曰、此龍飛之象。本占有孚。應在仲冬。一陽動。當登大位。後果驗。凝理起家五品。

（圖書集成藝術典卜筮部名流列傳雍正山西通志藝術）

元

靳德進、潞州人。（潞州。即今長治縣。）為人材辨。幼讀書。通大義。父歿。益自刻勵。尤精星歷之學。金末兵亂。與母相失。母悲泣而盲。詳訪得之。舐其目。百日復明。人稱其孝。世祖命太保劉秉忠、選太史官屬、德進以選、受天文星歷卜筮三科。管句凡交蝕躔次。

六氣侵沴。（沴·音麗·水不利也·害也·妖也·惡氣也·）所言休咎輒應。後從征叛王納延揆度日時。（躔·音廛·踐也·次也·）率中機會。諸將欲勦絕其黨。德進獨陳天道好生。請緩師以待其降。俄又奏言叛由妖惑。遂謀爲不軌。宜括天下術士。設陰陽教官。使訓學者。仍歲貢有成者一人。帝從之。遂著爲令。德進又時因天象以進規諫。多所裨益。累遷資德大夫。領太史院事。以疾卒於位。贈魏國公。謚文穆。（元史方技、雍正山西通志藝術、畿輔通志列傳）

明　劉徵、字文獻。號耕樂處士。性介直。有才辯。善於誘掖。勸人以講學修德。涉獵書史爲務。且通星歷之學。明太祖特詔徵隱逸。與壺關杜斆、同被寵命。徵辭不就。益篤行誼。躬耕樂道。邑人咸尊禮云。（光緒山西通志隱逸）

清　劉天名、字文燦。長治人。以年躋九十。恩賜七品頂。知書。精堪輿術。家貧。棣遷爲業。忠厚性成。人樂就之。壽一百三歲。無疾而終。

清　周汝明、長治人。善六壬。凡卜逃失之物。言無不驗。一日赴壺關。偶憩道旁。見一老人入麥場中。語家人曰、休休。未時有大雨。汝明曰、雨當在場西四十步外。老人奇之。款於家。雨畢出驗。果如其言。

清 李騰龍、字耀雲。長治人。習堪輿。且精於醫。性廉介。愼交遊。雖以藝名。而視世之蠅營競逐。迎合勢利者。蔑如也。著有聞見錄十六卷。皆勸善規過之語。卒年七十七。以上光緒山西通志藝術

北魏

545 長子縣 漢置縣。後魏仍爲長子縣。北齊廢。隋置寄氏縣。又改爲長子。故城在今山西長子縣西。金徙今治。明淸屬山西潞安府。○長子。顏師古漢書注。讀曰長短之長。今俗爲長幼之長。非也。

李興業、長子人。少耿介。志學精力。負帙從師。不憚勤苦。耽思章句。好覽異說。晚乃師事徐遵明、於趙魏之間。後復博涉百家圖緯風角天文占候。無不討練。尤長算歷。雖在貧賤。嘗自矜負。若禮待不足。縱於權貴。不爲之屈。後擧孝廉。爲校書郎。累官國子祭酒。出除太原太守。武定七年卒。年六十六。魏書本傳北史儒林

北齊

李遵祖、習父業。星歷尤精。著名一時。乾隆長子縣志方技

546 屯留縣 春秋赤狄邑。謂之留吁。後爲晉邑。謂之純留。戰國謂之屯留。漢置屯留縣。北齊廢。入長子。隋復置。故城在今山西屯留縣南。唐徙今治。明淸皆屬山西潞安府。

晉 崔懿之、屯留人。精相法。與崔游友善。劉元海遊上黨。懿之見而驚。顧語游曰、此

人非常大貴。元海聞其善相。引至別所。解衣觀之。當心有三赤毫。長三尺六寸。懿之拜曰。鬚與此齊。則表裏相應。大貴必矣。元海稱尊號。辟懿之起家中書監。崔游爲御史大夫。（晉書載記雍正山西通志藝術）

明　申九寧、屯留人。精天文數學。洪武初。授五官挈壺。能逆占吉凶。上召問。應對如響。

清　劉繩武、字象賢。屯留人。專心堪輿之學。一日佃息樹下。遇異人指授。業遂精。嘗之沁州道經襄垣之太平村。遇村人邢某語以多備水器。某從之。其夜火起。卽時撲滅。羣驚爲神。子德懋、諸生。傳其學。又習醫卜。亦多驗。（以上雍正山西通志藝術）

547 潞城縣（漢潞縣地・隋置潞城縣・唐改潞子・五代唐復故・明清皆屬山西潞安府・產黨參著名・）

宋　苗光義、潞城人。精象緯輿圖之學。宋藝祖微時、多資其祕謀。及受禪後。徵辟皆不就。自卜葬地於縣西北原。後子孫皆徙居鹿村。（光緒潞城縣志耆舊）

548 壺關縣（後魏置・故城在今山西壺關縣東南五十里・今猶稱曰故縣・隋廢・唐復置・移置高望堡・在今壺關縣西七里・後徙今治・明清皆屬山西潞安府・）

元　王大利、乾峰潞安府志・大利作天利・邑人。精于陰陽術數。爲壺關陰陽教授。著三元正經。三元節要行世。子履道、宏道、與父齊名。道光壺關縣志方技

549 鳳臺縣漢置高都縣・隋改曰丹川・唐置晉城・清雍正六年・改置鳳臺縣・爲山西澤州府治・民國改爲晉城・即今晉城縣治・

宋　劉羲叟、字仲更。晉城人。精算術。歐陽修使河東。薦其學術。試大理評事。累遷著作佐郎。終崇文院檢討。羲叟強記多識。尤長於星歷術數。皇祐間、陝西鑄大錢。羲叟曰。此所謂害金再與。周景王同占。上將感心腹之疾。其後仁宗果不豫。事皆驗。及修唐史。令專修律曆、天文、五行志。羲叟未病。嘗曰、吾及秋必死。自擇地於父冢旁。占庚穴。以語其妻。如其言葬之。著有十三代史志、劉氏輯歷、春秋災異諸書。宋史儒林

元　李俊民、字用章。澤州人。得河南程氏傳受之學。金承安中、舉進士第一。應奉翰林文字。未幾棄官不仕。以所學教授鄉里。從之者甚盛。至有不遠千里而來者。金源南遷、隱于嵩山。後徙懷州。俄復隱於西山。既而變起倉猝。人服其先知。俊民在

河南時。隱士荊先生者。授以邵雍皇極數。當時知數者。無出劉秉忠之右。亦自以爲弗及也。世祖在潛藩。以安車召之。延訪無虛日。遽乞還山。世祖重違其意、遣中貴人護送之。又嘗令張仲一問以禎祥、及卽位。其言皆驗。而俊民已死。賜諡莊靜先生。（元史附竇默傳圖書集成術數部名流列傳）

清　袁爾梅、鳳臺人、坦率無文、嘗於道旁拾遺金、還其主、人重其義。生平精六壬。占驗多奇中。其賣卜日以三課爲度。備一日所用。不復爲人卜。雖強之。弗告也。某紳爲縣令所誣。逮赴省。禍且不測。爾梅爲成一兆。曰、天赦星照命宮。不出十里。罪可解。行至七里嶺。遇赦獲免。時以爲天綱復生云。（光緒山西通志藝術）

550　高平縣（漢晉爲泫氏縣。後魏置高平。故城在今山西高平縣西北二十里。北齊徙置泫氏。故城卽今治。清屬山西澤州府。）

明　王友古、高平人。博物洽聞。尤精天文及九章法。且布算而知人之隱。嘗集渾天歆器、銅烏漏刻、候風諸巧製。幷圖之以爲準。（雍正山西通志藝術）

清　趙雲漢、字景略。性鯁直。不慕榮利。家貧好讀書。深於易理。精卜筮。決疑如響。自

決壽終。其於六十四卦。悉楷書繪圖。一字不苟。將終。命子孫曰、字可習耳。非欲汝精卜筮也。（同治高平縣志人物）

清

祁墳、字竹軒。高平人。嘉慶丙辰進士。道光辛丑。官至兩廣總督。癸卯以病乞休。甲辰卒。優詔依尙書例賜卹。諡文恪。（清史稿本傳）道光二十三年辛丑。文恪公時督兩廣。請於鄉會試策問五道。定爲五門發題。曰博通史鑑。曰精熟韜鈐。曰製器通算。曰洞知陰陽占候。曰熟諳輿圖情形。經禮部議駁。鄞縣陳祺、按是時海禁初開。文恪此奏。可謂識微見遠。今當國諸公。求才太切。至欲狗屠馬販中、儲邊材使節之選。何如因時改制。仍與儒官儒服者議天下事也。祁疏具在。願有心人物色而輝光之。（郎潛紀聞卷十一）

551 陽城縣（漢濩澤縣。後漢爲侯國。唐置澤州。改曰陽城。尋省。故治在今山西武鄉縣西。）

元

王翼、字輔之。陽城人。性穎悟。勤於學。七歲嘗從師行。有誦杜牧華淸宮詩者。後師舉試。歷歷能道之。師頗奇焉。既長。日記千言。應進士舉。因感疾。遂留意於醫。尤

精於易占無不應自著有古律詩三百餘篇。光緒山西通志隱逸

552 元 陵川縣漢泫氏縣地．後魏高平縣地．隋析置陵川縣．元省．尋復置．清屬山西澤州府．

徐貴、字仲平、雲中人。雲中．即雲夢澤．在今湖北安陸縣．卜隱陵川。光緒陵川縣志寓賢

553 元 沁水縣戰國趙端氏邑．漢端氏縣．後魏分置東永安縣．北齊改永寧．隋改沁水．故城在今山西沁水縣西三十里．今名故城鎮．宋後移今治．清屬山西澤州府．

鄭埜岩、沁水人少讀書旁通天文地理之學泰定間、知天下兵將起隱於歷山後。不知所終。

清 譚炳、沁水人中歲薄游江淮學皇極內經於葉蓮溪善青烏之術尤精卜筮隨筆一物令占能知不言之隱決休咎皆驗。以上光緒山西通志藝術

554 遼州漢上黨郡地．隋置遼州．治樂平．即今山西昔陽縣．尋廢．唐復置．移治遼山．改曰箕州．又改曰儀州．又改曰樂平郡．尋復曰遼州．宋曰遼州樂平郡．金曰南遼州．尋去南字．元亦曰遼州．明省遼山縣入州．直隸山西．清因之．民國改爲遼縣．

清 曹更新、字煥然遼州諸生。精堪輿學。著有省克引。九疇理數。州牧沈、極推重之。子之讓、克繼父業。獨步一時。光緒山西通志藝術

555 榆杜縣、漢涅氏縣地・晉置武鄉縣・後魏爲鄉縣地・隋析置榆社縣・唐於縣置榆州・尋州廢・宋元時・縣皆既省・復置・清屬山西遼州・

清 王彥之、榆社諸生。品格古峭。不諧流俗。習靑烏術。而不妄爲人擇地。嘗曉人曰、地理通乎天理。性理卽是地理。若汨沒性理。雖地理効靈。天理恐難昧也。聞者以爲名言。光緒山西通志藝術

556 沁州 隋置尋廢・唐復置・改曰陽城郡・尋復曰沁州・治沁源・卽今山西沁源縣・宋於銅鞮縣置威勝軍・省沁州入之・金復置沁州・明省銅鞮縣入州・以州直隸山西・清因之・民國改爲沁縣・

清 茹桂、沁州人。以醫名。兼通堪輿之術。尤精於數。一日晨起自卜。謂當獲錢三千。少頃。有戚白某、邀視疾。促之行。桂曰、姑少待。當得一醉之資。果復有相延者。便道爲診視。立方而去。次日歸。出錢示白曰、昨豈妄哉。立治具盡歡而罷。騈姓者以腹痛遣人招桂。桂出門、復返。曰、病者已自盡矣。何相欺。招者力白非欺。桂與方、令速歸。果如其言。一日有客策蹇來迎。甫入坐。謂之曰、君來爲塋地計耳。葬已多年。何須再問。出課示之。且告以數世興敗之由。客驚異而去。由是善卜之名大譟。然不妄言禍福。有求者則謝之曰、人事所在。卽數所在。又焉用卜。後得疾。親友候者、約

以某月日話別。至期扶杖出門。謂家人曰、天氣清朗。風色甚佳。遊觀止於是矣。入室而逝。（光緒山西通志藝術）

清

孟必達、字泰交。郡庠生。爲人忠厚寡言。與人談一二語卽止。不爲文飾也。善六壬數。可以前知。（乾隆沁州志方技）

557 武鄉縣（漢湼氏縣。後漢曰湼縣。後魏更置鄉縣及鄉郡。唐武后時。改曰武鄉縣。元省入銅鞮縣。後復置。明屬山西沁州。清因之。）

唐

風雷將軍、姓焦氏。武鄉人。唐懿宗朝、父爲掾吏。有陰行。咸通九年戊子、生將軍。七歲不語。兩手不展。父母欲棄之。忽元日手展能言。性穎異。及長。凡天文地理易象遁甲。咸臻其妙。（雍正山西通志仙釋）

558 平定縣（漢上艾縣。後魏石艾。唐改曰廣陽。宋改廣陽縣曰平定縣。爲軍治。今改軍爲州。元省縣入州。明因之。清時直隸山西省。民國改州爲縣。今正泰鐵路經之。山西之煤。以平定出產爲最多。煤質亦最良。爲產無煙煤之中心點。產鐵亦富。又產磁器。色如玉。以定窰著名。）

唐

王子貞、卜者也。唐貞觀中平定。魏金母失明。子貞曰、明年三月一日。有青衣從東南來。療必愈。至期見一人著青衣者。遂邀入內。重設飲食以相待。其人曰、僕不解醫。但解作犂耳。爲主人作之。持斧繞舍求犂轅。見桑曲枝臨井上。遂斫下。其母兩眼煥然見物。此曲桑蓋井所致。光緒山西通志藝術

元 呂義、字伯宜。平定州人。善易學。尤精卜筮堪輿星歷諸術。勅授晉寧路教授。子豫、有父風。世其業。授饒州路陰陽教授。雍正山西通志藝術

559 樂平縣、漢置。晉兼置郡。隋時卽廢。清廢縣爲鄉。民國復置縣。尋又改爲昔陽縣。屬山西省。

宋 馬端臨、字貴與。樂平人。咸淳中漕試第一。博極羣書。以蔭補承事郎。元初、起爲柯山書院山長。終台州教授。鄉里遠近師之。所著文獻通考。貫穿古今。該博過於杜祐通典。又著有蓍卦辨疑。詳言少陰少陽之數。隱於老陰老陽之中。如是則七九皆爲陽。六八皆爲陰。其畫爲奇爲耦。皆同聖人畫卦。初未必以老少陰陽爲異也。藝術典卜筮部藝文

560 盂縣、古仇猶國。隋置原仇縣。改盂縣。金升爲盂州。元亦曰盂州。明降州爲縣。清屬山西平定州。

清 張大亮、字韞軒。盂縣人。國學生。習堪輿家言。兼善岐黃術。遠近延請。不令以一

錢酬。貧者隨證予藥。無所靳。終其身如一日焉。光緒山西通志藝術

561 大同縣漢平城縣・北周以後爲雲中路・遼析雲中置大同縣・元省雲中入大同・明清皆爲山西大同府治・平綏鐵路自張家口至此・北折以通綏遠・有支路自此經平望・至口泉鎮・

清　郭桂、字天香。大同諸生。性嚴介。有才名。通曉醫卜。尤精六壬。每有占斷。多奇驗。醫術。以眼科著。年未五十卒。時論惜之。

清　車戴文、大同人。郡文學。性孤介。有才。精堪輿學。尤善丹青。嘗以繪事爲黃左田學使所獎。晚年益以形家著名。以上光緒山西通志藝術

歷代卜人傳卷二十五終　　鎮江朱容生校

擊壤集、「題爲水火吟。」一水火得其御。交而成既濟。水火失其御。焚溺可立至。不止水與火。萬事盡如此。只知用水火。不知水火義。

又云。火能勝水。火不勝水。其火遂滅。水能從火。水不從火。其水不熱。夫能制妻。夫不制妻。其夫遂絕。妻能從夫。妻不從夫。其妻必孽。

中國歷代卜人傳卷二十六

潤德堂叢書之八

鎭江袁阜樹珊編次

山西省二

562 代州（戰國・趙雁門郡地・秦因之・漢亦爲雁門郡・北周移肆州來治・隋改州爲代州・治雁門縣・元省雁門縣入州・明廢州爲縣・尋復曰代州・清直隸山西省・民國改爲代縣・）

晉

范隆、雁門人字玄嵩父方、魏雁門太守。隆在孕十五月生而父亡。年四歲又喪母。哀號之聲。感動行路。無緦功之親。疎族范廣、愍而養之。迎歸敎書。隆好學修謹。奉廣如父。博通經籍。無所不覽。著春秋三傳。撰三禮吉凶宗紀。甚有條義。惠帝時、天下將亂。隆隱迹不應州郡之命。晝勤耕稼。夜誦書典。頗習祕歷陰陽之學。知并州將有氛祲之祥。故彌不復出仕。後依劉淵。爲大鴻臚。（晉書儒林）

北魏

陸旭、侯曾孫。性雅淡。好易緯侯之學。撰五星要訣及兩儀眞圖。頗得其指要。太和中、徵拜中書博士。稍遷散騎常侍。知天下將亂。遂隱於太行山。累徵不起。（清一統志山西）

省大同府人物

隋

魏先生、宋人。逸其名。隋初太常議樂如聚訟。先生爲調律。樂遂和。太常欲薦而官之。先生不可。受帛二百段。歸寓雁門。以帛市酒。旦夕歡飲。時李密敗黎陽亡命雁門。先生見之。曰、子氣沮而目亂。心搖而語偷。方今捕署山黨。得非長者乎。密驚曰。既知我。能免我否。先生曰、子非帝王之相。又非將帥材略。吾望氣、晉汾有異人出。能往事之。當不失富貴。密終不用其言而敗。清一統志山西省代州流寓

宋

張宗誨、字習之。司空齊賢第二子。少喜學兵法陰陽象緯之書。無不通。究齊賢守代州。嘗預計畫。遂有土鐙砦繁峙之捷。雍正山西通志寓賢

563 懷仁縣遼置。因阿保機與晉王李克用。會於東城。有懷想仁人之語。故縣取名。在今山西懷仁縣西。金徙今治。明清皆屬山西大同府。

明

王瑛、懷仁人。學黃老術。築室西山之陽。去縣百餘里。坐臥一小樓。日玩奚石殘霞。獲經鳥翼之說。農圃醫卜。無不究心。終歲足迹不入城市。年七十七。無疾而卒。光緒山西通志隱逸

清

564 左雲縣（明置正朔衛，後改設大同左衛，又移雲川衛併入，名左雲川衛。清初名左雲衛，雍正三年升爲縣，屬山西朔平府。）

王利仁、左雲人。善醫，尤精於鍼灸，好讀易，遂習卜筮，研精殫思，三年面壁，頗有所得。家貧性孤介，儆衣藿食，處之宴如。（光緒山西通志藝術）

北齊

565 朔州（後魏僑置，北齊置北朔州，隋廢置代郡，尋改爲馬邑郡，唐曰朔州，復曰馬邑郡，後唐爲朔州，宋改曰朔寧府，尋入於金，仍爲朔州，清屬山西朔平府，民國改州爲縣。）

皇甫玉、不知何許人。善風鑒，舉目見人，皆有富貴之表，以爲必無此理，遂燔其書。而後悉如其言，乃知相法不虛也。（北齊書方技　雍正朔州志方技）

北魏

566 恆州（後魏道武帝都平城，置司州，孝文帝遷洛，改置恆州，故治在今山西大同縣東，後州陷，僑治肆州秀容郡城，即今忻縣。）

高崇祖、恆州人。善天文，每占吉凶有驗。永安中、特除中散大夫。（雍正山西通志藝術）

唐

張果、隱恆州中條山，諱鄉里世系以自神。往來汾晉間，嘗自言生於堯丙子歲。武后使使召之，果詐死。開元中、遣使迎至京，欲以玉貞公主降之，大笑不奉詔。尋還山，號通玄先生。著星宗一書，徵引聿斯經頗多，如歲星交會章云、巨蟹宮中如會遇，少年榮折桂枝香云云，蓋謂木孛也。（唐書　舊唐書方技　清文廷式純常子枝語）

清

567 靜樂縣 北齊於今嵐縣地。置岢嵐縣。隋移縣治此。改曰汾源。又改曰靜樂。元廢。明復置。清屬山西忻州。

韓達學、靜樂人。廩貢。精青烏術。肄業國子監。博稽典籍。嗜古敏求。屢薦不售。卒。光緒山西通志藝術

清

568 臨汾縣 春秋晉平陽邑。漢置平陽縣。隋改為臨汾。為臨汾郡治。唐移置故平陽城。後還今治。明清皆屬山西平陽府治。清太原鎮總兵駐此。

彭鑾、字曉荷。臨汾人。穎悟好學。能詩。於天文地理皆所通曉。工篆刻。尤善鼓琴。官蘭州府通判。著詩草尺牘星象醫卜等書。而諸生趙銘、精卜易。晚得導引術。或言仙去。光緒山西通志藝術

清

569 洪洞縣 漢置揚縣。隋改曰洪洞。明清皆屬山西平陽府。今縣北六里。有洪洞故城。括地志云。縣有洪洞鎮。故名。

衞仰璠、字奐如。工畫花卉牡丹菊花尤佳。兼長醫卜之術。名聞解梁間。民國洪洞縣志藝苑

清

570 翼城縣 春秋晉都翼邑。亦曰故絳。漢絳縣地。後魏置北絳縣。隋改曰翼城。故城在今山西翼城縣東。唐改曰澮州縣。五代仍曰翼城。徙今治。宋因之。金升為翼州。又升翼安軍節度。元初復曰翼城縣。明清皆屬山西平陽府。

焦騰鳳、南堯都人。善丹青。精於河圖洛書之數。著有句股圖解四卷。刊印行世。

曲沃縣令王公筠、爲序其書以傳。光緒翼城縣志方技

清 趙春曦、別號琴山。四川射洪拔貢。幼好古文詞。後因事爲墨吏所陷。安置斯邑。旋以左相國見援獲釋。其人好學。令長有敬之者。必言邑之利弊。善醫。精風鑑。無賢愚貴賤。求必爲盡心。所著有周易郛說說餘共六卷。詩文有集。光緒翼城縣志寓賢

571 太平縣 後魏置泰平縣．在今山西汾城縣東北二十七里．北周改爲太平．隋時移治今縣東北三十里．唐移於今治東北二十七里．即魏故治．又移於敬德堡．即今汾城縣治．明清皆屬山西平陽府．民國改名汾城．

清 孫夢祥、太平諸生。精堪輿。家言絳州尚書莊、在九原嶺。求水艱難。相地穿井。得甘泉。爲人相墓亦多驗。年八十五卒。

清 王宗炎、字已峯。太平人。通天文。推測之學。咸豐初辛亥、言粵逆必入晉境。至三年、果驗。後遊隴西。時測西方不靖。遂束裝行。每有寇警。輒望氣知之。究心武略。嘗于錄武經。自爲輯注。名曰審鵠。以上光緒山西通志藝術

572 襄陵縣 漢置．故城在今山西襄陵縣東十五里．北齊省．北周自臨汾移禽昌縣於此．隋又改禽昌爲襄陵．宋移治汾西宿水店．在今縣西南十里．後又移治晉橋．即今治、明清皆屬山西平陽府．史記世家云．

晉
公孫彧、文侯三十五年、齊伐我、取襄陵、漢書注、師古曰、晉襄公之陵、因以名縣、本縣人與屯留崔懿之、皆善相、及見劉元海、驚相謂曰、此人形貌非常、吾所未見也、於是深相崇敬、推分結恩、後元海僭號、果如所言、平陽府志、謂元海爲劉淵、僭號謂淵稱尊號、○光緒襄陵縣志方技

清
李根暢、字涵初、襄陵人、嘗遇異人、授青烏術、魏文清公大奇之、又受知於王阮亭、一時名重都下、王侯爭爲前席、莊親王以山水引年賜之名、公巨卿贈詩文滿篋、光緒山西通志藝術

573　永濟縣古虞舜都、戰國、魏蒲坂邑、漢置蒲反縣、隋以後爲河東縣、明省、清雍正六年、置永濟縣、爲山西蒲州府治、出產以蒲柿蒲鐮蒲紙等、而以蒲鐮爲最著名、

唐
孟羽、河中人、隱居永樂、占候望氣、往往甚神、然不肯輕言、工相術、李懷光未叛時、嘗私謂所親言、城中有反氣、比懷光舉逆、知羽名、遣使問之曰、作天子否、羽答以不識、懷光怒、將擒斬之、羽先知、即遁去、十餘日復還、曰、吾夜觀天象、反氣已漸滅、賊當自就誅翦矣、後果然、光緒山西通志藝術光緒永濟縣志方技

宋　伊憲文、河中府人。明改府爲蒲州，即今山西永濟縣治。精星命之學。宣和中、熙州永洛城寨卒、吳祈。因數與夏羌戰。立功至指揮使所部兵。坐不戰爲寨主撻治。祈天性寬仁御衆不尙威罰。或有過失多全活之。既反遭杖責。頗羞憤。値憲文經由到門。漫訪以年命。亦姑欲陶寫抑鬱。初無榮望也。卦成憲文曰、君此去當發。然所謂白骨封侯。身後方貴。祈笑而不信。憲文問曰、有子乎。曰有兩子。頗習學武藝。遂出長子庚甲示之。憲文驚曰、貴不可言。成治國功名。異日當享王爵。至問次子。又曰此尤勝前者。生當封侯。祈愈不信。送之去。回首言、我姓伊名憲文。河中府人。隱居首陽山下。今海內將亂。吾不可久此。善記吾言。無忘忠孝。祈竟以戰歿。二子延恩得官。長郎价、官至使相。死。贈益王。次郎璘、至太傅新安郡王。死、追封信王。祈、累贈至太師極品。夷堅志辛集上

宋　苗訓、河中人。善天文占候之術。仕周爲殿前散員右第一直散指揮使。顯德末甲寅、從太祖北征。訓視日上復有一日。久相摩盪。指謂楚昭輔曰、此天命也。夕次陳橋。太祖爲六師推戴。訓皆預白其事。既受禪。擢爲翰林天文。尋加銀青光祿大

夫檢校工部尚書。年七十餘卒。子守信、少習父業。補司天曆算。與吳昭素等造新曆。賜號乾元曆。頗爲精密。淳化二年辛卯、守信上言。正月一日、爲一歲之首。每月八日、天帝下巡人世。察善惡。太歲日、爲歲星之精。人君之象。三元日、上元天官。中元地官。下元水官。各主錄人之善惡。又春戊寅。夏甲午。秋戊申。冬甲子。爲天赦日。及上慶誕日。皆不可以斷極刑。事下有司議行。未幾、轉殿中丞。眞授少監。咸平三年庚子卒。年四十六。子舜卿、爲國子博士。（宋史方技　雍正山西通志藝術）

574　臨晉縣（春秋・晉解梁邑・漢解縣・後魏改曰北解縣・北周省・隋置桑泉縣・唐更曰臨晉・清屬山西蒲州府・）

清　李則星、臨晉人。精易理。善卜筮。村人某、亡牛。就占之。李令晨起向南而直行。遇白衣婦人騎驢者。問之必得。某如其言。果有婦策蹇來。一人遙伴送之。某驟問婦、見牛否。婦不答。方再問。而伴送者已至前矣。詈其無賴。揮拳相向。某懼奔逸。倉皇間、投一廢園。則牛在焉。其奇驗類多如此。又精於醫。亦應手取效。

清　李興讓、臨晉人。爲諸生。好讀書。旁及堪輿家言。尤精於奇門。有所悟。輒筆爲書。

其徒請以付梓。興讓不可。謂數學不出理學。理學未明。可言數學乎。蓋不欲以術名也。以上光緒山西通志藝術

清

王世魁、習天文之學。得管窺輯要一書。每夜觀星象。畫繪星圖。久之遂精占驗。道光乙未。言晉省必有兵革。應在三月。已而果有趙城之變。光緒臨晉縣志鄉賢

唐

575 解梁縣 春秋晉地。左傳僖公十五年。晉侯賂秦伯以河外列城五。內及解梁城。杜注。今河東解縣。今山西臨晉縣西南。五姓湖北有解城。

衞大經、解梁人。以文學聞。卓然高行。口無二言。武后時、召之。固辭疾。開元初、畢構爲刺史。使縣令就謁。辭不見。大經邃於易。周知天文曆象。豫筮死日。鑿墓自爲志。唐書隱逸民傳雍正山西通志藝術

隋

576 榮河縣 戰國。魏汾陰邑。漢汾陰縣。唐改曰寶鼎。宋改曰榮州。明清時作榮河。屬山西蒲州府。

侯生、汾陰人。天下奇士也。王度、常以師禮事之。臨終、贈度以古鏡。曰、持此則百邪遠人。度受而寶之。作古鏡記。具其異迹。文中子嘗曰、汾陰侯生善筮。先人事而後說卦。光緒山西通志藝術

清　王恩奎、字雲卿。敍州公星生第三子也。晚年精堪輿。尤通岐黃術。恒備藥材。如法炮製。凡鄉里患病。診後照方付藥。不取其值。至今人皆德之。（民國榮河縣志方技）

577 猗氏縣（周。郇國。春秋。晉郇瑕氏之地。孔叢子云。猗頓魯之窮士。陶朱公教之適西河。大畜牛羊於猗氏之南。十年貲擬王公。以富興於猗氏。故曰猗頓。漢置猗氏縣。故城在今山西猗氏縣南二十里。晉魏間移今治。西魏改猗氏爲桑泉。北周復改爲猗氏。清屬山西蒲州府。）

清　張建斿、（斿。音由。旌旗之末下垂者。與旒同。）猗氏人。善占。往往未卜先知。問者雖不識。輒留飲食。或金帛求之。轉不可見。其占詞或數字或數句。初多不解。事過輒驗。竟莫知其操何術也。（光緒山西通志藝術）

578 解州（五代漢置。治解縣。明省縣入州。清直隸山西省。民國改州爲解縣。）

北魏　關朗、字子明。河東解州人。有經濟大器。妙極占算。浮沈鄉里。不求官達。太和末戊寅、王虬封晉陽。尚書署朗爲公府記室。虬與談易。各相歎服。虬謂朗曰、足下奇才也。不可使天子不識。入言與孝文帝。帝曰、張彝、郭祚、嘗言之。朕以卜算小道。不之見爾。虬曰、此人道微言深。殆非彝、祚、能盡識也。詔見之。帝問老易。朗發明玄宗。

實陳王道。諷帝。慈儉爲本。飾之以刑政禮樂。帝嘉歎。謂虬曰、先生知人矣。昨見子明。管樂之器。豈占算而已。虬再拜對曰、昔伊尹負鼎。干成湯。今子明假占算以謁陛下。臣主感遇。自有所因。後宜任之。帝曰、且與卿就成筮論。既而頻日引見。際暮而出。會帝有烏丸之役。勅子明隨虬、出鎮并州。軍國大議。馳驛而聞。故虬之易筮。往往如神。俄帝崩。虬歸洛。踰年而卒。朗遂不仕。景明四年癸未、虬子彥、服闋。援琴切切然。有憂時之思。朗聞之曰、何聲之悲乎。彥曰、彥誠悲先君、與先生、有志不就也。朗曰、樂則行之。憂則違之。彥曰、彥聞治亂損益。各以數至。苟推其運。百世可知。願先生以筮一爲決之。何如。朗曰、占算幽微。多則有惑。請命蓍卦。以百年爲斷。於是揲蓍布卦。遇夬之革。兌上乾下☱☰、兌上離下。☱☲、捨蓍而歎曰、當今大運。不過二再傳爾。從甲申二十四歲戊申、大亂而禍始。宮掖有蕃臣秉政。世伏其强。若用之以道。則桓文之舉也。如不以道。臣主俱屠地。彥曰、其人安出。朗曰、參代之墟。有異氣焉。若出、其在并之郊乎。彥曰、此人不振。蒼生何屬。朗曰、當有二雄舉、而中原分。彥曰、各能成乎。朗曰、我隙彼動。能無成乎。彥曰、請刻其歲。朗曰、始於甲寅。卒於庚子。天之數也。彥曰、何國先亡。朗曰、不戰德而用詐權。則舊者先亡也。彥曰、其後何如。朗曰、辛丑之歲。有恭儉之主。起布衣而併六合。彥曰、其東南乎。朗曰、必在西北。平大亂者、未可以文治。必須武定。且西北用武之國。東南之俗其弊也剽。西北之俗其興也勃。彥曰、東南之歲可刻乎。朗曰、東南運曆不出三百。大賢大聖不可卒遇。能終其運。所幸多矣。且辛丑明王。當興定天下者。不出九載。己酉、江東其危乎。彥曰、明王既興。其道若何。朗曰、設有始有卒。五帝三王之化復矣。若非其道。則終驕亢。而晚節末路。有桀紂之主。出焉。彥曰、先王之道。竟亡乎。朗曰、何謂亡也。夫明王久曠。必有達者生焉。行其典禮。此三才五常之所繫也。故王道不能亡也。彥曰、請推其數。朗曰、乾坤之策。陰陽之數。推而行之。不過三百六十六。引而伸之。不過三百八十四。天之道也。噫、朗聞之先聖與卦象相契。自魏已降。天下無眞主。故黃初元年庚子。至今八十四年。更八十二年丙午。三百六十六矣。達者當生。更十八年甲子。其與王者合乎用之則王道振。不用洙泗之敎修矣。彥曰、其人安出。朗曰、其唐晉之郊乎。彥曰、厥後何如。朗曰、自甲申至甲子。正百年矣。過此未或知也。彥曰、先生所刻治亂興廢果何道也。朗曰、文質遞用。勢運相乘。稽損益以驗其時。百代無隱。考龜筴而研其慮。千載可知。未之思歟。何遠之有。彥蹶然驚起。因書策而藏之。退而學易。其後宣武正始元年、歲次甲申至孝文永安元年、二十四歲戊申。而胡后作亂。爾朱榮起并州。君臣相殘。繼踵屠地。及周齊分霸。卒併於西。始於甲寅。終於庚子。明年辛丑。高祖受禪。果以恭儉定天下。皆如其言。文中子中說錄關子明事雍正山西通志藝術○明王鏊震澤長語云・觀於魏王彥・問關朗百年之數事・其後魏之亂・自胡后始・爾朱榮・高歡・宇文泰・分霸・隋平陳・煬帝之世・天下大亂・皆如其占・然則左氏所載・周太史筮陳敬仲・知其後必將代齊・史蘇占晉伯姬之嫁・而及懷惠之亂・豈可謂誣乎・

南齊

柳世隆、字彥緒。解人也。讀書折節。涉獵文史。宋時、以平沈攸之功。封貞陽縣侯。齊高帝踐阼。進爵爲公。居母憂。寒不衣絮。杖而後起。性淸廉。惟時事墳典。在朝不干世務。垂簾鼓琴。官終尚書令。永明九年辛未卒。年五十。謚忠武。世隆善卜。永明初癸亥、世隆題州齋壁曰、永明十一年癸酉因流涕謂典籤李黨曰、九年我亡。亡後三年某崩。齊亦於此大亂。汝當見吾不見也。世隆又曉術數。於倪塘創墓。與賓客踐履。十往五往。常坐一處。及卒。墓工圖墓。正取其坐處焉。所著龜經二卷行於世。（南齊書本傳南史附柳元景傳）

北周

柳敏、字白澤。解人。九歲而孤。事母以孝聞。性好學。涉獵經史。陰陽卜筮之術。靡不習焉。年未弱冠。起家爲員外散騎侍郎。累遷河東郡丞。文帝剋復河東。見而器異之。乃謂曰、今日不喜得河東。喜得卿也。累拜禮部中大夫。出爲郢州刺史。復拜禮部。敏操履中正。性又恭勤。每日將朝。必夙興待旦。又久處台閣。明練故事。爲武宣二帝所優禮。開皇初辛丑、進位上大將軍。卒。（周書列傳）

579 夏縣（戰國魏都。漢置安邑縣。後魏改縣曰北安邑。又改曰夏縣。後置安邑郡。隋郡廢。清屬山西解州。）

宋

司馬光、字君實。夏縣人。生七歲、凜然如成人。聞講左氏春秋、愛之。退爲家人講。即了其大指。自是手不釋書。至不知饑渴寒暑。仁宗寶元初戊寅、中進士甲科。歷同知諫院。仁宗時、請定國嗣。英宗時、與議濮王典禮。均力持正論。神宗時、爲御史中丞。以議王安石新法不合。去居洛十五年、絕口不論時事。哲宗初丙寅、起爲門下侍郎。拜尙書左僕射。悉去新法之爲民害者。在相位八月卒。年六十八。贈太師溫國公。諡文正。光於物澹然無所好。於學無所不通。著有資治通鑑。獨樂園集。及涑水紀聞。溫公易說。潛虛等書。其潛虛乃擬太玄而作。以五行爲本。五行相乘爲二十五。兩之爲五十。首有氣。體。性。名。行。變。解七圖。大旨以吉。臧。平。否。凶。決之。又云不信不筮。不疑不筮。不正不筮。不順不筮。不蠲不筮。不誠不筮。必蠲必誠。神靈是聽。又云玄以準易。虛以擬玄。玄且覆瓿。而況虛乎。其棄必矣。然子雲曰、後世復有楊子雲。必知玄。吾於子雲、雖未能知。固好之矣。安知後世復無司馬君實乎。宋史本傳潛虛

及四庫總目子部術數類一〇辨志文會初集載。餘姚葉秉鈞。涑水弟子考云。晁說之。字以道。昭德人。元豐中進士。湛深經術。從涑水遊。涑水著潛虛未成。命說之補。說之謝不敏。然說之著有易玄星紀譜。足以傳涑水太玄之學矣。牛師德。字祖仁。著有先天易鈐。太極寶局二卷。蓋爲邵子之學。而專於術數者。惟師德自言從溫公傳康節之學。亦涑水弟子云。〇皐按。老學菴記云。晁以道。明陰陽卜筮之學。官明州船場。因是卜人傳亦另載之。

580 河北縣 漢置河北縣。一名魏城。後魏縣廢。故城在今山西芮城縣東北。縣在河之北。故曰河北。

宋　賈衆妙、道士。河北人。善相。以爲人能得龍之一體者。皆貴極人爵。見豫章黃庠手。曰、左手得龍爪。雖當魁天下而不仕。若右手得之、則貴矣。庠果爲南省第一。不及廷對而死。圖書集成相術部紀事

581　芮城縣　周初魏國。春秋晉。畢萬邑。漢置河北縣。西魏置安戎縣。北周改曰芮城。隋於縣置芮州。唐州廢。淸屬山西解州。

春秋　子順、善相。魏安釐王問子順曰。馬回之爲人。雖少才文。鯁鯁亮直。有大丈夫之節。吾欲以爲相。可乎。答曰、知臣莫若君。何有不可。至於亮直之節。臣未明也。王曰、何故。答曰、聞孫卿云。其爲人也長目而豕視者。必體方而心圓。每以其法相人。千百不失。臣見回非不偉其體幹也。然甚疑其目。王卒用之。三月。果以諂得罪。圖書集成相術部紀事

明　萬蓬頭、嘉靖時。居芮城東灘猥窩之佛窰。素工談論。精風鑑堪輿術。言吉凶多應。婦孺皆稱爲蓬頭師。至今有王老人井遺蹟。一日告人曰、吾將遠行。可泥封吾窰門。數日啓視如故。他日又使加封固。越數日、復啓視。空諸所有。咸以爲仙去云。

530 **安邑縣** 夏禹所都．春秋時．魏絳自魏徙此．戰國爲魏都．漢置縣．今夏縣安邑縣之地．後魏分安邑爲南安邑．北安邑二縣．旋改北安邑爲夏縣．故城在今山西夏縣北．即漢舊縣．禹所都也．隋改南安邑爲安邑．即後魏分置之縣也．清屬山西解州．民國移治運城．尋復故．縣境有鹽池．爲山西省惟一產鹽之區．左傳謂郇瑕氏之地．沃饒而鹽．即指此地而言．池水不流．凝成固粒．朝取夕復．終無減損．其利甚溥．

北魏

祖纖、河東人。善相術。世祖賢之。拜爲上大夫。雍正澤州府志技術

北齊

王春、河東安邑人。少精易占。明陰陽風角。齊高祖引爲館客。韓陵之戰。四面受敵。從寅至午。三合三離。將士皆懼。高祖將退軍。春叩馬諫曰、比至未時。必當大捷。遂縛其子詣軍門爲質。若不勝。請斬之。俄而賊果大敗。後從征討。恒令占卜。其言多中。位東徐州刺史。賜爵安夷縣公。卒贈秦州刺史。北齊書方技北史藝術光緒山西通志藝術

583 **聞喜縣** 本古桐鄉．漢置聞喜縣．故城在今山西聞喜縣西南．後漢徙治左邑．即今治也．北周移治柏壁．在山西新絳縣西南二十里．隋移於甘泉谷．在今縣東二十里．五代時又遷左邑故城．清屬西絳州．

晉

裴秀、字季彥。聞喜人。少好學。弘通博濟。八歲能屬文。時語曰、後進領袖有裴秀。仕魏、爲散騎常侍。改定官制。文帝司馬昭．未定嗣。而屬意武陽侯攸。武帝司馬炎．懼不得立。問秀曰、人有相否。因以奇表示之。秀後言於文帝曰、中撫軍人望既茂。天表

如此。固非人臣之相也。由是世子乃定。及武帝受禪。封鉅鹿郡公。爲司空。著易及樂論。又畫禹貢地域圖十八篇。傳行於世。泰始七年辛卯卒。年四十八。謚曰元。晉書本傳太平御覽方術部相上

晉　郭璞、字景純。河東聞喜人。父瑗、尚書都令史。時尚書杜預有所增損。瑗多駁正之。以公方著稱。終於建平太守。璞好經術。博學。有高才。而訥於言論。詞賦爲中興之冠。好古文奇字。妙於陰陽算歷。有郭公者、客居河東。精於卜筮。璞從之受業。公以青囊中書與之。由是遂洞五行天文卜筮之術。攘災轉禍。通致無方。雖京房管輅。不能過也。惠懷之際。河東先擾。璞筮之。投策而歎曰。嗟乎。黔黎將湮爲異類。桑梓其翦爲龍荒乎。於是潛結姻昵及交遊數十家。欲避地東南。抵將軍趙固。會固、所乘良馬死。固惜之。不接賓客。璞至。門吏不爲通。璞曰、吾能活馬。吏驚入白固。固趨出曰。君能活吾馬乎。璞曰、得健夫二三十人。皆持長竿。東行三十里。有丘林社廟者。便以竿打拍。當得一物。宜急持歸。得此馬活矣。固如其言。果得一物似猴、持

歸。此物見馬死。便噓吸其鼻。頃之、馬起、奮迅嘶鳴。食如常。不復見向物。固奇之。厚加資給。行至廬江。太守胡孟康、被丞相召爲軍諮祭酒。時江淮淸晏。孟康安之。無心南渡。璞爲占曰、敗。康不之信。璞促裝去。後數旬而廬江陷。璞既過江。宣城太守殷祐、引爲參軍。王導、字處仲。深重之。又引參己軍事。嘗合作卦。璞言、公有震厄。可命駕西出數十里。得一柏樹。截斷如身長。置常寢處。災當可消矣。導從其言。數日、果震柏樹粉碎。璞著江賦、爲世所稱。後復作南郊賦、元帝見而嘉之。以爲著作佐郎。于時陰陽錯繆。列獄繁興。璞數言便宜。多所匡益。優詔報之。遷尚書郎。明帝之在東宮。與溫嶠、庾亮、並有布衣之好。璞亦以才學見重。埒於嶠亮。論者美之。然性輕易。不修威儀。嗜酒好色。時或過度。著作郎干寶常誡之曰、此非適性之道也。璞曰、吾所受有本限。用之恒恐不得盡。卿乃憂酒色之爲患乎。其後元帝崩。璞以母憂去職。卜地於暨陽。去水百步許。人以近水言。璞曰、當即爲陸矣。其後沙漲。去墓數十里。皆爲桑田。未期、王敦起。璞爲記室參軍。是時潁州陳述爲大將軍掾。有美名。

爲敦所重。未幾而沒。璞哭之哀甚。呼曰、嗣祖。嗣祖。焉知非福。未幾而敦作難。時明帝卽位。踰年未改號。而熒惑守房。璞時休歸。帝乃遣使齎手詔問璞。璞乃上疏。請改年肆赦。璞嘗爲人葬。帝微服往觀之。因問主人何以葬龍角。此法當滅族。主人曰、郭璞云、此葬龍耳。不出三年。當致天子也。帝曰、出天子邪。答曰、能致天子問耳。帝甚異之。璞素與桓彝友善。彝每造之。或値璞在廁間。便入。璞曰、卿來他處、自可徑前。但不可廁上相尋耳。恐客主有殃。彝後因醉詣璞。正逢在廁。掩而觀之。見璞祼身被髮。銜刀設醊。（醊．普啜．以酒酹地也．連祭也．）璞見彝。撫心大驚曰、吾每屬卿勿來。乃更如是。非但禍吾。卿亦不免矣。天實爲之。將以誰咎。璞終嬰王敦之禍。彝亦死蘇峻之難。王敦之謀逆也、溫嶠、庾亮使璞筮之。璞對不決。嶠、亮復令占己之吉凶。璞曰、大吉。嶠等退、相謂曰、璞對不了。是不敢有言。或天奪敦魄。今吾等與國家共舉大事。而璞云大吉。是爲舉事必有成也。於是勸帝討敦。初璞每言殺我者山宗。至是果有姓崇者、構璞於敦。敦將舉兵。又使璞筮。璞曰無成。敦固疑璞之勸嶠亮。又聞卦凶。

乃問璞曰。卿更筮吾壽幾何。答曰、思向卦。明公起事必禍不久。若往武昌壽不可測。敦大怒曰、卿壽幾何。曰命盡今日日中。敦怒收璞至南崗斬之。璞臨出謂行刑者欲何之。曰、南崗頭。璞曰、必在雙柏樹下。既至、果然。復云此樹應有大鵲巢。衆索之不得。璞更令尋覓。果於枝間得一大鵲巢。密葉蔽之。初璞中興初、行經越城間。遇一人呼其姓名。因以袴褶遺之。其人辭不受。璞曰、但取。後自當知。其人遂受而去。至是果此人行刑。時年四十九。及王敦平、追贈弘農太守。皋捆句有云。陰陽卜筮尙尋常。論政匡君道最長。謀逆王敦安足責。南岡壽節姓名香。

璞撰前後筮驗六十餘事、名爲洞林。又抄京費諸家要最更撰新林十篇。卜韻一篇。注釋爾雅、別爲音義圖譜。又注三倉方言、穆天子傳、山海經、及楚辭、子虛上林賦數十萬言。皆傳於世。所作詩賦誄頌、亦數萬言。子驁官至臨賀太守。

晉書列傳參四庫提要書目及雍正山西通志藝術〇明婁東張溥序晉郭弘農集曰。神仙傳言郭河東。得兵解之道。今爲水仙伯。其然與否。吾不敢知。亦足見烈士殉義。雖死可生。亂臣賊子。不能殺也。景純才學見重明帝。埒於溫嶠庾亮。余謂其抗節王敦。贊成大事。匡國之志。嶠可庶幾。亮安敢班哉。雙柏鵲巢。越城伍伯。絕命之期。先知之矣。猶然解髮銜刀。祈禳幽穢。非苟求活。欲觀須臾。得一當以報國家耳。陳跡早亡。呼之爲福。景純亦縱酒色。自滅精神。李陵惜死。若所恥也。負豫讓之忠。蹈嵇生之禍。豈非天乎。阮嗣宗厭苦司馬。以狂自晦。彼亦無可如何。不得已而逃爲酒人。景純則非無術以除敦者也。令桓彝不窺裸袒。生命不盡日中。勤王之師。義當先驅·其取敎也·猶廬江主人家婢耳·南岡斷頭·遺文彌烈·今讀其集·直臣諫諍·神靈博物·無不有也·如斯人而不謂之仙乎·不可得也·○明餘姚朱之瑜舜水遺書·讀古文奇賞札記云·郭璞客傲·景純於富貴死生·無不前知·且桑梓龍荒·丘山長順·或遠或近·無不周知·亦以才高位卑·爲著客傲·所不解也·○清遂安方象瑛渭仁建松齋文集·使蜀日記云·郭景純故里·在聞喜縣·古桐邑·漢武帝過此·聞破南越因名·又聞喜道中詩云·無端風雨遂經旬·三晉河山入望頻·驛舍陰森雲外樹·碑題惆悵路傍人·荒祠每憶裴中立·故里誰哀郭景純·往事不須縈客抱·褒斜遙指隔三秦·○清一統志·江蘇省常州府古蹟·郭璞故宅·在江陰縣東北·太平寰宇記云·在黃山北·去縣七里·○清高平祁汝棨龍山·帶經山房詩草·題郭景純讀書處云·先生號博學·亦嘗精卜筮·如何因直言·而觸逆敦忌·豈眞數難逃·抑以知大義·漫吟游仙詩·憑弔幾揮涕·○清一統志·湖北宜昌府流寓·郭璞永嘉之亂·避地東南·今湖北省東湖縣城中·有爾雅明月二臺·東有洗墨池·相傳璞著書遺跡·○廣輿記云·郭璞寓四川嘉定州烏尤山·著爾雅·洗墨山下·魚呑墨水·其頭俱黑·至今有烏頭魚·○宋王十朋龜齡·梅溪後集·詠爾雅臺詩云·隱跡江山郭景純·（注邵南有郭道山·乃景純學道處·）學兼儒技術通神·蟲魚草木歸箋注·何害其爲磊落人·○一統志·福建省建寧府山川·七星井·在蒲城縣西·俗傳昔郭璞所鑿·○江西省鄱陽縣志·縣東一百十里·有郭璞峯·相傳璞煉丹於此·猶有丹竈遺跡·○野客叢談隨筆云·世說郭景純過江·居於暨陽·（注暨陽晉置·在今江蘇江陰縣東·）墓去水不盈百步·時人以爲近水·景純曰·將當爲陸·今沙漲去墓數十里·皆爲桑田·此說蓋以郭爲先知也·○圖書藝術典·引日知錄云·郭璞墓在今江陰縣界·不在京口·又京口所葬者璞之母·而非璞也·○清丹徒張崇蘭猗谷·悔廬詩鈔·潤州雜詩云·宏農埋骨近潛蛟·亂石驚濤迹不淆·墓表絕無人可讀·有時怪鳥與爬抓·（注石簰山上·相傳爲郭璞墓·人跡罕到·○清俞樾蔭甫·乙甲編題揚子江詩云·中原一塹自天開·日夜波濤走怒雷·千古英雄淘浪去·半江楳柳渡春來·風從郭璞墳前打·靈在焦山洞口陪·莫笑欲登還未果·此游終擬補南同·（注時守風二日·因雨阻·未及登金焦也·）長沙陳酉勳新京備乘陵墓·晉贈宏農太守郭璞墓·在玄武湖中·世名郭仙墩·與南岡相近·呂府志按·璞見殺於桓溫·正在南岡·蓋此可信·

唐　邱延翰、字翼之。聞喜人。永徽時、有文名。遊太山。於石室中、遇神人授玉經。卽海角經也。洞曉陰陽。依法扞擇。罔有不吉。著有天機素書。天皇鰲極鎭世書。（四庫提要術數類存）

目三雍正山西通志藝術○圖書集成藝術典引地理正宗云、延翰師事范越鳳。越鳳乃楊筠松高弟。楊乃僖宗時人。而通志以延翰爲高宗時人。未知正宗何據。姑依原本次之。

唐

裴行儉、字守約。聞喜人。貞觀中舉明經。爲長安令。累官禮部尚書。兼檢校右衞大將軍。封聞喜縣公。卒年六十四。謚曰獻。行儉通陰陽歷術。每戰預道勝日。善相人。李敬玄、盛稱王勃、楊炯、盧照鄰、駱賓王之才。引示行儉。行儉曰、士之致遠。先器識。後文藝。如勃等、雖有文名。浮躁衒露。才高性傲。傲乃相中最忌。文人敗相。多由於傲。千罪百惡。皆由傲上來。象之不仁。丹朱之不肖。未嘗言相惡。皆只是一傲。便結局無成。故子傲不孝。弟傲不恭。臣傲不忠。友傲不信。妻傲不賢。謙字乃傲字對症之藥。四子不能成遠大之器者。傲也。惟楊炯稍沈靜。應得令終。餘三子不得其死。後勃溺南海。照鄰沈穎水。賓王被誅。炯終盈川令。行儉言皆驗。唐書本傳相法證驗

明

王斆、斆音效。覺悟也。敎也。聞喜人。偉幹修容。能詩。宏治間、以天文授欽天監臺官。與當時名公倡和。胥推重焉。雍正山西通志藝術

584 絳州 後魏置東雍州。及南太平郡。治柏壁。城在今山西新絳縣南二十里。尋改郡曰征平。又廢州。改郡曰正平。東魏復置東雍州。北周改曰絳州。移治玉璧。在今山西稷山縣西南二十里。隋初郡廢。移絳州。治

唐

王勃、字子安。絳州龍門人。祖通、隋蜀郡司戶書佐。大業末丙子、棄官歸。以著書正平縣。即今山西新絳縣治。旋廢州。改曰絳郡。唐罷郡。置絳州。亦曰絳郡。旋復爲絳州。宋曰絳州絳郡。金升爲晉安府。元初復曰絳州。明省正平縣入州。清時州直隸山西省。講學爲業。著元經、中說等書。皆爲儒士所稱。義寧元年丁丑卒。門人薛收等、相與議諡。曰文中子。皐按。據龍門縣王龍傳所載。通爲開皇四年甲辰生。至義寧元年丁丑卒。壽僅三十四。勃聰警絕衆。於推步歷算尤精。未及冠、應幽素舉及第。久之、補虢州參軍。勃嘗讀易。夜夢若有告者。曰易有太極子勉思之。寤而作周易發揮五卷。又謂王者乘土、王世五十。數盡千年。乘金、王世四十九。數九百年。乘水、王世一十。數六百年。乘木、王世三十。數八百年。乘火、王世二十。數七百年。此天地之常期。符歷之大數也。自黃帝至漢、並是五運眞主。五行已遍。土復歸唐。唐應繼周漢。不可承周。魏晉至於周隋。咸非正統。皆五行沴氣。遂作唐家千歲曆。上元二年乙亥、勃往省父。度南海。墜水而卒。時年二十八。皐按。舊唐書云。父福時。爲雍州司戶參軍。坐勃。左遷交趾令。杜淹撰文中子世家云。勃父福時。舊唐書作福時。恐誤。新唐書作卒年二十九。著有文集、及次論等書。舊唐書本傳新唐書文藝太平御覽律歷藝術典術數部紀事〇明張萱疑耀云。王勃以推步自名。作大唐千歲歷。其言五行之運。以土王者五十代。一千年。以金王者四十九代。九百年。水王者一十代。六百年。木王者三十代。八百年。火王者二十代。七百年。夫五德相禪。

豈有參差。若土德獨長。或亦分旺之說。而水德獨短。何也。勃或有見。惜其書已亡。不得而詰。淸德淸俞樾按。此乃邵子皇極經世之濫觴。

585 正平縣（漢臨汾縣。後魏於縣置南太平郡。改爲征平。又改爲正平。隋郡廢。改臨汾縣爲正平。明省。故城在今山西新絳縣西南。）

宋　薛化光、正平人。善數術。嘗以平晉策干太宗行在。召見。罷歸。適子奎始生。撫其首曰、是子必至執政。後果第進士。由陘州推官累歷中外。咸著政聲。仁宗朝、擢參知政事。卒諡簡肅。奎善知人。時范仲淹、龐籍、方在下位。皆以公輔許之。（雍正山西通志藝術）

586 稷山縣（漢聞喜皮氏二縣地。後魏分置高涼縣。隋改縣曰稷山。淸屬山西絳州。）

淸　韓光、稷山人。以儒術通陰陽五行之學。於相宅有神授。陽湖孫星衍、序相宅書、備引其說。所著有地理或問。（光緒山西通志藝術）

587 龍門縣（漢皮氏縣。後魏改曰龍門。置龍門郡。隋郡廢。宋改曰河津。故城在今山西河津縣西二里。）

隋　王隆、字伯高。河東龍門人。善筮。開皇四年甲辰、文中子始生。筮之。遇坤之師。獻兆於安康獻公。（獻公、隆之父。通之祖。）獻公曰、素王之卦也。何爲而來。地二而居天一。上德而居下位。能以衆正。可以王矣。雖有君德。非其時乎。曰、是子必能通天下之志。遂名曰。通。字仲淹。隆官國子博士、待詔雲龍門。時國家新有揖讓之事。方以恭儉定天下。隋文帝嘗從容問隆曰、朕何如主。隆曰、陛下聰明神武。得之於天。發號施令不盡稽古。雖負堯舜之資。終以不學爲累。帝默然。有間曰、先生朕之陸賈也。何以教朕。隆乃著興衰要論七篇。奏之。帝雖稱善。亦不甚達也。隆出歷爲昌樂、猗氏、銅川令。所治著稱。秩滿退歸。遂不仕。教授卒於家。宋司馬光撰文中子補傳　清雍正山西通志藝術○隋杜淹撰文中子世家云。開皇九年己酉。江東平。銅川府君歎曰。王道無敘。天下何爲而一乎。文中子侍側。十歲矣。（十當作六。）有憂色曰。通聞古之爲邦。有長久之策。故夏殷以下數百年。四海常一統也。後之爲邦。行苟且之政。故魏晉以下數百年。九州無定主也。上失其道。民散久矣。一彼一此。何常之有。夫子之歎。蓋憂皇綱不振。生人勞於聚斂。而天下將亂乎。銅川府君異之。曰。其然乎。遂告以元經之世。文中子再拜受之。阜按。詳見絳州王勃傳。

588 霍州　南朝梁置。北齊廢。故治在今安徽霍山東。清直隸山西省。民國改州爲縣。

清

李清溪、字錦川。深堪輿。未嘗資以爲利。每勸人曰、人能積德。便有造化。康熙霍州志方技

589 趙城縣　趙造父邑。史記趙世家云。周繆王。賜造父以趙城。隋置趙城縣。故城在今山西趙城縣西南。明稍移東北。即今治。清屬山西霍州。

元

田忠良、字正卿。其先趙城人。金亡。徙中山。忠良好學。通儒家雜家言。嘗識太保劉秉忠於微時。秉忠薦於世祖。帝視其狀貌步趨。顧謂侍臣曰、是雖以陰陽家進。

必將爲國用。後果建言屢效。位至光祿大夫。領太常禮儀院事。延祐四年丁巳、卒。是年七十五。封趙國公。謚忠獻。（元史方技）

500 隰州（隋置。尋廢。唐復置。改曰大寧郡。又改隰州。宋曰隰州大寧郡。金曰南隰州。尋去南字。治隰州。明省隰川入州。清直隸山西省。民國改爲隰縣。）

明

賀良爵、隰州人。初爲郡諸生。後慕道歸隱。與物無競。以道自繩。人咸重之。通星相醫卜之術。尤精於易。能預決通塞。萬歷丁巳、春夏亢暘。良爵登東山祈禱。食不下咽。衣不解帶。七日而雨。麥禾成熟。州人德之。攜帛酒旌酬不受。（光緒山西通志藝術）

歷代卜人傳卷二十六終

黃陂朱潤卿校

朱子語類輯略。問顏淵不幸短命。伯牛死。曰命矣夫。孔子得之不得曰有命。如此之命與天命謂性之命無分別否。曰命之正者出於理。命之變者出於氣質。要之皆天所付予。孟子曰。莫之致而至者命也。但當盡其道。則所植之命皆正命也。

宋、王明清、揮麈第三錄。紹興庚申歲。明清侍親山陰。方總角。有學者張堯叟唐老。自九江來從先人。適聞岳侯父子伏誅。堯叟云。僕去歲在羌廬。正覩岳侯葬母。儀衞甚盛。觀者塡塞。山間如市。解后、一僧爲僕言。岳葬地雖佳。但與王樞密之先塋。坐向旣同。龍虎無異。掩壙之後。子孫須有非命者。然經數十年。再當昌盛。其識之。今迺果然。未知他日如何耳。王樞密乃襄敏。木江州人。葬其母於鄉里。有十子。輔道、旣羅橫逆。而有名字者、爲開封幕。過橋墜馬死。名端者、待漏禁門。簷瓴冰柱折墜。穿項而沒。後數十年。輔道之子炎弼、炎融、以勳德之裔。朝廷錄用以官。把麾持節。升直內閣。炎弼二子。蔚、全、萬樞、今皆正郎。而諸位登進士第者接踵。岳非辜之後。凡三十年。滿洗寃誣。諸子若孫。驟從縲紲。進躐淸華。昔日之言。猶在耳也。

中國歷代卜人傳卷二十七

潤德堂叢書之八

鎭江袁阜樹珊編次

河南省一

河南省、在我國中部、以大部分在黃河之南、故名。古爲豫州、故別稱曰豫。豫州居九州之中央、故又別稱曰中州。自五代梁晉漢周、以迄北宋、皆建爲都、遂又有汴京之稱。秦置南陽潁川等郡、漢屬司隸豫等州、唐置河南、淮南諸道。宋分置京東京西諸路。元置河南江北行中書省。明置河南布政使司。清置河南省。民國仍之。其地東北界山東、河北。東連江蘇、安徽。南界湖北。西界陝西。西北界山西。省會曰開封縣。

開封縣（戰國時・魏大梁・漢置浚儀縣・唐分置開封縣與浚儀・並爲汴州治・宋改浚儀曰祥符・明省開封入祥符・清因之・民國廢府・改祥符入開封・仍爲河南省治・隴秦豫海鐵路經之。）

591 戰國

尉繚子、大梁人。（大梁・今河南省開封縣・戰國魏所都・史記・魏世家惠王三十一年・徙都大梁・）生魏惠王時。有賢名。治商君學。著尉繚子二十五篇。曩說秦始皇、以幷天下之計。始皇從其策。與之亢禮。衣服飲食。與之齊同。繚曰、秦王爲人隆準長目。鷙喙鳥膺。豺聲少恩。虎視狼心。居約易以下人。得志亦輕食人。我布衣也。然見我常身自下我。誠使秦王得志。天下皆爲虜矣。不可與久游。乃亡去。王覺、固止之。以爲秦國尉。尉繚子漢王充論衡骨相篇太平御覽方術相上

唐

丁重、處士。善于相人吉凶。屢有奇驗。駙馬于都尉、方判鹽鐵。頻有宰弼之耗。時路相國巖、秉鈞持權。與之不協。一日重在新昌私第。値于公適至。路曰、某與之賓朋。處士垂箔細看。此人終作宰相否。備陳飲饌。留連數刻。旣去問之。曰、所見何如。重曰、入相必矣。兼在旬月之內。路公笑曰、見是帝王密親。復作鹽鐵使耳。重曰不然。請問于之恩澤。何如宣宗朝鄭都尉。相國曰、又安可比乎。重曰、鄭爲宣宗注意久之。而竟不爲相。豈將人事可以斟酌。某比不熟識于侍郎。今日見之。觀其骨狀。眞爲貴人。其次風儀秀整。禮貌謙揖。如百斛巨器。所貯尙空。其半安使不受益于祿位哉。苟逾月不居廊廟。某無復更至門下。路曰、處士可謂弘遠矣。其後浹旬。于

果登台鉉。路相國每見朝士。大爲稱賞。由茲聲動京邑。車馬造門者甚衆。凡有所說。其言皆驗。後居終南山。好事者亦至其所。圖書集成相術部名流列傳唐康駢劇談錄

唐 李老賣卜於汴京西市。開元中、有一人姓劉、不得名。假廕求官、數年未捷。忽一年銓試畢。造李老問之。老曰、今年官未合成。生曰、有人竊報我、期以必成。何不然也。老人曰、今年必不成。來歲不求自得矣。生既不信。果爲保所累被駁。生乃信老人之神也。至明試畢。自度書判微劣。意其未遂。又問李老。李老曰、勿憂也。君官必成。祿在大粱。得之復來見我。果爲開封縣尉。又重見老人。老人曰、君爲官不必清儉。恣意求取。臨滿、謂爲使入城。更爲君推之。生至州、果爲刺史委任。生思李老之言。大取財賄。及滿、貯積千萬。遂謁州將。請充綱使。州將遣部其州租稅至京。又見李老。李老曰、公即合遷官。生曰、某今向秩滿後、選之今是何時。豈得更有官也。老曰、但三日內得官。官亦合在彼郡。得之更相見也。生疑之。遂去。明日納州賦於左藏庫。適有鳳凰見其處。敕云、先見者與改官。生即先見。遂遷授浚儀縣丞。生益見

敬李老。又問爲官之方。云、一如前政。生滿歲。又獲千萬。還鄉。居數年。又調集。復詣李老。李老曰、今當得一邑。不可妄動也。固宜愼之。生果授壽春宰。至官未暮。坐贓免。又來問李老。老曰、今當爲君言之。不必慚諱。君先代曾爲大商。有二千萬資。卒於汴州。其財散在人處。故君於此復得之。不爲妄取也。故得無尤。此邑之人。不負君財。豈可過求也。生大服焉。（太平廣記卜筮類）

宋　呂蒙正、字聖功。河南人。太平興國中、擢進士第一。累官中書侍郎。兼戶部尚書平章事。咸平中。授太子太師。封蔡國公。卒諡文穆。昔富韓公弼之父名言。貧甚。客蒙正門下。一日白曰。某兒子十許歲。欲令入書院事廷評太祝。蒙正許之。其子即韓公富弼也。蒙正見之。驚曰。此兒他日名位與我相似。亟令諸子同學。供給甚厚。蒙正兩入相。以司徒致仕。後韓公亦兩入相。以司徒致仕。文穆知人之術如此。呂文靖公夷簡。文穆公姪也。亦受其術。文潞公彥博曩自兗州通判代歸。夷簡一見奇之。問彥博曰。有袞州墨。攜以來。明日彥博進墨。夷簡熟視久之。蓋欲相彥博手也薦彥博為殿中侍御史。為從官。平貝州。出入將相五十餘年。以太師致仕。年逾九十。天下謂之文富。（宋史本傳圖書集成藝術典相術部紀事）

宋　李端懿、字元伯。開封人。喜問學。頗通陰陽醫術星經地理之學。七歲授如京副使。侍眞宗東宮。尤所親愛。嘗解方玉帶賜之。累官寧遠軍節度使。知澶州。端懿為政。循法度。民愛其不擾。又能自刻厲。聞善士。傾身下之。以故甚得名譽。卒贈侍中。謚良定。（宋史本傳）

宋　胡易鑑、能以易卦拆字知吉凶。於咸其輔頰舌、得癸丑狀元。於臀無膚、得丁未探花。蓋說文臀、即𡱂也。殿諧其聲。乃以無膚去肉。為殿頭之祥。而以卦爻第三。知其名次。此拆字法也。易鑑有易說行於世。必有可觀。惜今不傳矣。（明張萱疑耀云清俞樾茶香室續鈔載之）

宋　艾評事、設卜肆於汴京。都官員外郎謝頤素、常言既過南省。就殿試。訖獨詣相國寺。求艾筮。命艾布卦。言曰、君必及第。謝密告曰、昨日殿試賦、只作七韻。忘作第八韻。必不得也。艾曰、據卦。足下年命俱合。及第。不管其他。後果於蔡齊狀元下及

第。竟不知何以得之。豈非命乎。古今類事卜兆門

宋　程傑、知休咎。善相人。東坡贈詩有云。火色上騰雖有數。急流勇退豈無人。似相其不壽、而欲以早休當之。故又曰、我似樂天君記取。華顛賞遍洛陽春。然坡公生平居官起而復躓。未得遂急流勇退之願。而卒於毗陵。毗陵郡、晉置。在今江蘇丹徒縣東南十八里。尋移治。改曰晉陵郡。即今武進縣治。隋廢郡。置常州。壽雖六十有六。未嘗一日享林下之樂。相者之言悉驗。堅瓠八集。〇皐按。堅瓠集誤謂東坡年僅五十有五。茲據其年譜正之。

宋　楊欽時太史、見靖康改元。卽密語人曰、後十二箇月康王立。蓋靖字、是從十二月立。又有康字也。後如其言。宗澤知其術數之精。薦之於朝。遂在塗而卒。宋張知甫可書

宋　孫黯、賣卜汴京。何文縝丞相在太學時。詣孫黯處問命。黯袒衣踞坐。既布算。黯正襟揖曰、此命極貴。不惟狀元魁天下。且位極人臣。文縝笑曰、何相侮邪。黯慍曰、黯老矣。薄有生計。今諂一秀才。所獲幾何。然命實中格。文縝又曰、當至何年作狀元。曰乙未歲。問入相。曰不出一紀。但有一事絕異。君拜相後。當死於異國。尋常奉

使絶域者。不過侍從官。何由宰相出使。殊不可曉耳。乙未歲、廷試果擢第一。後十一年靖康丙午、拜少宰。從二帝北狩。死於異域。皆如黯言。圖書集成星命部名流列傳汴京勼異記○勼・音鳩・尤韻・聚也・釋詁曰・鳩・聚也・左傳作鳩・古文尚書作逑・莊子作九・今字鳩行・而勼廢矣・

宋 楚衍、開封人。少通四聲字母。又於九章緝古綴術。池島諸算經。尤得其妙。明相法。及聿斯經。善推步。陰陽歷書之數。間語休咎。無不中。召試宣明。補司天監學生。遷保章正。天聖初、癸亥、造新書。擢衍爲靈臺郎。與宋行古等九人製崇天曆。進司天監丞。入隸翰林天文。皇祐中、同造司辰星漏曆十二卷。卒無子。有女亦善算術。宋史方技 雍正河南通志方技

宋 陳彥、知星命。賣卜於相國寺。徽宗在潛邸、密使人持誕生年月。俾彥論之。彥一見問誰使若來。再三詰之。乃告以實。彥曰、覆大王。彥卽今下簾閉肆。六十日內望富貴。後以隨龍官至節鉞。政和全盛日。彥嘗以運數中徽密告於上。徽宗爲作石記。埋宣和殿下。圖書集成藝術與星命部紀事

宋　王俊明、蜀人。宣和初、在京師。謂人曰、汴都王氣盡矣。吾夜以盆水直氐房下望之。皆無一星照臨汴分野者。更於宣德門外。密掘土二尺。試取一塊嗅之。枯燥索莫。不復有生氣。天星不照。地脈又絕。而為萬乘所都。可乎。卽投匭上書。乞移都洛陽。（宋洪邁夷堅志）

宋　韓憲符、不知何許人。少習三式。（三式・謂太乙・遁甲・六壬・）善察。眂辰象。補司天監生。遷靈臺郎。累加春官正。又轉太子洗馬。顯符後、改殿中丞、兼翰林天文。六年卒。年七十四。（宋史）

方技

遼　魏璘、不知何郡人。以卜名世。太宗得于汴。天祿元年丁未、上命馳馬較遲疾。以為勝負。問王白及璘孰勝。白奏曰、赤者勝。璘曰、臣所見驄馬當勝。旣馳。竟如璘言。上異而問之。白曰、今日火旺。故知赤者勝。璘曰不然。火雖旺、而上有煙。以煙察之。赤者必勝。上嘉之。五年察割謀逆。私卜于璘。璘始卜謂曰、大王之數得一日矣。宜愼之。及亂。果敗。應歷中、周兵犯燕。上以勝敗問璘。璘曰、周姓柴也。燕分火也。柴入火必焚。其言果驗。一日節度使召璘。適有獻雙鯉者。戲曰、君卜此魚。何時得食。璘良久答曰、公與僕、不出今日有不測禍。奚暇食魚。急命烹之。未及食寇至。俱遇害。（遼史方技圖書集成卜筮部名流列傳）

明　李淑通、河南人。登進士。官詹事府通事舍人。撰有五行類事占徵驗九卷。大旨祖漢書五行志所引董仲舒、劉向、劉歆之說而衍之。故其體例近古。不似五行家之猥鄙也。（四庫總目子部術數類存目二）

明　董癡者、開封人。忘其名。曾應武科中式。人亦呼爲董武舉。爲人落拓。好飲酒。醉後向人言禍福。多奇中。常州薛寀、（寀音採。官地爲寀。）以郎官出守開封。開封貴人、有在京師者。出餞之郊外。臨別執薛君手曰、董武舉、雖癡。其言禍福多奇中。不可忘也。薛至開封、以禮延至。然特以京師貴人之言。未之奇也。居五年、薛以病罷守去。董癡追送至河干。曰、公能以禮待某。然揣公意。固以庸人畜之。未能深知某也。某有片紙奉公。別後幸屏人密視之。遂去。薛亦置其書不省。一日飲酒歡甚。忽憶之。引燭取視。惟書曰、後二年、開封破。又二年、北京破。又一年、南京破。此十八字而已。時崇禎庚辰歲也。薛大驚。即燭上燒之。無何開封破、如其言。薛固已奇之矣。客有自開封逃至吳者。薛坐而問之。且曰、董武舉近若何。客曰、董武舉未破城前數月。忽飲酒大醉。周行市中。見市人輒語曰、董癡今日死。諸君盍來觀乎。然諸君他日死。亦當如董癡也。遂躍入河中死。而開封之破也。實以援師引黃河水自蔽。賊因盜決水灌城中。城遂陷。死於水者數萬人。繼而兩京相繼破。皆如董癡言。嗚呼異哉。明葛芝撰傳

清　劉祿、河南人。善風角。聖祖召直蒙養齋。欲授以官。屢辭。從上北征。會糧餉乏濟。命卜之。曰、不出三日必至。果如其言。後從幸熱河。一日踉蹌至宮門。請上速徙高阜以避水厄。時方晴霽。夜山水漲發。果衝沒行宮。又善相人。謂張廷玉、史貽直、皆異日太平宰相。六十一年、壬寅冬。乞假歸。至十一月望日。忽命家人制縗服。北向哭。未幾詔至。正聖祖崩之後二日也。後卒於家。清史稿藝術

592 祥符縣（戰國時．魏大梁．漢置浚儀縣．唐分置開封府．宋大中祥符中．改浚儀曰祥符．明初．省開封縣入祥符．清因之．民國改祥符曰開封．即今河南開封縣治．）

唐舉、（一作唐莒．）善相。梁人蔡澤游學于諸侯大小甚衆而不遇。因從唐舉相。曰、吾聞先生相李兌曰、百日之內持國秉政。有之乎。曰、有之。曰若臣者何如。唐舉孰視而笑曰、先生曷鼻巨肩。（曷假借爲蝎．蝎音褐．曷韻．木中蠹名．又名蝤蠐．曷鼻．謂鼻如褐蟲也．）魋顏蹙齃膝攣。（魋．徒回切．音隤．灰韻．同頯．顴突出也．齃．何葛切．音遏．曷韻．鼻莖也．與頞同．蹙齃．謂鼻蹙眉．）吾聞聖人不相。殆先生乎。蔡澤知唐舉戲之。乃曰富貴吾所自有。吾所不知者、壽也。願聞之。唐舉曰、先生之壽從今以往者、四十三歲。蔡澤笑謝而去。謂其御者曰、吾持梁齧肥。躍馬疾驅。懷黃金之印。結紫綬於腰。揖讓人主之前。食肉富貴四十三年足矣。（史記附蔡澤傳光緒祥符縣志方技）

唐中、屠生善鑒人。自云八十已上。頗箕踞傲物。座雖知名之士。未嘗與之揖讓。天寶元年壬午冬、喬琳自太原赴舉、至大梁舍于逆旅。時天寒雪甚。琳馬死。傭僕皆去。聞浚儀劉彥莊、喜賓客。遂往告之。彥莊客屠生、適在座。及琳至。則言款甚狎。彥莊異之。琳既出。彥莊謂生曰、他賓客賢不肖。未嘗見生與之一言。向者喬生一布衣耳。何詞之密歟。生笑曰。此固非常人也。且當爲君之長吏。宜善視之。必獲其報。向與之言。蓋爲君結交耳。然惜其情反於氣。心不稱質。若處極位。不至百日。年過七十。當主非命。子其志之。彥莊遂館之數日。厚與車馬。送至長安。而申屠生亦告去。且曰。吾辱君之惠。今有以報矣。請從此辭。竟不知所在。琳後擢進士第。累佐大府。大曆中、除懷州刺史。時彥莊任修武令。誤斷獄。有死者。爲其家訟寃。詔下御史劾其事。及琳至。竟獲免。建中初、徵拜中書侍郎、平章事。在位八十七日。以疾罷。朱泚構逆。方削髮爲僧。泚知之。竟逼受逆命。及收復。亦陳其狀。太尉李晟、欲免其死。上不可。遂誅之。時年七十一矣。（藝術典相術部紀事）

宋

趙修己、浚儀人。少精天文推步之學。晉（石敬塘）天福中、滑州節制李守貞、表爲司戶參軍。留門下。每從守貞出征。占候軍事。多中。奏試大理評事。賜緋。後守貞鎮蒲津。陰懷異志。修己屢以禍福諭之。不聽。遂辭疾歸。明年守貞果叛。幕吏多伏誅。獨修己得免。周世祖（郭威）鎮鄴。奏參軍謀。會隱帝（後漢劉承祐）誅楊邠等。將害世祖。修己知天命。所在。勸世祖曰、今幼主信讒。大臣受戮。公雖欲殺身成仁。何益於事。不如引兵南渡。詣闕自訴。則明公之命是天所與也。世祖然之。遂決渡河之計。及卽位。改鴻臚卿。遷司天監。世宗朝（柴榮）累加檢校戶部尚書。宋初（趙匡胤）遷太府卿判監事。建隆三年壬戌卒。年七十一。（宋史力技雍正河南通志方技乾隆儀封縣志方技）

清

周亮工、字元亮。一字緘齋。又號櫟園。祥符人。明崇禎進士。官御史。入清累官至戶部右侍郎。著有賴古堂詩鈔、及字觸等書。字觸有云、陸君士冲、病垂危。友人書好字視櫟。櫟曰、但餘子女矣。奈何。卒不救。有書可字視櫟者。櫟曰、男一丁。女一口。詢婚姻必矣。對曰然。櫟曰、成則必成。但男族盛。有易視女姓之心。究且女爲男剋。以丁字太旺。口不足以敵之也。數年後驗。又云、拆字之學。不始於謝石。元命包之土力于乙爲地。兩人交一爲水。八推十爲木。兩口啣士爲喜。說題辭之日生爲星。十夾一爲士。西合米爲粟。考異郵之蟲動几下爲風。春秋說之人十四心爲德。詩說之二在天下爲酉。風俗通云、丘之字二人立一上。一地也。四方高、中央下、象形也。孝經古契之卯金刀字。禾予說文之推一合十曰士。以一貫三曰王。又孔子曰、禾可爲酒。禾入水也。以禾入水三字、合而爲黍。中疊校尉之三田一土。阿瞞署合字爲人一口。闞澤知曹丕之爲不一。孔融嘲氏儀之民無上。蜀趙直之占牛角、及口之爲公字。王恭之黃頭小人。郭之尸下至爲屋。蕭道成讖曰、戊丁之人與道俱晉。襄國謠、古居左。月在右、讓去言。或入口。後石勒竟都焉。符堅之左水右馬之爲馮。張亮知山上絲之爲幽州。梁武帝書貞字爲我與上人。貴耳集嘉泰之爲士大夫、皆小人。有口者喜。又袁康吳平之越紐錄。魏伯陽之參同契跋。孔北海之離合詩。陶隱居眞誥之淸靈眞人詩。定錄中侯告。此類不縷舉。皆盲史氏止戈皿蟲二義。逗此一派耳。又云、人字左畫向上。陽也。右畫向下。陰也。水火土金皆具此二畫者、蓋陰陽之義也。土則何以不爾。以陰陽之義著于四物耳。故五行皆有土。而土于四物咸備焉。中央一直非水之體乎。偏傍一點。非火之體乎。一直一橫。非木之體乎。全體所具。非金之體乎。禮曰、人者陰陽之交。五行之秀氣也。周子曰、五行一

陰陽以此。字觸

清　徐光第、字春衢。俞太史樾、庚戌同年也。善推祿命。丁巳秋、太史初罷河南學政。寓居汴梁。囑徐推算。曰、君不久當仍掌文衡。太史笑而不信。然自丙寅以後。主江浙講席二十餘年。雖不足言文衡。要不離乎文字也。乃歎術者之言。於後事不盡無見。但如霧裏看花。雲中見月。不甚了了耳。故其自述詩云、春風絳帳對諸生。竟驗前言徐子平。批尾生涯從此定。居然還我舊文衡。俞樾自述詩

清　戴澤同、字師木。河南貢生。善堪輿。代余即麟慶在廣渠門外東南三里許。新卜壙穴。初官豫臬時、薦師木於楊海梁中丞。奏請委員資送入都。相度萬年吉地。稱旨。賞六品銜。以知縣用。師木感薦舉意。常言願得一佳城奉報。嗣函寄地圖三。據云、一富一貴。茲最秀。西南望見城內法藏寺塔。北地多風。塔皆實。此獨中空可登、為文筆。他年東南望。若見架松頂。必出鼎甲。請以斯言為劵。余聞而願安於此。囑即購地定向。會師木卒。不果。歲辛丑、命大兒崇實長女妙蓮。保扶內子程佳夫人櫬

入都。倩杜梅庵（名魁百。直隸人。）相定。仍用癸山丁向安窀穸焉。崇實、乃建丙舍。開月河。培土山植垣樹。癸卯五月、余閱生壙得二律。曰地師幾度費經營。兒女先來幸卜成。鳳起敢希開鼎甲。牛眠或者是佳城。英雄事業天涯蹟。眷屬團圓地下情。東望蟠松青鬱鬱。蒼龍秀氣接蓬瀛。綽楔居然表墓門。到門相對已忘言。青闉丙舍培新樹。綠漲丁溪驗舊痕。佛法拈花誰證果。人生落葉此歸根。他年我亦來高臥。愛護全憑子與孫。（長白麟慶見亭鴻雪因緣圖記架松卜吉）

593 陳留縣（春秋鄭留邑。後爲陳所幷。故曰陳留。秦置陳留縣。晉廢。隋復置。明清皆屬河南開封府。隴秦豫海鐵路經之。）

後漢

蔡邕、字伯喈。陳留圉人。父稜、有淸白行。諡貞定。邕性篤孝。與叔父從弟同居三世不分財。鄉黨高其義。少博學。師事太傅胡廣。好詞章數術天文。妙操音律。建寧三年庚戌、辟司徒。遷議郎。邕以經籍去聖久遠。文字多謬。俗儒穿鑿。疑誤後學。熹平四年乙卯、乃與五官中郎將堂谿典太史令單颺等奏求正定六經文字。靈帝許之。邕乃自書册於碑。使工鐫刻立於太學門外。於是後儒晚學。咸取正焉。光和中、召引入崇德殿。問災異。又特召邕、指陳政要。邕言皆直。帝覽而歎息。左右皆側目思報。中常侍程璜、飛章陷邕與家屬、徙朔方。會赦還。董卓辟之。累拜左中郎將。封高陽鄉侯。及卓被誅。王允收邕付廷尉。遂死獄中。允悔欲止而弗及。得年六十一。縉紳諸儒莫不流涕。所著詩賦碑銘、獨斷、女訓、凡百四篇傳於世。後漢書本傳河南通志文苑○圖書集成藝術典卜筮部紀事。引蔡中郎集。漢蔡邕。貞節先生。范史雲碑有云。性多檢括。不治產業。以爲卜筮之術。得因吉凶導治民情。以受薄償。且無咎累。乃鬻卦於梁宋之域。好事者覺之。應時輒去。○漢。梁國。後魏改梁郡。隋廢郡置宋州。尋復故。唐復曰宋州。故治在今河南商邱縣南。

北齊

594 杞縣在京兆昌平縣。産金。周初杞國。武王封禹後東樓公於此。春秋宋雍邱邑。秦置雍邱縣。五代晉。改曰杞縣。漢初仍曰雍邱。金復爲杞縣。明清皆屬河南開封府。隴海鐵路經之。

許遵、雍邱人。明易善筮。兼曉天文風角占相。其驗若神。齊神武引爲館客。自言祿命不富貴不橫死。是以任性疎誕。多所犯忤。神武常容惜之。芒陰之役。謂李業興曰、賊爲水陣。我爲火陣。水勝火。我必敗。果如其言。其子暉、亦學術數。遵嘗謂曰、汝聰明不及我。不勞多學。唯授以婦人產法。預言男女及產日。無不中。武成時、以此數獲賞焉。北史藝術雍正河南通志方技

宋　邢敦、字君雅。雍邱人。太平興國初、嘗舉進士、不第。慨然有隱遯意。性介僻。不妄交友。耽玩經史。精於術數。或遊市廛。過客有詢以休咎者。多不之語。里中號爲邢夫子。大中祥符七年甲寅、眞宗幸亳回邑人列上其事。詔授許州助教。敦讓而不受。乾興元年壬戌、無疾而卒。年七十四。（宋史隱逸 雍正河南通志人物）

明　邊彥騇、字國龍。杞縣人。才思敏給。博學能文。凡圖緯書數。靡不精擘。嘉靖朝、登進士第。授行人。時修內殿。命採木江南。乃盡力經營。復捐金五百以襄國事。內殿告成。帝優詔褒之。著有使職昭鑒。陰陽圖說。元會運世解行世。（乾隆杞縣志文苑）

明　霍昂、字時舉。以博雅著名。嘉靖中、以明經授盱眙簿。尋棄歸。好讀書。精研字學。妙達卜筮之理。時大盜師五、寇歸德。聲言取杞邑。令懼。召昂卜之。啓匱、蓍散墮地。昂喜曰、卜者主也。蓍者敵也。主敵兵潰散之象。蓍成果吉。寇尋滅。令大奇之。嘗謂人曰、今人學識字。譬如瞽者認人。其曰某爲誰。某爲誰。但聞名而已。其人之長短肥瘦顏色性體。則概乎未之見也。因著字學正傳一書。起金部。終日部。凡四百四

十有四。從字毋次第也。覽者謂爲博大精詳云。卒年八十八。乾隆杞縣志方技

595 尉氏縣 漢置。鄭大夫尉氏之邑。故遂以爲名。北齊省。隋復置。明清皆屬河南開封府。

梁 阮孝緒、字士宗。尉氏人。父彥之、宋太尉從事中郎。以清幹流譽。孝緒七歲、出繼從伯俏之。俏。疑胤字之譌。音孕。子孫相承續也。繼也。嗣也。俏之母、周氏卒。遺財百餘萬。應歸孝緒。孝緒一無所納。盡以歸俏之姊、瑯琊王晏之母。聞者咸歎異之。外兄王晏貴顯。屢至其門。孝緒度之。必至顚覆。常逃匿。不與相見。及晏誅。其親戚咸爲之懼。孝緒曰、親而不黨。何坐之及。竟獲免。後於鍾山聽講。母王氏、忽有疾。兄弟欲召之。母曰、孝緒至性冥通。必當自到。果心驚而返。鄰里嗟異之。時有善筮者張有道。謂孝緒曰、見子隱跡。而心難明。自非考之龜蓍。無以驗也。及布卦。既揲五爻。曰、此將爲咸。應感之法。非嘉遁之兆。孝緒曰、安知後爻不爲上九。果成遁卦。有道歎曰、此爲肥遯。無不利。象實應德。心迹并也。孝緒曰、雖獲遁卦。而上九爻不發。升遐之道。便當高謝許生。乃著高隱傳。上自炎皇。終于天監末。斟酌分爲三品。言行超逸。名氏弗傳。爲上篇。始終

不耗。姓名可錄、爲中篇。挂冠人世、栖心塵表、爲下篇。南平元襄王、聞其名。致書要之不赴。曰、非志驕富貴。但性畏廟堂。若使麏䴥可驂。（麏、音君、同麇、䴥同麚、牝鹿也、驂、音參、覃韻、駕車之馬、在兩旁者、）何以異夫驥騄。（驥、音冀、千里馬也、騄、音錄、周穆王八駿之一、）初建武末戊寅。清溪宮東門無故自崩。大風拔東宮門外楊樹。或以問孝緒。孝緒曰、青溪皇家舊宅。齊爲木行。東者木位。今東門自壞。木其衰矣。鄱陽忠烈王妃、孝緒之姊。王嘗命駕、欲就之游。孝緒鑿垣而逃。卒不肯見。諸甥歲時饋遺。一無所納。人或怪之。答云、非我始願。故不受也。大同二年丙辰正月。孝緒自筮卦。吾壽與劉著作同年。及劉杳卒。孝緒曰、劉侯逝矣。吾其幾何。其年十月卒。年五十八。門徒追論德行。謚曰文貞處士。初孝緒、所撰高隱傳中篇所載、一百三十七人。劉歊、劉訏、覽其書曰。（歊、巧平聲、擊也、訏、音吁、大也、）昔嵇康所贊。缺一自擬。今四十之數。將待吾等成耶。對曰、所謂荀君雖少。後事當付鍾君。若素車白馬之日。輒獲麟於二子。歊、訏、果卒。乃益二傳。及孝緒亡。訏兄絜、錄其所遺行。次篇末。成絕筆之意云。（南史本傳圖書集成卜筮部紀事）

明

596 鄢陵縣（春秋鄭・鄢邑・漢置鄢陵縣・北齊省・故城在今河南鄢陵縣西北・隋復置・即今治・明清皆屬河南開封府・）

劉詡、字思善。（詡・音栩・詡言善也・）號易菴大司寇瓌季子。少聰敏。無書不閱。尤精醫卜算法。旁通繪事。性剛直。雖面斥人過。人罔不服。（道光鄢陵縣志藝術）

597 中牟縣（春秋鄭・原圃地・漢置中牟縣・隋改曰內牟・又改曰圃田・唐復曰中牟・故城在今河南中牟縣東・明徙今治・屬河南開封府・清因之・汴洛鐵路經之・）

宋

趙進、字從先。號三翁。中牟白沙鎮人。精堪輿。密縣陸門山道友、席洞雲。築室於獨紇嶺瀑水潭側。慕其清峭高爽。落成甚喜。既遷入。百怪畢見。未及一年。禍變相踵。席謁翁、且告之故。翁曰、得無居五箭之地乎。席曰、地理之說、多矣。素不聞五箭之說。敢問、何謂也。翁曰、峯巔嶺脊。陵首隴背。土囊之口。直風當門。急如激矢者。名曰風箭。峻溪急流。懸泉瀉瀑。衝石走沙。聲如雷動。晝夜不息者。名曰水箭。堅剛爍燥。斥鹵沙磧。不生草木。不澤水泉。硬鐵腥錫。毒蟲蟻聚。散若朽壞者。名曰土箭。層崖疊巘。峻壁巉岩。銳峯峭岫。拔刃攢鍔。聳齒露首。狀如浮圖者。名曰石箭。長林古木。茂樾叢篠。翳天蔽日。垂蘿蔓藤。陰森肅冽。如墟墓間者。名曰木箭。五箭之地。射傷居人皆不可用。要在回環紆抱。氣象明邃。形勢寬閑。壤肥土沃。泉甘石清。乃爲上地。固不必一一泥天地星卦也。子歸依我言。去凶就吉。當自無恙。席悉遵其教。居止遂安。郭象暌車志

清　較第、字振川。中牟人。年三十。始遊泮。或誚之曰、使君擢巍科。當爲十九人中最少年。第徐曰、實不足、而名及之。可恥孰甚焉。吾方核實未能。豈遲我耶。七歲就外傳。讀書至孝弟章。塾師曰、此是開宗明義第一義。曰、如此。何不列篇首。師未及答。曰、學習、想也。只是學習這孝弟。師大奇之。及長以孝聞。第於書無所不讀。尤精天文地理推測之術。父歿。自卜宅兆而安厝之。吉凶禍福。言無不驗。嘗獨步曠野間。相其形勢。夜則仰觀天象。漏下四鼓。始歸。及就寢。血流透履韤。乃知芒刺入兩甲間。其專意如此。晚年德愈進。邑士多遊其門者。然未易量其學之淺深也。年六十二、卒於家。碑傳集孝友下之下

清　萬金鐸、字宣化。事親、能先意承志。不僅爲口體奉。從兄弟六人。同炊四十餘年。

恰和無間。贍顧戚族。里黨賴舉火者。常數十家。喜究心典籍。精醫卜。嘗有酧以數十百金者。輒謝之曰、余豈以此射利耶。概不受。

清

岳所鍾、字冠山。歲貢生。少孤。事孀母、色養備至。母疾、湯藥必親嘗。家貧甚。以授讀為生計。凡醫相星卜。無所不精。然從不假此以干謁卿大夫。閉戶潛修。晚年學業益進。及卒。邑人編修張鴻遠、砌碑以誌其行。（以上民國中牟縣志孝友）

508

蘭陽縣

（春秋戶牖邑。漢東昏縣。宋置東明縣。金徙東明縣於河北。後以故地改置蘭陽縣。在今河南蘭封縣東北五里。明徙今治。清改為蘭儀。以儀封縣并入。宣統間改為蘭封。屬河南開封府。隴秦豫海鐵路經之。）

明

王乾福、字師道。徐州碭山人。幼穎異。日記數萬言。自經史及陰陽卜筮之書。罔不博究。元季、中土多故。用薦者言。授寧陵陰陽學教諭。嘗攝邑事。民懷其德。父老上治狀。陞虎賁衛經歷。尋遷山東樂安州同知。境內薦飢。民多流亡。度不可為。棄官之蘭陽。賫醫自養。因家焉。孫澍、中正統初進士。（康熙蘭陽縣志流寓）

明

王巽、自號秦臺子。蘭陽人。官欽天監五官司歷。永樂中、命巽撰遁甲吉方直指

一卷。其書推演遁甲。刪除凶時。專註吉門以利用。蓋亦壬遁歷之略例也。四庫子部術數類存

後漢

二目

599 濟陽縣竹書紀年云・梁惠成王三十年・城濟陽・漢置縣・唐省・故城在今河南省蘭封縣東北・王長、卜者也。皇考南頓君、光武帝之父・初爲濟陽令。以建平元年乙卯、十二月甲子夜。生光武於縣舍。有赤光照室中。欽異焉。使長占之。長辟左右曰、此兆吉不可言。是歲縣界有嘉禾生。一莖九穗。因名光武曰秀。後漢書光武本紀論

600 儀封縣論語八佾篇・儀封人請見・鄭注云・儀・蓋衛邑也・釋地續云・儀邑城・乃衛西南境・距其國五百餘里・在今河南蘭封縣北・元置儀封縣・在今蘭封縣東北六十五里・明圮於河・徙治白樓村・在今蘭封縣東北三十里・清乾隆時・升爲廳・嘉慶時・廢爲儀封鄉・民國初・有縣佐駐之・

明

陳淸、邑諸生。正統丁卯舉於鄉。任淳化訓導。踰年、去官歸里。安貧自守。不攖俗累。嘗遇異人。授以風鑑術。虛心默契。盡得其精微。不輕品題人物。偶有評論則休咎吉凶。如持左券。及歿、有司嘗詣其家求遺書。得相法一卷。語意多不可解。書存、而祕竟不傳。

清　張休復、字恆吉、邑庠生。淹通五經。尤精易理。每研究爻象。融會古人揲蓍遺法。手定占卜約編。嘗有言曰、易本聖人教人寡過之書。凡言貞者皆吉。不貞者皆凶。與尚書所載惠迪吉從逆凶之理。隱相符合。而於吉凶兩途。又以悔吝居其中間。朱子考亭本義、有云悔自凶而趨吉。吝自吉而向凶。旨哉言乎。明示人以趨避之方。而開以轉移之路。此人事之所以日起而有功也。後人不知反己修省。徒執一定之吉凶。坐觀後效之成敗。是易數雖存而易理已亡。易理既亡。而易數亦復不驗。故其約編所著、大率不專術數。兼參理學。以勸人恐懼修省。居恆爲人卜筮。有求必應。其所言禍福。如操左券。性廉介不苟取與。雖身處窮約。陶然自得。其高致雅。似嚴君平。以上乾隆儀封縣志方技

601 禹州 古夏禹國。金初於縣置潁順軍。尋改軍爲潁順州。又改爲鈞州。明改爲禹州。清屬河南開封府。民國改州爲縣。縣產瓷器。以鈞窰著名。

蜀漢　司馬徽潁川人。潁川郡。秦治。漢因之。治陽翟。故韓都。即今河南禹縣治。　清雅有知人鑒。龐統弱冠、往見徽。徽採桑於樹上。統在樹下共語。自晝至夜。徽甚異之。稱統爲南州之冠冕。由是漸顯。蜀志

龐統傳

明　張翼、少業儒。長精數學。遊於洧上范太常守已。（范守已．字介儒．河南洧川人．萬曆進士．官至按察司僉事．著薖皇外史・御龍子集等書．）貧而孤。翼奇其造。躬敎之學。范起家進士。以文名世。傳其數更加精研。占驗有準。詔以太常少卿。修大統歷。終身事翼。翼三十餘。始遊庠。未五十。卽棄去。隱居潁水北村。（潁水．出河南登封縣．）不入城市幾三十年。自號潁濱居士。年八十餘卒。預知來生事。人尤異之。（道光禹州志隱逸）

明　張宗魯、鈞州人。四歲失明。二十遭亂。負母路氏逃難。其妻扶掖以行。歲饑。宗魯賣卜以養。不足則令妻采野菜繼之。天下既定。宗魯奉母還故鄉。竭力供養。母卒。仍求其前母曹氏、沈氏、吳氏三人遺骸。合葬父墓。洪武十七年甲子四月。詔從禮部請。表其閭曰、孝行。（雍正河南通志孝義）

新鄭縣（韓．戰國時國名．春秋時．晉封韓武子於韓原．在陝西韓城縣南十八里．其後世爲大夫．周威烈王二十三年．與趙魏分晉．列爲諸侯．都平陽．今山西臨汾縣治．景侯徙陽翟．今河南禹縣．哀侯徙新鄭．後滅於秦．卽今河南新鄭縣．京漢鐵路經之．）

漢　張良字子房。其先韓人也。秦滅韓。良悉以家財求客刺秦王。爲韓報仇。得力士、狙擊始皇於博浪沙中。（在河南陽武縣東南。民國二十五年。有與原武縣合併。改置博浪縣之議。）誤中副車。（副。謂後乘也。）秦求賊甚急。良更姓名。匿下邳圯上。（圯。音怡。左从辰巳之巳。橋也。）有一老父衣褐（褐。音曷。毛布也。）至良所。直墮其履圯下。顧謂良曰、孺子下取履。良愕然。欲毆之。爲其老。彊忍下取履。父曰、履我。良業爲取履。因長跪履之。父以足受。笑而去。良殊大驚。隨目之。父去里所。復還。曰、孺子可敎矣。後五日平明、與我會此。良因恠之。（恠。怪俗字。）跪曰、諾。五日平明。良往。父已先在。怒曰、與老人期。後。何也。去。曰、後五日早會。五日鷄鳴。良往。父又先在。復怒曰、後何也、去。後五日復早來。五日。良夜未半往。有頃。父亦來。喜曰、當如是。出一編書。曰、讀此則爲王者師矣。後十年興。十三年、孺子見我濟北。穀城山下。（穀城山。在山東東阿縣東北五里。一名黃山。）黃石卽我矣。遂去。無他言。不復見。旦日視其書。迺太公兵法。良因異之。常習誦。後高祖起兵。良嘗爲畫策。滅項羽。定天下。及帝卽位。封留侯。晚好黃老學。神仙辟穀之術。以功名終。諡文成侯。良始所見下邳圯上老父與書者。後十三年、從高帝過濟北。果得穀城山下黃石。取而寶祠之。及良死。並葬黃石。每上冢伏臘祠黃石。前漢書本傳○宋鄭樵通志藝文略雜占載靈棋經一卷。張良撰。○宋劉敬叔異苑云。十二棋卜。出自張文成。受法於黃石公。行師用兵。萬不失一。逮至東方朔密以占衆事。自此以後。祕而不傳。晉寧康初。襄城寺法味道人。忽遇一老公。著黃皮衣。竹筒盛此書。以授法味。無何失所在。遂復傳流於世云。○明陳繼儒枕譚云。張文成太卜料。有楓天棗地之語。初不省所出。後見乃六典三式云。六壬卦局。以楓木爲天。棗心爲地。乃知文成用此。

北周

黎景熙、字季明。河間鄭人。少好讀書。性強記。嘗從清河崔玄伯、受字義。又好占。玄學頗知術數。而落魄、不事生業。有書千餘卷。雖窮居獨處。不以饑寒易操。周書藝術

603 宋城縣秦睢陽縣。隋改曰宋城。金復曰睢陽。故城在今河南商邱縣南。明改爲商邱。稍徙而南。今商邱南門。卽故城北門廢址也。

漢

焦延壽、字贛。梁人。梁。周國名。在陝西韓城縣南。而雍正河南通志儒林。載有延壽。少貧賤。以好學。得幸梁王。梁王供其資用。令極意學。既成。爲郡史。察舉補小黃令。以候司先知姦邪。盜賊不得發。愛養吏民。化行縣中。舉最當遷。三老官屬、上書乞留。詔許增秩留之。卒於小黃。延壽、嘗從孟喜、問易。撰易林十六卷。京房受學焉。前漢書京房傳四庫子部術數類二

宋

王洙、字原叔。宋城人。舉進士甲科。累官翰林學士。洙、汎覽傳記。至圖緯方技算數音律詁訓篆隸之學。無所不通。卒謚曰文。著易傳十卷。雜文千餘篇。雍正河南通志儒林

604 甯陵縣 古葛國。戰國屬魏爲寧邑。安釐王。以弟無忌爲信陵君。而食邑於寧。卽此。漢置縣。曰寧陵。北齊廢。故城在今河南寧陵縣南。隋復置。金徙今治。明清皆屬河南歸德府。隴秦豫海鐵路經之。

宋

劉熙古、字義淳。甯陵人。博通經史。旁究陰陽象緯等書。唐長興中擢第。補夏邑令。入宋、累遷參知政事。雖貴顯、不改寒素。以疾求解。拜戶部尚書致仕。著有歷代紀要十五卷。（雍正河南通志人物）

明

喬宏杞、字楫航。幼爲諸生。厭制藝無益經濟。遂入貲辟雍。執經於呂新吾先生門牆。肆志博覽。於諸子百家。無所不窺。如天文律呂字學算法。皆有著述。更多巧思。如小戎戰車璇璣玉衡。胥能按圖制之。凡周禮所載古制。人有讀之不能解者。則手畫其圖。命工成器。無不如法。（光緒寧陵縣志隱逸）

605 眞源縣 漢魏皆爲苦縣。晉置谷陽縣。唐改眞源。又改仙源。尋復爲眞源。故城在今鹿邑縣東十里。相傳老子生是邑。故以爲名。宋改爲衞眞。

宋

陳摶、字圖南。眞源人。後唐長興中、舉進士不第。遂不求祿仕。以山水爲樂。自言嘗遇孫君仿、麞皮處士二人者。語摶曰、武當山九寶巖可以隱居。摶往棲焉。因服氣辟穀。歷二十餘年。但日飲酒數杯。移居華山雲臺觀。每寢處多百餘日不起。周世宗好黃白術有以摶名聞者顯德三年丁巳命華州送至闕下留止禁中從容問其術摶對曰陛下爲四海之主當以政治爲念奈何留意黃白之事乎世宗不之責命爲諫議大夫固辭不受放還所止詔本州長吏歲時存問太平興國中來朝太宗待之甚厚九年甲申復來朝上益加禮重賜號希夷先生令有司增葺所止雲臺觀上屢與之屬和詩賦數月放還山端拱初戊子忽謂弟子賈德昇曰汝可於張超谷鑿石爲室吾將憩焉二年己丑秋七月石室成摶手書數百言爲表其略曰臣摶大數有終聖朝難戀已於今月二十二日化形於蓮花峯下張超谷中如期而卒摶幼聰悟長通經史百家之言尤好讀易手不釋卷常自號扶搖子著指玄篇及三峯寓言高陽集釣潭集詩六百餘首善風鑑（直齋書錄解題有希夷先生風鑑一卷）能逆知人意齋中有大瓢挂壁上道士賈休復心欲之摶已知其意謂休復曰子來非有他蓋欲吾瓢爾呼侍者取以與之休復大驚以爲神有郭沆者少居華陰夜宿雲臺觀摶中夜呼令趣歸沆未決有頃復曰可勿歸矣明日沆還家果中夜母暴

得心痛幾死食頃而愈又有張乖崖因考試被黜未得大魁憤毀儒服欲從摶學道以弟子禮事之摶一見之謂曰子當貴爲公卿一生辛苦如人家張筵方笙歌鼎沸忽中庖火起座客無奈惟賴子滅之然祿在後年此地非子棲憩之所乖崖堅乞入道摶曰子性度明躁安可學道果後二年及第摶以詩遺之云征吳入蜀是尋常鼎沸笙歌救火忙乞得江南佚麗地卻應多謝腦邊瘡初不甚曉後果兩入蜀定王均李順之亂又急移餘杭剪左道僧紿倫妖蠱之叛此征吳入蜀之驗也屢乞閒地朝廷終不允因腦瘡乞金陵養疾方許之宋史隱逸○彙談採餘藝祖召陳摶至闕問天下始終事摶對曰一汴二杭三閩四廣再問對曰非臣之所知也明鄭鏜題詩云驢背無心大笑還壺中有藥臥空山三閩四廣英雄恨都付先生一夢間○宋魏泰東軒筆錄宋太宗以元良未立雖意在眞宗尚欲遍知諸子遂命陳摶歷抵王宮以相諸王摶回奏曰壽王眞他日天下主也臣始至壽邸見二人坐於門問其姓氏則曰張旻楊崇勳皆王左右之使令者然臣觀二人他日皆至將相卽其主可知矣太宗大喜是時眞宗爲壽王異日張旻侍中楊崇勳使相皆如摶之相也○种放隱於終南山往華山訪陳摶摶聞其來倒屣迎之既卽坐熟視曰君他日甚顯官至丞郎种曰我之來也求道義之益而乃言及爵祿非我意也陳笑曰人之貴賤莫不有命貴者不可爲賤亦猶賤者不可爲貴也君骨法合爲此官雖晦跡山林終恐不能安耳今雖不信異日當自知之放不懌而去至眞宗時以司諫召至闕下及辭還山遷諫議大夫東封改給事中西祀改工部侍郎而卒竟如摶之相也○宋王闢之澠水燕談錄希夷先生陳摶語人禍福合若符契王世則與韓見素趙諫同詣先生世則僞爲僕拜於堂下先生笑之曰侮人者自侮也揖世則坐于諸坐之右將來科名君爲首冠諸君之次正如此會明年世則舉

進士第一。餘如坐次。

606 睢州 春秋宋。襄牛邑。秦置襄邑縣。宋於縣置拱州。金改曰睢州。明省襄邑縣入州。屬河南歸德府。淸因之。民國改州爲縣。隴秦豫海鐵路經之。

淸 余愉然。字君諧。鄉飲大賓。古制三年大比。諸侯之鄉大夫。獻賢者能者於其君。將行之時。以賓禮待之。與之飲酒。謂之鄉飲酒禮。性樸實。閉戶讀書。足不履城市者四十年。事母至孝。邃於星學。善推算吉凶悔吝。無絫黍差。凡淵源管鑑、闢謬諸書。皆手錄成帙。藏之篋。一時名士贈以詩。有矯矯雲中鶴之句。光緒睢州志方技

607 考城縣 春秋戴國。秦置甾縣。後漢改曰考城。晉初省。尋復置。後魏改置考陽縣。北齊改曰成安。隋復曰考城。五代梁。改曰戴邑。後唐復曰考城。故城在今河南考城縣東南。明徙今治。淸屬河南衛輝府。

明 底義。長於陰陽風水之術。選地一區。告其子曰。陽拱而陰向。美哉土也。吾老可葬於斯。比卒。果葬其地。後生孫蘊。字汝章。正德進士。官至都御史。

淸 張蓉。考城縣人。原任黃平吏目。通六壬。占驗奇中。妻死。安厝。硃書一磚。暗置棺後。十餘年。蓉故。子等啓母壙合葬。取磚視之。卽蓉卒葬年月日也。其術之精有如此者。以上乾隆衛輝府志方技

歷代卜人傳卷二十七終

定海金宗城校

中國歷代卜人傳卷二十八

潤德堂叢書之八

鎮江袁阜樹珊編次

河南省二

608 淮寧縣（古宛邱地・秦置陳縣・後魏省縣入項・北齊移項縣於故陳城・隋改曰宛邱・明省・清雍正十二年・置淮寧縣・爲河南陳州府治・民國廢府・改縣曰淮陽・）

周　周太史過陳、陳厲公使卜完。（陳完者・陳厲公佗之子也・完始生・）卦得觀之否、是爲觀國之光。利用賓于王。此其代陳有國乎。不在此、而在異國乎。非此其身也、在其子孫。若在異國、必姜姓。姜姓四嶽之後。物莫能兩大。陳衰、此其昌乎。後皆如其言。（史記田敬仲完世家）

後漢　郤巡、（郤・音隙・从欠不从谷・姓也・）字仲信、陳郡人。和帝時、南陽樊英習京氏易、兼明五經、善風角算、河洛七緯、推步災異。隱于壺山之陽、受業者踵至。巡傳其業、仕爲郡博士。會魏郎亡命、從受春秋圖緯焉。官至侍中。

宋　楊山人者、逸其名。蔡新州確、黃大夫好謙、爲陳諸生。聞其善相、過使相之。曰、蔡君宰相也。似丁晉公。然丁還而君死。黃君一散郡耳。然家口四十、則蔡貶矣。元豐末、蔡爲相。黃由尚書郎、出爲蔡州。過蔡而別。問其家曰四十口矣。蔡大駭、曰楊生之言、驗矣。其後有新州之竄。

淸　孫溯沔、（沔・音緬・水名・）字石言。自號三元老人。賣卜于西月城。多奇中。尤善梅花數。有問數者。得旅上九。鳥禁其巢。色沮。老人曰、問名則吉。鳥禁巢、飛騰之象也。其人一戰果捷。

淸　彭天綸、字道合。幼讀父書。工堪輿。有延之者。雖風雨必往。後精數學。嘗爲知縣耀。占疾奇中。給額曰、可以前知。（以上道光淮寧縣志方技）

609　淮陽縣（民國以淮寧縣改曰淮陽・）

明　龔尙德、字景純。以歙之俊秀入南雍。善古文草書。喜作山水。點墨落紙。有神工天巧。司業季道統、以大雅推之。尤精奇門太乙。明九邊形勢。通諸方譯語。天啓丙寅、頴川大司馬張鶴鳴。奉命視師。幣聘從事。題授山海關守備。視事期月。境內咸

羇。辭歸寓陳。號柳莊居士。卒年六十四。民國淮陽縣志流寓

清　雷漢清明數學。通三元。耳目聰明。壽百歲。

清　齊亮釆、字悅衆。庠生。善風鑑。爲人卜地。不受金。一生坦白容衆。胸無宿物。年九十一卒。

清　李英相、字殿選。善占卜。疏財息訟。鄉人稱之。

清　劉玉衡、字仰斗。精醫學。通命理。卜筮星相之書。無不旁及。貧家延診。不索藥資。稍有餘資捐入善局。年八十三卒。

清　朱旺春、字來木。性剛直。精青烏術。四方來聘者數百里。或酬金帛。毅然却之。年八十二卒。

清　宋殿文、字華國。習堪輿。爲人卜壤。不受金。兼善卜筮。有驗。年八十一卒。

清　王錫五、字聘三。國學生。精堪輿。庠生顧富春、附貢王海潤等、刊碑志云、吾鄉完人。以上民國淮陽縣志方技

610 西華縣漢置。後漢爲侯邑。故城在今河南西華縣南。隋改置於潁水北。曰鴻溝縣。卽今治。尋復爲西華。唐改曰箕城。又改置武城。復曰箕城。後又曰西華。清屬河南陳州府。

明

張若星、字共辰甫。冠入庠。穎異磊落。博覽多識。以易學世其傳。專精理數。闖賊之亂。避難睢州。演易設卜以餬口。踵門甚衆。餽金帛者。酌取之以足用。不多取也。數日後。告其家人曰、睢城人數萬。何以問卜者皆無祿。當今盜賊蜂起。睢城其不免乎。挈家走河朔。河朔。謂黃河以北之地也。越三日。賊果屠睢州。而張氏一門、卒免於難。迨中原底定。歸老林泉。躬耕養親。融融無間。後出其所學。教授子姪。科第蟬聯。弦誦不絕云。乾隆西華縣志方技

611 南頓縣故頓子國。左傳僖公二十三年。楚伐陳。城頓而還。漢置南頓縣。晉惠帝時。置南頓郡。北齊郡廢。改縣曰和城。隋復故。唐省入項城。尋劃置光武縣。又復爲南頓。明省。故城在今河南項城縣北五十里。

後漢

童彥興、廣博物志。童作董。許季山外孫也。季山名峻。許曼之祖。河南平輿人。詳見曼傳。其探賾索隱。窮山知化。雖眭孟京房無以過之。然天性褊狹。羞於卜筮。太尉橋玄、字公祖。初爲司徒長史。五月末、夜臥。見東壁正白如開門。呼問左右。左右莫見。因起自往。手捫摸之。壁如故。還

床復見。心大恐。其日應劭適往候之。語次相告。劭遂暢言鄉人彥輿之神奇。應劭南頓人。玄立命迎請之公祖虛禮盛饌。下席行觴。彥輿辭。公祖讓再三。爾乃應之。曰、府君怪見白光如門明者。然不爲害也。六月上旬鷄鳴時。聞南家哭。即吉。到秋節遷。北行。郡以金爲名。位至將軍三公。到六月九日、太尉楊秉薨。七月拜鉅鹿太守。鉅邊有金焉。復爲度遼將軍。遂登三事。太平御覽方術 廣博物志方技

隋

612 太康縣 秦置陽夏縣。清改曰太康。清屬河南陳州府。

袁充、字德符。太康人。祖昂、父君正、俱爲梁侍中。充、性好道術。頗解占候。年十七。仕陳爲祕書、歷太子舍人。晉安王文學散騎常侍。陳滅。歸隋。領太史令。屢以天文講陳於文帝。拜祕書令。帝每欲征討。充、輒贊成有功焉。北史本傳隋書本傳 乾隆陳州府志方技

清

劉璐、字石渠。父祖向、以進士知福建光澤縣。縣俗婦供徭役。與男無異。向爲革免。民間不愛女。生女或溺之。向嚴諭禁止。其俗一變。時逆耿之商、私債重利。飛刑拷比。十室九空。向封民間倉廒。除食用納糧外、不得私動。逆商束手。無敢犯者。由

是民間積儲頗裕。呼爲慈母。建立生祠、逆耿遂借言藩商生事。差牛祿彈壓。實懷逆謀。欲城水口。以塞要害。向力陳上憲。逆耿計阻。因陰謀中傷。誣以過山倔夫。未經核減。坐以虧空。沒產入官。璐時爲廩生。貧困。痛父被誣。言輒泣下。然訓蒙爲生。莫能白也。後遇異人、授以麻柳天文六壬躧病之術。（躧・色倚切・紙韻・亦作屣・躧履不著跟曰躧・）平日見人容貌言語。或爲人卜。輒預知其壽殀窮通吉凶禍福。偶發一語。久必奇驗。不可勝錄。康熙四十一年壬午、由歲貢登賢書。（明清制・府州縣學生員・食餼久者・每歲或數歲・選一人貢諸京師・入國子監肄業・謂之歲貢・周禮地官鄉大夫・謂舉薦賢能之書・獻之於王・將藉此而受爵祿也・後世謂鄉試中式者曰登賢書・清代稱內閣中書爲中翰・謂其掌閣中翰墨也・）旋考授中翰。四十七年戊子、聖祖召見。躧病卽愈。諮以麻柳天文六壬之術。言無不中。聖祖御乾清門。諭諸王大臣曰。朕病全愈。璐之力也。諸王大臣奏願各減級加璐。璐以年老辭不受。自此名重海內。供奉一年。告歸。前後賜賚甚厚。璐每辭之。而泣白父寃。聖祖曰、俟有覃恩卽赦復之。五十九年庚子、召定六壬書。雍正四年丙午、召與怡親王躧病。時璐已八十餘。率其仲子勞、使代之。病愈。復白父寃。王爲奏。復其父祖向、原官。贈文林郎。璐天性孝友。晚居林下。益敦睦姻任卹之行。捐修文廟。助人婚葬。施粥賑饑。捨藥濟貧。孜孜不倦。有求卜者。輒語之曰、邵子言數。程子言理。數不可逃。理當自盡。諸君但盡其分之所當爲而已。何以卜爲哉。制軍以望隆朝野。表其閭。自刻時日、壽終於家。年八十五。子勞、篤於孝友。父母歿、弟勤在襁褓。撫養婚娶。皆勞任之。以上乾隆陳州府志方技

613 扶溝縣 漢置．後漢爲侯國．故城在今河南扶溝縣東北五十里．北齊移於今治．清屬河南陳州府．

清 劉一鵬、少落魄。遊燕薊間。逢海內異能士。輒師事之。久之、博通諸家。凡天文地理。太乙奇門。以及五運六氣之術。靡不精研。嘗以策干某將軍。不合。去遊河朔濮上。與諸縉紳談醫。間以詩相唱和。其詩亦逸曠有俠氣。

清 嚴炳寰、字代明。邑庠生。穎悟絕倫。游泮後、不求仕進。肆力於易學。占斷如神。晚年。尤精於奇門遁甲天文等書。嘗作渾天儀、武侯八陣圖說。多有心得。時粵西亂耗日逼。中州騷然。或問於炳寰。應之曰、若輩直孤注九族。以求富貴耳。後數年亂果平。凡事前知。類如此。疾將革。盡焚其著述。其子請之。曰、欲讀書則有經史在。此

等不善用之徒累身家耳。識者韙之。（以上光緒扶溝縣志方技）

614 許州（北周於潁川郡置許州。隋廢。唐復置。改曰潁川郡。尋復爲許州。宋曰許州許昌郡。升爲潁昌府。金元皆曰許州。治長社。今河南許昌縣治。明省長社入州。淸直隸河南省。民國改爲許昌縣。）

漢

劉諷、字偉節、潁川人也。師司馬季主、服日月精華、得道後、歸鄉里、託形杖履而去。眞誥云、潁川劉偉惠、漢景帝時、公車司馬劉諷也。事司馬季主、爲入室弟子。道成、晚歸鄉里。託形杖履。身死桑樹之下。今墓在汝南安成縣。（道光許州志方技）

唐

張憬藏、長社人。少工相術。與天綱齊名。太子詹事蔣儼、有所問。答曰、公厄在三尺土下。盡六年而貴。六十位蒲州刺史。無有祿矣。儼使高麗。爲莫離支所囚。居土室六年。還及爲蒲州。歲如期。則召掾史妻子。告當死。俄詔聽致仕。劉仁軌、與鄉人靖賢、請占憬藏。答曰、劉公當五品而譴。終當位冠人臣。謂賢曰、君法客死。仁軌爲尚書僕射。賢猥曰、（猥。音腲。賄韻。頓也。蘇俗言氣弱不任運動。曰委頓。）我有三子。皆富田宅。吾何客死。俄喪三子。盡鬻田宅。寄死友家。魏元忠尚少。往見憬藏。問之久不答。元忠怒曰、窮通有命。何預君耶。拂衣去。憬藏遽起曰、君之相在怒時。位必卿相。姚崇、李迥秀、杜景佺、從之游。憬藏曰、三人者皆宰相。然姚最貴。郎中裴珪妻趙、有美色。見之。憬藏曰、夫人目長而慢。法曰猪視者淫。又曰、婦人目有四白五夫守宅。夫人且得罪。俄坐與盧崇道姦。沒入掖廷。裴光廷當國。憬藏以紙大書台字投之。光廷曰、吾既台司矣。尙何事。後三日、貶台州刺史。憬藏相術之妙皆此類。竟不仕以壽終。（新舊唐書方技袁天綱傳 藝術典相術部名流列傳）

宋　杜生、潁昌人。不知其名。縣人呼爲杜五郎。所居去縣三十里。有屋兩間。與其子並居前有空地丈餘。卽爲籬門。生不出門者三十年。黎陽尉孫軫、往訪之。（軫・音診・軫韻・星名・二十八宿之一・今春分節子正初刻十分之中星・）其人頗洒落。自陳村人無所知。官人何爲見顧。軫問何以不出門之因。笑曰、以告者過也。指門外一桑曰、憶十五年前。亦嘗納涼其下。何謂不出。但無用於時。無求於人。偶自不出耳。何足尙哉。問何以爲生。曰、昔時居邑之南。有田五十畝。與其兄同耕。迨兄子娶婦。度所耕不足贍。乃盡以與兄。而攜妻子至此。蒙鄉人借屋。遂居之。惟與人擇日。又賣醫藥。以給飦粥。（飦・音犍・元韻・音旃・先韻・同饘・）亦有時不繼。後子能耕。荷長者見憐。與田三十畝。使之耕。尙有餘力。又爲人傭耕。自此食足。

鄉人貧以醫術自業者多。念己食既足。不當更兼他利。由是擇日賣藥。一切不爲。問常日何所爲。曰端坐耳。頗觀書否。曰二十年前。曾有人遺一書策。無題號。其間多說浮名經。當時極愛其議論。今忘之。并書亦不知所在矣。時甚寒。布袍草履。室中枵然。而氣韻閒曠。言詞精簡。蓋有道之士也。問其子之爲人。曰村童也。然性質甚淳厚。不妄言。不敢嬉。惟問一至縣買鹽酪。酪。音洛。漿也。酒類也。可數行跡。以待其歸。徑往徑還。未嘗旁游一步也。軫嗟嘆留連久之乃去。後至延安幕府。爲沈括言之。括時理軍書。迨夜半疲極未臥。聞軫談及此。乃頓其勞。頓。敦去聲。遽也。猶俗言立時也。又止也。俗亦謂略停曰頓。宋史隱逸〇貧士傳贊曰杜生野寄。逾紀潛門。讓畝敦睦。俗室裕貧。嚴卜韓方。以粒以薪。孫尉惠綏。聆厥條陳。〇阜按。此與新唐書方技所載許州杜生。不同。

615　襄城縣戰國時魏邑。秦置襄城縣。晉於縣置襄城郡。隋郡廢。淸時縣屬河南許州。

宋　楚芝蘭、襄城人。初習三禮。遇有道之士。教以符天六壬遁甲之術。屬朝廷博求方技。詣闕自薦。得錄爲學生。以占候有據。擢爲翰林天文。授樂源縣主簿。特遷員外。賜五品服。卒年六十餘。錄其子繼芳、爲城父縣主簿。宋史方技　乾隆襄城縣志方技

明

李紹、襄城人。通星歷推步之術。正統間、授欽天監監正。道光許州志方技

616 郾城縣春秋楚・召陵邑・秦置召陵縣・又置郾縣・東晉省郾縣・隋置郾城縣・省召陵入郾城・淸屬河南許州・京漢鐵路經之・

宋

掌禹錫、字唐卿。郾城人。中進士第。爲道州司理參軍。試身言書判第一。丁度薦爲侍御史。英宗卽位。以尙書工部侍郞致仕。卒。禹錫喜命術。自推直生日年庚寅、日乙酉、時壬午、當易之歸妹困震。初中末三卦。以世應飛伏納五甲行。析數推之。卦得二十五。分三卦。合七十五年。約半祿秩。算數盡於此矣。著有郡國手鑑。周易集解。並預修皇祐方域圖志。地理新書。及校正類篇。神農本草。載藥石之名狀、爲圖經行世。宋史本傳

617 召陵縣漢置縣・隋廢・唐復置・又廢・故城在今河南郾城縣東三十五里・

後漢

謝甄、字子微。汝南召陵人。明識人倫。雖郭林宗不及甄之鑑也。見許子將兄弟弱冠時。許劭・字子將・年十八・時子微見之・嘆曰・此希世之偉人也・弟許虔・字子政・皆平輿人・曰平輿之淵。有二龍焉。仕爲豫章從事。汝南先賢錄

隋

618 榮陽縣戰國韓邑・漢置縣・故城在今河南榮澤縣西南十七里・後魏移治大柵城・卽今縣治・清屬河南鄭州・隴秦豫海鐵路經之・

劉祐、榮陽人。開皇初、爲大都督封索盧縣公。其所占候。如合符節。文帝甚親之。初與張賓、劉輝、馬顯、定曆。後奉詔撰兵書十卷名曰金韜。帝善之。又著陰策歸正易等書數十種。並行於世。隋書藝術北史藝術雍正河南通志方技

619 鄭州隋置管州・改曰鄭州・在今河南汜水縣西北・尋徙治管城・卽今河南鄭縣治・改曰榮陽郡・唐徙鄭州治虎牢・復置管州・尋又移鄭州治管城・改曰榮陽郡・金曰鄭州・明省管城縣入州・清屬河南開封府・後升爲直隸州・民國改州爲縣・

周

裨竈、鄭大夫。靈王十八年、竈與子羽、晨過伯有之門。見其門上生莠。子羽曰、其莠猶在乎。於是歲在降婁。降婁中而旦。竈指之曰、猶可以終歲。不及此次也已。及其亡也、歲在娵訾之口。其明年乃及降婁。至是鄭人殺伯有、如其期焉。又景王十二年陳災。是時陳已爲楚所滅。竈曰、五年陳將復封。封五十二年而遂亡。子產問其故。竈曰、陳木屬也。火、水妃也。而楚所相也。今火出而災陳。逐楚而建陳也。妃以五成。故曰五年。歲五及鶉火。而後陳卒亡。故曰五十二年。及敬王四十一年。楚公

孫朝、果滅陳。左傳雍正河南通志方技

620 衛州 北周置・治朝歌・在今河南淇縣東北・隋廢爲汲郡・唐復置衛州・治汲縣・即今河南汲縣治・改曰汲郡・尋復爲衛州・宋曰衛州汲郡・金曰衛輝路・

唐 高定衛州人。貞公郢之子。定辯慧。七歲讀尚書至湯誓。跪問郢曰、奈何以臣伐君。郢曰、郢・音穎・應天順人。何云伐邪。對曰、用命賞於祖。不用命戮於社。是順人乎。郢異之。長通王氏易。爲圖合八出。以畫八卦。上圓下方。合則爲重。轉則爲演。七轉而六十四卦六甲八節備焉。著外傳二十三篇。仕至京兆府參軍。兩唐書俱附高郢傳唐李肇國史補

621 汲縣 戰國魏邑・史記秦莊襄王三年・蒙驁攻魏汲・拔之・漢置縣・北齊省・故城在今河南汲縣西南二十里・東魏置伍城縣・隋改汲縣・明清皆爲河南衛輝府治・京漢鐵路經其西・道清鐵路經其南・

唐 尚獻甫汲人。善占候。武后召見。擢太史令。辭曰、臣梗野。不可以事官長。後改太史局爲渾儀監。以獻甫爲令。不隸祕書省。數問災異。事皆符驗。又於上陽宮集術家撰方域等篇。長安二年壬寅。獻甫奏曰、臣本命納音在金。此用納音看命・今熒惑犯五諸侯太史之位。熒火也。金之仇。是臣將死之徵。后曰、朕爲卿厭之。遷水衡都尉。謂曰、水生金。卿又去太史之位。卿無憂矣。至秋。獻甫果卒。后嗟異之。新唐書方技雍正河南通志方技

清

622 武陟縣（漢懷縣．隋置武陟縣．尋廢．移修武縣來治．唐又改曰武陟．宋金時．亦作武陟．明清皆屬河南懷慶府．）

申維清字漣如。好讀書。不喜為經生之學。習日者言。斷人富貴窮通。多奇驗。又工火珠林卜法。有婦人占夫病。謂當寅日死。醫者曰不然。應在一月以外。及五日戊寅、果死。童子卜失牛。曰在西北。童子言昨夜人見適東方。曰、初適東。今在西北矣。越二日、果從西北得之。後以家乏恆產。徧遊天下。南至吳越。西窮秦蜀。遇名山水。輒留。在外十七年。歸家甫數月。適族人外出無耗。有人至禹州來。具言此人被禹人毆死。隱其屍。無可尋覓。維清立占之。曰吾去、此冤可白。當夜即行。至其境、未及一月。遂得其實。（道光武陟縣志方技）

623 安陽縣（戰國魏邑．漢為侯國．晉始置安陽縣．東魏併入鄴縣．隋又改為安陽縣．明清皆為河南彰德府治．京漢鐵路經之．縣西北有六河溝煤鑛．產煙煤．色甚光黑．）

唐

傅弈、鄴人。（鄴郡．即今河南安陽縣治．）素究陰陽術數。尤曉天文。隋開皇中、以儀曹事漢王諒。諒反。問弈。今茲熒惑入井。果若何。對曰、天上東井。黃道所由。熒惑之舍。不為怪異。若熒惑入地上井。乃為災。諒不悅。俄諒敗。由是免誅。徙扶風。高祖為扶風太守。深禮之。及踐祚。召拜太史丞、遷太史令。貞觀十三年己亥、卒年八十五。遺言戒子。六經名教言若可習也。妖胡之法愼勿爲。（弈。指佛道爲妖胡。）注老子。並撰音義行於世。（舊唐書本傳）

淸　許三禮、字典三。號西山。安陽人。順治辛丑進士。官海寧知縣。累擢兵部督捕右侍郎。其學以程朱爲綱。禮樂兵刑陰陽律歷。勾股測望爲目。喜延攬人才。上自賢豪名世。下至地巫星客。一藝之長者。莫不羅而致之幕下。故四方之客日至。北海之座。講道論文。不以礙其簿書。其天性然也。生於天啓乙丑正月二十五日。卒於康熙辛未正月初九日。年六十七。著有聖學直指。易貫。懷仁堂遺稿。徵存等。（西山許先生墓誌銘。黃宗羲撰）

淸　李振文、縣西北洪河屯鎭人。幼從師讀。日百行。因貧輟學。晝農耕。夜居牛屋。披書漸通醫卜星相之術。性奇巧。常剪皮人作影戲。改良織布機。尤留心機器。謂仿製易易也。（民國安陽縣志方術）

淸　李克岐、字穎菴。安陽人。諸生。性孝。事寡母以色養。讀書不務章句。喜邵子書。皇極理數。究極精微。教人以朱子小學爲法。家赤貧。雖饔飧不給。終日鳴琴在堂。吟哦自得。有春風沂雩之意。所著綠窗詩草藏於家。（彰德府志儒林）

624 湯陰縣（戰國魏·蕩陰邑·漢置蕩陰縣·後魏幷入鄴縣·隋復置湯陰縣·唐改置湯源縣·後復曰湯陰·明淸皆屬河南彰德府·）

宋

岳珂、字肅之。號倦翁。湯陰人。飛孫。霖子。寧宗朝。權發遣嘉興軍府、兼管內勸農事。有惠政。嘗居郡治、西北金陀坊。痛其祖飛爲秦檜所害。作金陀粹編。嘉定間、又爲籲天辯誣集、天定錄、上之。又著九經三傳沿革例。愧郯錄。桯史。又補註三命指迷賦一卷。所論大抵專主子平。於夾馬、夾祿、拱庫、拱貴、辨論詳盡。往往爲他家所未發。而拱庫一條。尤稱精晰。惟專以月建及胎元爲推測之本。則不爲定論。蓋月建是行運所主。要必當以日時參之。（宋史附岳飛傳四庫子部術數類三命指迷賦提要）

625 臨漳縣（春秋晉鄴邑·漢置鄴縣·三國魏建鄴都·晉改曰臨漳·後復曰鄴·石虎慕容儁皆都此·東魏遷都於此·分鄴東界置臨漳縣·北齊亦都此·故城在今河南臨漳縣西南十八里舊縣村·明避漳水患·移理王店·即今治·屬河南彰德府·淸因之·）

北齊

趙輔和、臨彰人。明易善筮。爲齊高祖館客。高祖崩於晉陽。葬有日矣。文襄令文宣、與吳遵世等擇地。頻卜不吉。又至一所。遵世筮之遇革。咸云凶。輔和少年。在衆之後。進云革卦於天下人皆凶。惟王家用之則大吉。革彖辭云。湯武革命。應天順人。文宣遽登車。顧云以此地爲定。卽義平陵也。北齊書方技 河南通志方技

淸

杜會。臨漳西關里人。幼雙瞽。習子平。事母孝。不知其父。旣而知貿易客死。乃辭母各邑訪之。以星命爲資費。誓得父骨乃歸。一日出古北口。至八溝。店主人陳說其父姓氏里居。且言與生前交好。示以墓。遂扶櫬還。彰德府志孝友

626 內黃縣 戰國魏黃邑。漢置內黃縣。應劭曰。陳留有外黃。故加內。東魏併入臨漳。故城在今河南內黃縣西北。隋於故城東南十九里重置。卽今縣也。淸屬河南彰德府。

宋

傳珏、珏。音覺。二玉相合爲一珏。有知人鑑。或坐都市門。公卿車騎之過者。言地位所至。無毫髮爽。初不能相術。每曰予自得于心。亦不解也。嘗寓北海王沂公曾、始就鄉舉。王曾。字孝先。益都人。微時詠梅花曰。未須料理和羹事。且向百花頭上開。又曰。平生志不在溫飽。咸平中。由鄉貢試禮部廷對皆第一。累拜中書侍郎。同中書門下平章事。封沂國公。謚文正。著有王文正筆錄。珏遇于棘闈之外。明日以雙筆要而遺曰。公必冠多士位宰相。他日無相忘。聞者皆笑。珏不爲怍。遂定交。傾資以助沂公。賴之。旣而如言。沂公與其二弟、以兄事之。終身不

少替。（乾隆內黃縣志方技）

627 武安縣（戰國趙邑。漢置武安縣。清屬河南彰德府。李兆洛謂漢以後縣治卽今治。）

隋　馬光、字榮伯。武安人。少好學。從師數十年。晝夜不息。圖書讖緯。莫不涉覽。尤明三禮。爲儒者所宗。（雍正河南通志儒林）

明　宋之韓、字元卿。號敬齋。武安人。生有夙慧。舉止異凡兒。於書無不讀。五經大義。皆悉誦解。諸子百家。以及醫卜雜技。亦靡不究曉。嘉靖辛酉舉於鄉。乙丑成進士。授襄陵令。累官刑科都給事中。卒年六十九。著有主敬堂文集。三才要覽行世。（新舊唐書本傳）

628 新鄉縣（漢獲嘉縣。北齊廢。隋改置新鄉縣。明清皆屬河南衛輝府。京漢鐵路經之。道清鐵路。自汲縣由此橫過。京漢鐵路西達清化鎮。）

明　李承寶、號信齋。新鄉人。素喜談兵。有封狼居胥志。撫院本兵。嘗欲聘之大用。不果。採覽圖誌。善卜。推驗如響。尤精於脈理。每危疾、諸醫斂手。寶玉輒起之。然性耿介。富貴家不樂往。里巷貧窶招之。乃趨往。與之金不受。短衣曳杖自若也。著有醫

卜。問談諸書。後以歲貢、授靈山衞教授、終焉。乾隆衞輝府志方技

629 朝歌縣周武王滅殷。封康叔爲衞國。漢置縣。三國魏置朝歌郡於此。故城在今河南省淇縣東北。隋移治。改爲衞縣。

端木賜、字子貢。衞人。孔子弟子。少孔子三十一歲。好比方人物。智足以知聖人。得聞一貫之旨。善言語。嘗說吳出師敵齊以存魯。越因以霸。又善貨殖。廢貯鬻財於曹魯之間。七十子之中最爲富饒。卒終於齊。史記仲尼弟子○漢王充論衡云。魯將伐越。筮之得鼎折足。子貢占之以爲凶。何則。鼎而折足。故謂之凶。孔子占之以爲吉。曰越人水居。行用舟。不用足。故謂之吉。魯伐越。果克之。○淸鹽城蔡雲萬選青蟄存齋筆記云。子貢精相地之學。爲孔子卜葬地多處。並曾至江西龍虎山望氣。稱其山脈雄厚。色孕宏深。可以歷千數百年而不變。復於夜深詳察之。似覺其氣邪而不正。姑置之。仍回魯卜地。卒在曲阜昌平鄉得之。葬後。子貢築廬於場。獨居三年。論者或謂爲盡弟子心喪三年之誼。此猶淺之乎測君子矣。此三年中。子貢分植樹木。移植花卉。大半係採自遠方。意匠經營。別饒機趣。望之蔚然聳秀。氣象鬱葱。子貢又續居三年。當時曾論及墓基已成。詳觀四周之朝拱。於水源稍覺其缺。容徐圖之。至秦始皇時代。於魯東開鑿大河。有勘定之界線一段。擬及孔墓。羣臣諫阻弗聽。遂開工鑿濬。後鑿至距孔墓數里地方。掘得大石碑一。上刊七字。自有秦人送水來。始皇見之驚駭。卽對衆云。孔子信爲聖人。及門諸弟子。亦均屬賢人。數百年後事。竟能先知。卽令抵此停工。而孔墓於水抱山環之地理。遂臻完備。可見子貢當日獨居於場。不僅在外觀上多所布置也。後經列代帝王。謁聖瞻陵時。又復劃地附益墓道。遂袤廣有四十里之遙。自足與河山並永也。○阜按。子貢卜地之說。曩曾於某書見之。今不及檢查。蟄存齋所記雖詳。惜未指明出處耳。

向長、高士傳。向字作尙。朝歌人。隱居不仕。性尙中和。好誦易。老貧無資食。好事者更饋焉。

受之取足而反其餘。王莽大司空王邑、辟之連年乃至。欲薦之於莽。固辭乃止。潛隱於家讀易至損益卦。喟然歎曰、吾已知富不如貧。貴不如賤。但未知死何如生耳。易・損卦曰・二簋可用享・損益盈虛・與時偕行・益卦曰・損上益下・人說無疆也・建武中、男女娶嫁既畢。勅斷家事勿相關。當如我死也。於是遂肆意與同好北海禽慶。字子夏・俱遊五嶽名山。竟不知所終。後漢書隱逸〇明敬盧子小隱書云・富不如貧・貴不如賤・此山林一種逸味・細細含嚼・方覺美出・若對世俗言之・鮮不嗤笑・未知死何如生・疑辭也・元人有李道純者善言此・李之言曰・有生即有死・欲知死必先知生・子路問死・子曰・未知生・焉知死・大哉聖人之言也・繫辭所謂原始要終・故知死生之說・學人欲要其終・先原其始・欲明末後・究竟只今・只今洒脫・末後洒脫・只今自由・末後自由・只今做底工夫・便是末後大事也・嗚呼・小隱者讀此而解・則死生之疑・脫然釋矣・非出世之第一義耶・

清

630 輝縣周共伯國・漢置共縣・北齊廢・隋復置共城縣・金改曰河平・又改曰蘇門・於縣置輝州・元省蘇門縣入州・明初改州爲輝縣・屬河南衛輝府・清因之・李元良、生員精於占卜尊信邵子手畫皇極經世圖說二本又精韻學。衣冠朴質。有古人風。道光輝縣志方技

漢

631 滑縣殷豕韋國・春秋衛曹邑・秦置白馬縣・隋置杞州・改滑州・明初省白馬縣入州・降爲滑縣・清屬河南衛輝府・京房、字君明。治易。師事梁人焦延壽。其說長於災變。分六十四卦。更直日用事。

以風雨寒溫爲候。占驗尤精。初元四年丙子、以孝廉爲郎。永光建昭間、西羌反。日蝕又久眚無光。（眚・音省・梗韻・目病生翳也・災也・）陰霧不晴。房數上疏。所言屢中。天子悅之。數召見。房奏考功課吏法。朝臣皆以房言煩碎。不可許。數因災異。指陳時政得失。石顯輩嫉之。出爲魏郡太守。治郡有聲。房請歲竟乘傳奏事。天子許焉。後顯誣房、與張博通謀。誹謗政治。歸惡天子。詿誤諸侯。房博皆棄市。房本姓李。推律自定爲京氏。著有京氏易傳。（前漢書列傳同治滑縣志方技）

唐 薛頤、善天步律歷。尤曉雜占。貞觀中、太宗將封禪泰山。有彗星見。頤言考諸玄象。陛下未可東封。會褚遂良、亦言其事。於是乃止。頤後上表、請爲道士。太宗爲置紫府觀於九嵕山。（嵕・音騣・東韻・九嵕・山名・在今陝西省醴泉縣東北・有九峯俱峻・文選西京賦作嵏・）拜頤中大夫。又勅於觀中建一清臺。候玄象。有災祥等事。隨狀聞奏。所奏與京臺李淳風。多相符契。後數歲卒。（舊唐書方技同治滑縣志方技）

明 呂朗、滑縣人。負相術。數從蒲州王大司馬游。瀛時自閩至京。王與呂偕來。呂左右顧瞻。久之曰、明公當爲冢宰。瀚哂之。因詢王。云已目爲大司馬矣。瀚曰、此言遙遠。未足憑。試語其近者。呂云、近者王參知、不出半月爲憲長。張憲長、不踰冬至爲方伯矣。且二公大有同處。不出三年俱爲開府。尙同撫一方。至爲冢宰司馬。亦同時也。瀚曰、冢宰當朝第一官。瀚貌何以踰人。呂曰。五官六府。皆應大貴。至如印堂寬廣。可容三指。世所稀有。冢宰正印。非明公誰屬哉。後瀚爲方伯巡撫。如期而至於關中。迨至銓部。王入爲司馬。詢其人、已物化矣。（呂朗已逝）王司馬嘗述其人。始遇於蒲之東門。時與楊虞坡冢宰、張鳳磐閣老、同步。呂自道傍物色之。盡目爲一品貴人。而相楊尤奇中。楊時以參知憂居方數月。呂以旬日內當召用。出卽爲開府。時庚戌達虜內犯。世宗奪情起用。至則虜退。遂擢開府。後楊爲少傅。張爲少師。王爲少保。皆至一品。吾杭日者賈勛、受業於吳氏日章。推吾母病。當以子貴。及推瀚命。賈署云、五行彷彿一璠璵。廊廟圭璋可待時。中道崢嶸轟烈甚。爭看腰下佩金魚。父母好。昆仲不少。妻妾三賢。兒郎四寶。戊酉運之交。准擬步靑霄。語皆奇中。（明仁和張瀚松

寶夢語）

清　劉燃、滑縣人。增生。博學多通。尤精太乙六壬術。嘗有刼盜占獲之。一日見兩雀鬬隊簷下。占知盜夥復仇。命僕伺於門。果二人貿貿然來。問曰、劉先生在否。僕曰、來意主人已知。速去勿及禍。二人失色而退。其神驗多類此。（同治滑縣志方技）

清　韓鳴岐、滑縣人。嘉慶己卯科舉人。歷任濟源、滎陽教諭。著卦爻便省管窺錄。地理一隅等韻指掌諸書。由截取班以知縣用。嗣以事旋里。有勸駕者辭不就。優游林下。以訓子弟終。（滑縣志人物）

北齊

632

河內縣（春秋晉野王邑。漢置野王縣。隋改河內縣。明清皆爲河南懷慶府治。民國改爲沁陽縣。）

解法選、河內人。明相術。又受易於權會。筮亦頗工。東郡袁淑德、不願之官。以親老言於執政楊愔。愔語云、既非正除。尋當遣代。淑德意欲留其家在京。令法選占云。不踰三年得代。然亦終不還也。勸其攜家而行。又爲淑德相云、公毋悒。終爲吏部尚書。後皆如言。（北齊書方技北史藝術乾隆懷慶府志方技）

北齊

張子信、河內人。性清淨。頗涉文學。少以醫知名。恆隱於白鹿山。時遊京邑。甚爲魏收、崔季舒等所禮。後魏以太中大夫徵之。聽其所志還山。不常在鄴。又善易卜風角之術。武衞奚永洛、與子信對坐。有鵲鳴於庭樹。鬬而墮焉。子信曰、鵲言不善。今夜有人喚。必不得往。雖勑亦以病辭。子信去後。是夜琅邪王五使切召永洛。且云勑喚。永洛欲起。其妻苦留之。稱墜馬折腰。詰朝而難作。子信齊亡、卒。（北齊書方技）

元

許衡、字平仲。河內人。幼有異質。七歲入塾。授章句。問其師曰、讀書欲何爲。師曰、取科第耳。曰如斯而已乎。師大奇之。稍長、嗜學如饑渴。值世亂。且貧無書。嘗從日者家見尚書注疏。因請寓宿。手抄以歸。避難徂徠山。始得王輔嗣易說。夜思晝誦。身體而力踐之。後從姚樞得程朱易傳四書集注或問及小學書。益大有得。初移家蘇門。依樞以居。便講習。凡經傳子史禮樂名物星曆兵刑食貨水利之類。無所不講。及樞被徵。衡獨處蘇門。慨然以明道爲己任。凡喪祭嫁娶。必徵於禮。以倡其鄉人。從學者寖盛。元世祖王秦中。召爲京兆提學。教化大行。及卽位。命爲國子祭酒。又命議事中書省。衡乃疏陳五事。世祖嘉納之。又令定朝議官制。後以集賢大學士兼國子祭酒。其教諄諄懇至。而從學者尊師敬業。日改月化。雖至童子、亦知三綱五常爲人生之道。又嘗領太史院事。定授時歷。歷成。以疾乞還。卒于家。年七十三。謚文正。封魏國公。詔從祀孔子廟庭。著有讀易私言、許魯齋集。（元史本傳、雍正河南通志理學）

唐

633 濟源縣（周原國。春秋晉原邑。漢置沁水軹二縣。隋分軹縣置濟源縣。元改置原州。尋復爲濟源縣。明清皆屬河南懷慶府。）

駱山人、長慶辛丑、王庭湊使河陽。回及沇水。（沇。音尹。水名。水出今山西垣曲縣東北一百里王屋山。即濟水之東流也。）酒困。寢于道。山人熟視之曰、貴當列土。在今年秋。既歸。遇田宏正之難。軍士擁爲留後。訪山人。待以函丈之禮。乃別構一亭。去則縣榻。號駱氏亭。報疇昔也。（乾隆濟源縣志方技）

634 溫縣（因爲畿內邑。漢置溫縣。亦曰蘇城。故城在今河南溫縣西南三十里。北齊省。隋復置。即今治。唐改曰李城。尋復故。明清皆屬河南懷慶府。）

漢

許負、河內溫人。善相人。周亞夫爲河內守。時負相之曰、君後三歲而侯。侯八歲而將相。持國柄。貴重矣。於人臣無兩。後九年而君餓死。亞夫笑曰、臣之兄已代父侯矣。有如卒。子當代。亞夫何說侯乎。然既以貴如負言。又何說餓死。指示我。許負指其口曰、有從理入口。（從理、橫理也。）此餓死法也。居三歲。其兄絳侯勝之有罪。孝文帝乃擇絳侯子賢者。皆推亞夫。乃封亞夫爲條侯。續絳侯後。景帝時以太尉擊吳楚。遷爲丞相。居無何。條侯子爲父買工官尙方甲楯五百被。可以葬者。取庸苦之不予錢。庸知其盜買縣官器。怒而上變告子事。連汙條侯。書既聞上。上下吏。吏部責條侯。條侯不對。景帝罵之曰、吾不用也。召詣廷尉。廷尉責曰、君侯欲反耶。亞夫曰、亞所買器、乃葬器也。何謂反耶。吏曰、君侯縱不反地上。卽欲反地下耳。吏侵之益急。初吏捕條侯。條侯欲自殺。夫人止之。以故不得死。遂入廷尉。因不食五日。果餓死。負所著有德器歌。五官雜論。聽聲相形等篇。（史記外戚世家圖書集成相術部名流列傳乾隆懷慶府藝術○史記本傳及相法證驗云。漢張蒼。陽武人。求許負相曰。我口不生一齒。恐防夭壽。負曰。凡胎氣所成。在所不論。蒼曰。相經云。齒乃骨之餘。精壯則堅。衰則落。可辨筋骨盛衰。可定壽命長短。我口不生一齒。焉能有壽。負曰。相中雖取齒爲壽。然論壽更有七法。一曰眉高長。二曰耳厚大。三曰年壽豐滿。四曰人中深闊。五曰齒密堅固。六曰神完氣足。七曰聲音遠震。蓋求全在聲也。老子曰。世所難知惟壽焉。最要緊者心。心行陰騭。壽可延也。蒼秦時爲御史。主柱下方書。後歸漢。從攻臧荼。曾救九郡生靈。封北平侯。蒼又精通律曆。明習圖書計籍。蕭何爲相。蒼以列侯居相府。領主郡國上計者十四年。孝文初。爲丞相。後謝病免。卒謚文。○淸一統志懷慶府陵墓云。許負墓在溫縣西。鳴雌城內。高祖封負爲鳴雌侯。）

明　李星井、家聚東溫人。善六壬奇門、梅花諸數。嘗賣卜河陽。一日晨起。立郭門下啓關。而一人前揖。曰、我欲有請也。井曰、失驢乎。其人愕然。井曰歸矣。驢已繫門矣。及歸家而果然。則大喜。復來謝。因問君何以知我失驢耶。曰、汝問時、適有牽馬馳門扇而過者。馳音駝。走也。是非驢乎。然則何以知在門內也。曰子方問。而馬已入門。故知之。其奇中多類此。

清　張四斗、溫人。精天文六壬諸術。明季嘗言汴當災。後果被流寇決河淹沒。又通內養法。壽九十有四。無疾而卒。

清　王子湘、字裔韓。溫邑庠生。都督信、季子。善六壬奇門之術。尤工於求雨。設壇步禱。輒四野霑足。鄰封旱魃爲虐。多迎之者。酬以金帛。終弗受。以上乾隆懷慶府志藝術

635 陽武縣 秦置。故城在今河南陽武縣東南二十八里。北齊移治汴水南一里。今無遺址。隋復理此城。唐又移理漢原武城。即今治。清屬河南懷慶府。

清　張世勳、字柱標。汲縣人。年八十。爲本縣訓導。言人休咎。多奇中。一日過諭署。逢一斗役名吳璧者。驚之曰、汝速歸家。役言該直。歸恐見責。勳遂言于學諭吳。令其

速歸。遲則不能至家矣。吳笑而遣之。移時忽有斗役自外入。言璧歸家而死。此亦一異事也。乾隆陽武縣志方技

636 雒陽縣 漢置。故城在今河南洛陽縣東北二十里。詳見洛陽縣注。

東周

蘇秦、字季子。雒陽人。東事師於齊。而習之於鬼谷先生。學終。辭歸。道乏困行。以燕人鬻卜傳說自給。各解臧獲之裘以賞之。後為從約長。幷相六國。於是散千金。以賜宗族朋友。並徧報諸所嘗見德者。史記列傳 太平御覽方術部 圖書集成卜筮部紀事引春秋後語

宋

程顥、字伯淳。雒陽人。生而神氣秀爽。眉目清峻。語聲鏗然。異於常兒。未能言時、叔祖母任氏太君。抱之行。不覺釵墜。後數日、方求之。顥以手指示。隨之往。果得釵。年十五、與弟正叔。同受學於周茂叔。遂慨然有求道之志。年二十六舉進士。調鄠縣主簿。熙寧初。為御史裏行。神宗數召見顥。前後進說。大約以正心窒慾。求賢育才為言。務以誠意感悟主上。後與王安石議新政不合。出簽書鎮寧軍判官。知扶溝縣。哲宗立。召為宗正丞。未赴卒。年五十四。諡純公。封河南伯。從祀孔廟。今祀稱

先儒程子。顥家素淸窶。僦居雒城。族大人衆。菽粟僅足。而老幼各盡其歡。世稱明道先生。所著有定性書。闡明聖學之祕。與蓮溪太極圖說相表裏。其微言精論。具在語錄。學者咸傳誦之。宋史道學道統錄○二程粹言。子曰。卜筮將以決疑也。今人獨計其一生窮通而已。非惑夫。又曰。有理而後有象。有象而後有數。因象以明理。由象而知數。得其理而象數在其中矣。又曰。理無形也。故因象以明理。理既見乎辭。則可以由辭而觀象。故曰得其理則象數擧矣。又曰。作易者自天地幽明。至於昆蟲草木之微。無一不合。又曰。知命者達理也。受命者得其應也。天之應若影響然。得其應者常理也。致微而觀之。未有不應者。自淺狹之所見。則謂其有差矣。天命可易乎。然有可易者。惟其有德者能之。又曰。西北與東南。人材不同。氣之厚薄異也。又曰。人莫不知命之不可遷也。臨患難而不懼。處貧賤而不變。視富貴而不慕者。吾未見其人也。或問命與遇異乎。子曰遇不遇。卽命也。曰。長平死者四十萬。其命齊乎。子曰。遇白起則命也。有如四海九州之人。同日而死者。則亦常事爾。世之人以爲是駭然耳。所見少也。

宋　程頤。字正叔。年十四。與兄顥同受學於周茂叔。仕終直祕閣。世稱伊川先生。卒年七十五。謚純公。封伊陽伯。從祀孔廟。今祀稱先儒程子。頤學本於誠。以大學、語、孟、中庸爲標指。而達於六經。動止語默。一以聖人爲師。嘗言今農夫祁寒暑雨。深耕易耨。播種五穀。吾得而食之。百工技藝。作爲器物。吾得而用之。介冑之士。被甲執銳。以守土宇。吾得而安之。無功澤及人。而浪度歲月。晏然爲天地間一蠹。唯綴緝聖人遺書庶幾有補爾於是著易春秋傳以傳於世易傳序曰易變易也隨時變易以從道也其爲書也廣大悉備將以順性命之理通幽明之故盡事物之情而示開物成務之道也聖人之憂患後世可謂至矣去古雖遠遺經尙存然而前儒失意以傳言後學誦言而忘味自秦而下蓋无傳矣予生千載之後悼斯文之湮晦將俾後人沿流而求源以傳之所以作也易有聖人之道四焉以言者尙其辭以動者尙其變以制器者尙其象以卜筮者尙其占吉凶消長之理進退存亡之道備於辭推辭考卦可以知變象與占在其中矣君子居則觀其象而玩其辭動則觀其變而玩其占得於辭不達其意者有矣未有不得於辭而能通其意者也至微者理也至著者象也體用一源顯微无間觀會通以行其典禮則辭無不備故善學者求言必自近易於近者非知言者也予所傳者辭也由辭以得其意則在乎人焉宋史道學道統錄

歷代卜人傳卷二十八終

鎭江張淦堂校